규신의 수억

에피소드로 보는

# 유신의 추억

 표학렬 지음

앨 Long
   Playing
리피 Book

## 일러두기

- 각 장 제목 아래 인용문은 별도의 출처 표기가 없는 경우 한국사 검인정 교과서에서 발췌한 것이다.
- 사진에 별도의 출처 표기가 없는 것은 국가기록원의 〈정부기록사진집〉, 〈국가기록사진〉, 〈사진 대한민국〉 등에 포함된 '공공누리 1유형'에 해당하는 사진이다.

# 기억과 역사 사이에서

　민주화 세력은 박정희 시대를 극복했을까? 나는 그렇다고 생각했다. 그래서 1998년 정권교체가 이루어졌을 때 새로운 경제체제가 만들어질 것이라 믿었다. 2003년 노무현 정부가 출범했을 때 그 믿음은 한층 커졌다. 김대중 정부는 IMF 극복이라는 과제 때문에 한계를 안고 있었지만 노무현 정부는 정말 뭔가 다르겠지. 하지만 파이론 같은 성장경제론이 여전히 지배적 지위를 고수하였다. 파이가 커야 나눠 먹을 것도 있다. 중국과의 경쟁에서 살아남으려면 신성장 동력이 필요하다. 아직 한국 노동자 임금 수준이 너무 높다. 고용 경직성이 문제다 등. 비정규직, 청년실업, 정리해고, 노조 탄압 등 김영삼 정부 시대와 다를 것 없는 풍경이 2000년대에도 이어졌다.

　그러면서 어느새 주변 사람들이 하나둘 이런 이야기를 하기 시작했다. 어차피 성장경제라면, 원조들이 더 잘하지 않겠어? 또 이런 말들도 나왔다. 그래? 한번 당해 봐야 정신 차리지. 그리고 이어서 박정희 시대 경제신화의 주역을 자임하는 인물과 박정희의 딸이 각각 대통령이 되었다. 그러나 한 사람은 임기를 채우지 못하고 탄핵받아 쫓겨난 뒤 감옥에 갔고, 또 한 사람도 임기가 끝난 뒤 내내 스캔들에 시달리다 구속되었다.

　2017년 출범한 문재인 정부는 어떤 경제를 만들어 갈 것인가? 지금까지의 논쟁은 노무현 정부 시대와 크게 달라 보이지 않는다. 성장인가 분배인가? 정규직의 비정규직화인가 비정규직의 정규직화인가? 투자를 위한 자유화인가 투기를 막기 위한 규제인가?

'박정희가 독재는 했지만 경제성장을 위한 불가피한 선택이었어. 경제는 역시 박정희지'라는 생각을 극복하지 못한 민주화 세력은 정권을 잡은 뒤 너무나도 쉽게 성장경제론에 굴복했다. 비록 보수는 인정하지 않겠지만 김대중·노무현 정부 시대 경제성장 규모는 박정희가 울고 갈 정도였다. 이명박·박근혜 정부는 결코 전임 두 대통령의 경제성장을 따라잡을 수 없었다. 강남 술집에서 10년 동안 외쳤다던 "지금처럼!"은 분명 민주화 세력의 어둠이었다.

왜 박정희 시대를 비판했는가? 박정희 정부를 계승한 이명박·박근혜 정부 9년 동안 이 질문은 큰 의미를 갖지 못했지만, 문재인 정부 시대를 맞이하여 이 질문에 진지한 답변을 해야 한다. "왜 우리는 박정희 시대 경제성장을 비판했는가?" 비정규직 청년실업의 시대가 앞으로 10년 동안 이어지다, 또다시 "구관이 명관이지" 하며 박정희 계승자가 대통령이 되는 꼴을 보고 싶지 않다면 말이다.

■ ■ ■

'86세대'라는 용어가 있다. 90년대에 나왔던 '386세대'(30대, 60년대 출생, 80년대 학번)에서 나온 말로, 세월이 흘러 이들이 40~50대가 되면서 앞의 숫자만 빼고 그냥 86세대가 되었다. 요즘은 '7080세대'라 해서 70·80년대 20대였던 세대를 하나로 묶어 부르기도 하는데, 7080세대는 정치적·경제적 동질성이 부족하므로 여기서는 86세대에 초점을 두고 이야기하겠다. 86세대는 한국 역사상 가장 진보적이라고 평가받았던 세대이다. 1980년 5·18로 시작해서 1987년 6월 민주화운동으로 청춘을 마감한 세대다. 2017년 개봉하여 흥행에 성공한 영화 〈택시운전사〉, 〈1987〉은 86세대의 아이콘이다. 이들은 광장에 대한 강한 기억을 갖고 있다.

2016년 겨울을 뜨겁게 달군 광화문 광장의 풍경을 보자. 이전까지 광장의 주역은 20, 30대였다. 뜨거운 젊음들이 광상을 메우고 공권력과 충돌했다. 그런데 2016년 광장에서는 40, 50대가 더 많아 보였다. 그래서 집회가 끝난 뒤에도 대학가 술집보다 종로 일대 술집들이 더 붐볐을 것이다. 1987년 거리를 누볐던 사람들이 2016년에 또 거리로 나왔다. 당시 대학 시절 거리를 누볐던 사람들은 거의 대부분 가족 동반으로 광화문 광장을 즐겼다.

86세대는 이제 50대가 되었다. 이들 86세대는 여전히 진보적이고 개혁적일까? 지난 19대 대선에서 50대는 문재인 37퍼센트, 홍준표 27퍼센트, 안철수 25퍼센트의 표를 던졌다. 20~40대의 문재인 평균 득표율 52퍼센트의 3분의 2 수준이었고, 홍준표 득표율은 20~40대(약 9퍼센트)보다 3배나 많았다. 물론 60대 이상보다는 문재인에 많이 주고 홍준표에 적게 주었지만 (각각 23퍼센트, 48퍼센트), 86세대의 정치 성향에 대해 한 번쯤 진지한 질문을 던질 때가 되었다.

과연 86세대는 진보적이고 개혁적인가? 10년 전 40대였던 86세대는 이명박에게 표를 몰아주었다(이명박 51퍼센트, 정동영 27퍼센트). 30대 중반에서 40대 중반이었던 16대 대선 당시 30, 40대 평균은 노무현 54퍼센트, 이회창 41퍼센트였다. 86세대가 비록 가슴속에 5·18과 87년을 품고 있다 해도 세대 전체에 공통된 정치 성향이 나타난 것은 아니었다. 또 나이가 들어 가면서 보수적 성향이 강화되고 있다. 10년 뒤의 투표 성향이 현재 60대와 다를 것이라고 장담하기는 어려울 것이다.

86세대에게 유신 시대는 청소년기였다. 억압적인 학교와 사회 분위기 속에서 유난히 우정과 낭만을 강조했다. 그래서 지금 7080 문화를 즐기고 동창 모임에 활발히 참여하며 그 시대를 향유하면서도, 모두 하나쯤은 이 갈리는 기억을 갖고 다시 살고 싶은 시대는 아니라고 생각할 것이다.

현대는 기억과 역사가 공존하는 시간이다. 사람들은 자신의 기억이 정확하다고 믿지만, 사실 기억은 매우 부정확하고 또 단편적이다. 1991년 5월 필자는 종로에 있었다. 그날 수도권 지역 대학생 수만 명(주최 측 추산 10만 명 이상)이 거리 시위에 나왔고, 오후부터 저녁까지 화염병과 최루탄의 물결이 시내 중심가를 휩쓸었다. 시위가 끝나고 밤 9시 무렵 가방을 가지러 가보니 학교 주변 신촌 거리는 술과 춤을 즐기는 학생들로 가득했다. 종로와 신촌은 차로 20분 거리였지만 완전히 다른 세계였다. 과연 그날 신촌에 있던 사람들이 종로에서의 일을 알 수 있을까? 그 다음 날 주요 신문 1면을 장식한 기사 제목은 "여 개혁입법 강행 태세" "6공 최대시위"(《동아일보》), "전국 대규모 연대 시위"(《조선일보》), "전국 50개 지역 격렬시위" "여권 시국 혼란 강력 대처"(《경향신문》)였다.

80년대 대부분의 사람들은 5·18의 진실을 알지 못했다. 1980년 5월 광주의 진상은 대부분 1987년 이후, 특히 1988년 국회 청문회에서부터 비로소 알려지기 시작했다. 80년대를 살았던 대부분의 사람들 기억 속에 광주는 없었다고 해도 과언이 아니다. 80년대 '기억의 광주'와 90년대 '역사의 광주', 당대를 살았던 사람들의 내면에 광주는 어떻게 자리하고 있을까? 아직도 광주의 진상규명 작업이 진행되는 가운데 과연 우리는 광주를 정확히 '알고' 있다고 자부할 수 있을까?

그런 측면에서 80년대 대학을 다닌 86세대는 일종의 역사적 특권을 갖고 있었다. 유일하게 광주의 진실을 접할 수 있었던 공간이 대학이었기 때문이다. 그리고 그것이 80년대 대학가를 뜨겁게 달구었다. 86세대에게 전두환 정부는 같은 하늘을 이고 살 수 없는 절대악이었다. 데모 행렬에 끼어 있든, 도서관에서 책장을 넘기고 있든, 당시 학생들에게 광주는 마음속 빚이었다. 내가 데모는 안 해도 세상에 나가면 정의롭게 살아야겠다는 마음을 갖게 하는.

■ ■ ■

그렇다면 70년대 유신 시대를 살았던 사람들의 기억과 역사는 어떤가? 그 시대 민주주의를 부르짖었던 사람들, 도서관에서 공부하던 사람들, 초중고 학생들, 생활인들에게 70년대는 어떤 기억과 역사의식으로 남아 있는가? 1979년 10월 아침 대통령 할아버지를 위해 뜨겁게 눈물 흘렸던 기억과 박정희 독재에 대한 역사의식은 그 시대를 거쳐 온 한국 사람들의 내면에 어떻게 자리하고 있는가? 우리에게 기억과 역사, 어느 쪽이 더 강한 지배력을 갖고 있는 것일까?

이제 기억과 역사를 번갈아 들여다보며 우리의 과거를 역사화해 보자. '600만 불의 사나이'를 흉내 내며 장독대에서 뛰어내린 기억과 한국 자본의 종속성이라는 역사 사이에서, 박정희가 죽으면 나라가 망할 거라 믿었던 기억과 박정희를 정점으로 한 가부장제 문화에 대한 역사의식 사이에서, 왜 우리는 그런 생각을 했는지 반추해 보고 그것이 오늘날 우리 의식 세계를 어떻게 지배하고 있는지 한번 생각해 볼 필요가 있지 않을까?

이 책이 그 시대를 살았던 사람에게는 기억과 역사를 상호 보정하는 도구가, 그 시대에 태어나지 않았던 지금의 30대 이하 세대에게는 기성세대를 이해하고 비판하는 계기가 되기를 바란다. 아무래도 필자가 70년대 어린 시절을 보낸 탓에 한계가 있겠지만, 빈자리는 독자께서 채워 주길 바란다. 특히 70년대를 불꽃처럼 살았던 당시 30,40대들, 즉 지금의 70대 이상 세대들은 더욱 할 말이 많은 시기가 아닐까 싶다. 선배들의 기록과 역사를 다룬 책들이 간절하다는 것도 밝혀 둔다.

2019년 1월

표학렬

# 차례

# 차례

# 차례

# 헌법 위에 군림하는 대통령
## 유신헌법

박정희는 장기 집권을 위해 국가 안보와 사회질서 유지를 명분으로 비상계엄 선포, 국회 해산, 전치 활동 금지를 내용으로 하는 대통령 특별선언을 발표하였다. 이어 유신헌법을 제정하고 국민투표로 확정하였다. 유신헌법은 대통령에게 강력한 권력을 집중시켜 권위주의 통치체제를 만들었다.

1971년 12월 반공을 강조하며 정권을 유지하던 박정희 정부는 국가 안보를 최우선시하며 일체의 사회불안을 용납하지 않는다는 담화를 발표하고 국가비상사태를 선포하였다. 박정희 정부는 1972년 10월 17일 계엄을 선포해 국회를 해산하고, 정당 결성 및 정치 활동을 금지하였다. 11월 21일 계엄 하에서 실시된 국민투표로 유신헌법이 확정되었다. … 국가 안보를 명분으로 대통령의 권력을 강화한 독재 체제였다.

위 인용문은 2017년 박근혜 정부가 추진한 국정 한국사 교과서 현장검토본의 내용이다. 얼핏 보면 검인정 교과서와 별 차이가 없는 것 같지만, 한 가지 큰 차이가 있다. 바로 유신헌법의 목표다. 검인정 교과서는 '장기 집권을 위하여'라고 목표를 기술하였지만, 국정 교과서는 "안보를 명분으로 내세웠다"고만 할 뿐 그 목표에 대해서는 언급하지 않았다. 이것이 국정 교과서가 지향한 '팩트' 중심 교과서의 실체다.

박정희 정권은 도대체 왜 계엄을 선포하고 국회 해산까지 불사하며 '독재 체제' 유신헌법을 만들었을까?

구구절절 옳은 말인데?

유신헌법은 스스로 목표를 무엇이라 밝히고 있는지 살펴보자. 다음은 유신헌법 전문 중 발췌한 내용이다.

3·1운동, 4·19, 5·16의 정신을 계승하여 평화적 통일의 사명에 입각한 자유 민주 기본 질서를 더욱 공고히 하는 민주공화국을 건설함에 있어, 정치 경제 사회 등 모든 영역에서 각인各人의 기회를 균등히 하고 노력하여 책임과 의무를 완수하게 하고, 국민 생활의 균등한 향상을 기하고 항구적인 세계 평화에 이바지함으로써 우리와 우리 자손의 안전과 자유와 행복을 영원히 확보한다.

평화통일, 민주주의, 기회 균등, 생활 균등, 세계 평화 등 현대 국가의 지향점은 모두 나와 있다. 헌법의 내용도 이에 부합한다. 1조 '대한민국은 민주공화국이다.' 7조 '정당 설립은 자유이며 정당 해산은 헌법위원회의 결정에 의한다.' 10조 '누구도 법에 의하지 않은 체포, 구금, 압수, 수색, 심문 등을 받지 않으며 체포 구금 시 변호인의 조력을 받는다.' 14조 '법관이 발부한 영장에 의해서만 압수 수색받는다.' 19조 '학문과 예술의 자유를 가진다.' 27조 '모든 국민은 적어도 초등학교와 법률이 정한 교육을 받게 할 의무를 가지며, 의무교육은 무상으로 한다.' 30조 '모든 국민은 인간다운 생활을 할 권리를 가지며 국가는 사회보장의 증진을 위해 노력해야 한다.' 32조 '국민의 자유와 권리를 제한하는 법률은 국가 안전 보장, 질서 유지, 또는 공공복리를 위하여 필요한 경우로 제한한다.' 등 1장 〈총강〉 및 2장 〈국민의 의무와 권리〉에 적시된 내용들은 구구절절 다 옳은 말씀들이다. 심지어 무상교육 원칙까지 정해져 있다.

유신헌법을 공포하는 김종필 국무총리. 1972년 12월 27일.

## 대통령이 필요하다고 판단하면⋯

이 헌법이 도대체 왜 문제가 되는 것일까? 이 헌법의 본질은 53조에 있다.

제53조 ① 대통령은 천재 · 지변 또는 중대한 재정 · 경제상의 위기에 처하거나, 국가의 안전 보장 또는 공공의 안녕질서가 중대한 위협을 받거나 받을 우려가 있어, 신속한 조치를 할 필요가 있다고 판단할 때에는 내정 · 외교 · 국방 · 경제 · 재정 · 사법 등 국정 전반에 걸쳐 필요한 긴급조치를 할 수 있다.

② 대통령은 제1항의 경우에 필요하다고 인정할 때에는 이 헌법에 규정되어 있는 국민의 자유와 권리를 잠정적으로 정지하는 긴급조치를 할 수 있고, 정부나 법원의 권한에 관하여 긴급조치를 할 수 있다.

④ 제1항과 제2항의 긴급조치는 사법적 심사의 대상이 되지 아니한다.

현대 국가에서는 헌법이 절대적 권위를 가지며 누구도 헌법을 넘어선 통

"10월 유신은 민족적 과업이다 다 같이 국민투표에 나서자."
유신헌법 국민투표 참여를 권장하는 표어. 1972년 11월.

치권을 행사할 수 없다. 그러나 유신헌법은 대통령이 "헌법에 규정되어 있는 국민의 자유와 권리를 잠정적으로 정지하는 긴급조치"를 행사할 수 있도록 했다. 즉, 대통령이 헌법 위에 군림하는 것이다. 아무리 헌법에서 국민의 자유와 권리를 부르짖어도 대통령이 '정지!'해 버리면 그만이다. 53조에 명시된 긴급조치는 유신헌법 선포 13개월 만인 1974년 1월 1호가 선포된 뒤, 1979년 박정희 대통령이 죽을 때까지 총 아홉 차례 선포되었다.

결국 박정희 시대의 본질은 '헌법 위에 존재하는 대통령'의 시대라고 할 수 있다. 대통령을 제외한 어느 누구도 헌법상 자유와 권리를 누리지 못한 채 오직 복종만 해야 하는 시대였다. 도대체 왜? 여기서 다시 던져야 하는 질문은, 왜 그런 헌법을 만들었느냐는 것이다.

이 질문에 답하지 않는 역사가 역사인가? 질문에 답하지 않는 역사를 가르치는 것을 좋은 역사 교과서라고 할 수 있을까? 이제 그 답을 찾아보려 한다. 좌편향도 수구꼴통도 아닌, 합리적 관점에서 기억과 역사의 틈을 메워가며 유신의 목표를 찾기 위한 길을 걸어가 보자.

# 01 유신의 아침을 깨운 노래
## 새마을운동

> 도시와 농촌의 균형 있는 발전을 위하여 새마을운동을 추진하였다(1970). 새마을운동은 농가 소득을 증대시키고 농어촌 근대화에도 이바지하였지만 박정희 정부의 지지도 확보를 위한 정치적 도구로 이용되기도 했다.

새벽 종이 울렸네 새 아침이 밝았네
너도 나도 일어나 새 마을을 가꾸세

일요일 아침 이불 속에서 모처럼의 늦잠을 좀 즐길라 치면 바로 이 노래, 박정희 작사 박정희 작곡의 〈새마을 노래〉가 요란하게 울리며 확성기를 통해 온 동네에 퍼졌다. 쿵작쿵작 단잠을 깨우는 노랫소리에 절로 욕설이 터져 나오던 시절이었다. 박정희 시대 가장 우스운 풍경을 꼽는다면, 아마도 일요일 아침 〈새마을 노래〉로 온 국민의 단잠을 깨운 것과, 매일 오후 6시 국기하강식 때 모든 사람이 발걸음을 멈추고 가슴에 손을 올리는 모습일 것이다. 도대체 새마을이 뭔데?

### 근면·자조·협동으로 '스스로' 일어서라

새마을운동은 1970년 농촌 근대화를 목표로 박정희 정부가 야심차게 추진한 운동이었다. 당시 도시와 농촌 간 생활 격차가 심한 데다 정부의 저곡가 정책으로 농촌경제가 크게 흔들리고 있었다. 국민의 절반이 농촌에 살던 시절, 1971년 대통령선거를 앞둔 박정희에게 농촌 문제 해결은 정권 재창출 차원에서 중대한 과제였다.

박정희와 농촌은 떼려야 뗄 수 없는 불가분의 관계였다. 이른바 '여촌야도 與村野都' 현상, 그러니까 선거 때마다 박정희 경제성장의 수혜를 받은 도시 지역은 야당을 찍고 오히려 소외되었던 농촌에서 박정희를 찍었다. 야당인 민주당은 의원 중에 농촌 지주 출신들이 많았고 농민 대책도 부실했다. 빈농 출신인 박정희가 서울과 지방의 부잣집 출신 민주당 인사들보다 농민들과 정서적으로 더 가까웠다. 당시 민주당 지도자들 중 박정희처럼 농민들과 소탈하게 막걸리 잔을 기울일 만한 사람은 없었다. 농촌의 행정조직망이 도시보다 더 강력하게 작동했던 것도 중요한 이유였다.

하지만 야심차게 출발한 새마을운동은 1년 만에 밑천이 달리기 시작했다. 정부가 1971년부터 중화학공업 육성을 골자로 한 '제3차 경제개발 5개년 계획'을 실시했기 때문이다. 중화학공업은 엄청난 자본이 투입되는 사업이어서 시작부터 자금 조달이 숙제였다. 농촌 살리기에 투자할 돈이 있겠는가?

새마을운동은 정부의 독려로 시작되었지만, 농민들의 자발적 참여와 농촌의 자립을 유도하는 방식으로 추진

벼베기 후 주민들과 담소를 나누는 박정희 대통령. 1962년 10월 6일.

되었다. 새마을운동은 근면, 자조, 협동 정신을 강조하면서 전국적으로 확산…. — 국정 한국사 교과서 현장검토본

위의 인용문처럼 새마을운동은 1971년 대선 이후 농촌 '스스로' 일어서는 운동으로 전환되었고, 자본이 뒷받침되지 않는 '정신력'으로 모든 것을 해결하는 운동이 되었다. 농촌살리기운동이 아니라 정부가 주도하는 국민싱개조운동으로 전환된 것이다. 물론 이 개조에 동참하지 않는 국민은 용납되지 않았다.

11일 서울시는 지난 3월부터 벌여 온 서울 시내 새마을운동에 소극적이었던 것으로 평가된 통 · 반장 1만 8,450여 명을 무더기로 바꿨다. 이번 교체된 통장은 전체 45퍼센트, 반장은 33퍼센트인데, 새로 임명된 통반장은 대부분 새마을사업 지도자나 재향군인 가족 또는 어머니 회원들이다."

— 《동아일보》 1972년 5월 11일

## 살린다던 농촌은 못 살리고

이후 도시와 농촌에서 다양한 형태의 새마을운동 사업이 벌어졌다. 이 중 가장 피부에 와 닿는 사업은 조기청소였다. 직장 조기청소, 학교 조기청소는 기본이고 동네 조기청소도 있었다. 서울의 경우 동네 주민이 꼭 청소에 나갈 필요는 없었지만 매달 1일, 혹은 주말이면 동사무소 확성기에서 틀어대는 〈새마을 노래〉가 80년대까지 휴일 아침잠을 깨우곤 했다. 학교 조기청소는 여러 형태로 변형되어 2000년대까지 이어졌다.

새마을운동이 그 자체로 나쁜 운동은 아니었다. 새마을운동은 많은 나

1973년 새마을운동의 일환으로 동네 청소에 나선 주민들(서울시 사진 아카이브).

라로 수출된 한국의 대표적인 우수 정책으로 공적개발원조의 모범 사례로 꼽히고 있으며, 2013년에는 새마을운동 기록물이 유네스코 세계기록유산으로 등재되기도 했다. 지금도 아프리카의 여러 나라들이 개발 모델로 새마을운동을 연구하며 한국에 지원을 요청하고 있다.

하지만 한국은 새마을운동을 통한 농촌 살리기에 실패했다. 1970년 1,442만 명이던 농촌 인구는 1981년 1,083만 명(총인구 3,700만 명)으로 줄어들었다.[*] 1960년대보다(총인구 2,500만 명 중 1,400만 명[**]→총인구 3,100만 명 중 1,442만명) 더 가파르게 줄어든 것이다. 농촌이 살기 좋은 곳이 되었다면 왜 그 많은 사람들이 고향을 떠나 도시로 가 고된 삶을 자청했겠는가.

박정희 정부의 도시 우선, 공업 우선 정책 속에서 새마을운동 같은 프로그램만으로 농촌을 살리기는 어려웠다. 새마을운동은 국민의식 개조운동으로 변질될 수밖에 없었고, 그 과정에서 '국민은 개조의 대상, 정부는 개조의 주체'가 되었다. 그리고 이는 70년대 한국 사회를 관통하는 중요한 작동 원리가 되었다.

---

[*] 〈농촌인구 갈수록 준다〉, 《동아일보》 1981년 4월 22일자.

[**] 1960년 농촌 인구는 1,405만 명으로 발표되었다. 〈농촌인구는 58퍼센트〉, 《동아일보》 1961년 6월 22일자.

# '한강의 기적'의 실체
### 3 · 4차 경제개발 5개년 계획

3차 경제개발 5개년 계획(1972~1976) 시기에는 수출 주도형 중화학 공업화를 추진하여 철강, 조선, 전자, 석유화학공업 등을 집중 육성하였다. 이러한 방향은 4사 경제개발 5개년 계획(1977~1981)에서도 이어졌다.

1973년 7월 3일 포항종합제철(현재의 포스코)이 준공되었다. 소설가 조정래는 당시 상황을 이렇게 묘사했다.

"저 화입구를 통해 고로에 불을 붙이고 20시간쯤 지난 뒤에 첫 쇳물이 나오게 되어 있습니다. 그것을 출선이라고 하는데, 첫 쇳물이 황금빛으로 터져 나오지 않고 검은 죽이 되어 나오거나 아예 안 나오면 그땐 수포로 돌아가는 것입니다. … 우리 포철맨들은 모두 하나같이 기도하는 마음으로 기다렸습니다. … 첫 쇳물이 황금빛으로 터져 나왔을 때 모든 직원들은 만만세를 부르고 …" 그 간부의 목소리는 떨리는 듯 잦아들더니 그는 말끝을 맺지 못하고 고개를 들어 엘리베이터 천장을 바라보았다. ─ 조정래 《한강》 7권

'포철 신화'라고들 한다. 분명 70년대 한국 중화학공업의 발전은 신화에

가까웠다. 그러나 그 신화 이면에 절대 간과해서는 안 될 것들이 있다.

## 60년대는 전 세계적 경제성장기

70년대 한국 중화학공업 발전의 직접적 동기는 고부가가치 산업의 필요성이었다. 60년대에 이룬 높은 경제성장의 성과는 사실 부풀려진 측면이 있었다. 60년대 수출액이 1억 달러에서 10억 달러가 되기까지 7년이 걸렸다. 7년 사이 10배가 증가했으니 엄청난 속도이긴 하지만 그래 봐야 10억 달러다. 1967년 당시 한국의 GNP(국민총생산)는 36억 달러였는데, 일본은 950억 달러, 서독은 1,130억 달러, 사회주의 국가 소련은 3,330억 달러, 미국은 7,395억 달러였다. 북한도 26억 달러나 되었다. 또한 한국의 60년대 연평균 경제성장률은 9퍼센트 정도였는데, 일본은 17.5퍼센트(명목성장률)에 달했다.

'한강의 기적'은 한국전쟁의 폐허를 딛고 빠른 경제성장을 이루었다는 의미이지, 당시 중진국이나 선진국과 비교할 만한 것은 아니었다. 60년대는 전 세계적으로 경제성장의 시기였다. 1967년 태국의 GNP는 40억 달러 이상, 대만은 37억 달러, 필리핀은 60억 달러에 가까웠다.[*] 60년대 저임금 여성노동에 기초한 경공업 위주의 수출경제로는 북한이나 동남아시아와 경쟁하기도 벅찼다.

그러나 중화학공업 발전으로 나아가는 데에는 여러 난관이 있었다. 우선 자본이 부족했다. 이미 60년대 경제성장 과정에서 막대한 외채를 지고 있었다. 한국 수출경제의 가장 큰 문제는 심각한 무역적자였다. 1966년 수

---

[*] 〈포성이 사라진 그후, 월남경제〉, 《매일경제》 1968년 11월 4일자.

출 2억 5,230만 달러, 수입 5억 8,800만 달러로 수입이 2배 이상 많았다.[**] 수출 증가 실적에 대한 요란한 환호 이면에 엄청난 무역적자가 있었다.

또 하나 넘어야 할 것은 주변 국가와의 협의였다. 중화학공업은 군수산업과 직결된

준공 당시 포항종합제철소 전경. 1973년 6월 3일.

다. 중화학공업 발전에 따른 한국의 군사력 증강을 주변 국가들이 좋게 볼 리 없었다. 더군다나 박정희 독재는 70년대 내내 국제사회에서 악명을 떨쳤다. 냉전 시대 독재국가가 많았기에 망정이지, 오늘날 같으면 당장 국제적으로 고립되고 할리우드에서 조롱거리가 될 만했다.

## 신화 뒤에 감춰진 땀과 눈물

이런 상황에서 한국 중화학공업 발전은 크게 두 가지 문제를 안고 있었다. 우선 미온적인 미국보다 한반도에서 영향력을 회복하고 싶어 하는 일본과 적극적으로 손을 잡은 까닭에, 70년대 내내 일본 예속에 대한 경고와 비판이 야당과 재야의 단골 메뉴가 되었다. 이때의 굴욕외교는 오늘날 독도를 비롯하여 한일 관계를 둘러싼 문제에 지속적으로 악영향을 미치고 있다. 또 하나는 한국에 투자되는 자본이 주로 선진국에서 기피하는 공해산업이

---

[**] 〈1억 1천만 불 적자〉, 《매일경제》 1967년 12월 14일자.

었다는 점이다. 대표적인 것이 온산 비철금속공업단지로서, 이타이이타이병(카드뮴 중독으로 뼈가 약해지는 병. 너무 고통스러워 '아프다'는 뜻의 일본말 '이타이'가 그대로 병명이 되었다. 한국에서는 2004년 고성에서 발병 의심환자가 나왔다. 온산에서 발생한 '온산병'도 비슷한 병으로 추정된다.) 같은 공해병 때문에 퇴출당할 위기에 놓인 산업이 많이 들어왔다. 일명 '온산병'은 그 대표적 후유증으로 알려져 있다.

1964년 현대시멘트 준공식. 정주영과 부인 변중석 씨가 박정희(가운데) 대통령과 기념 촬영을 하였다.

포철 신화가 말해 주듯 70년대 한국 중화학공업은 매우 성공적으로 발전했다. 하지만 포철 신화가 곧 '박태준 신화'로 일컬어지듯, 그 공로를 일부 영웅들이 과도하게 가져간 측면이 있다. 박태준의 포철 신화, 정주영의 현대자동차 신화, 최종환의 삼환기업 중동 진출 신화, 이명박의 현대건설 신화… 숱한 경영가의 신화 이면에는 묵묵히 고통을 감내한 국민들의 피와 땀이 있었다. 그 피와 땀에는 공해산업으로 인한 질병, 일본과의 굴욕외교에 대한 모욕감, 외채 부담과 물가고의 압박 등이 뒤엉켜 있다.

'노블리스 오블리주'는 착한 마음에서 나오는 것이 아니라 국민의 노력을 알고 그들이 나라의 주인임을 인정할 때 나온다. 70년대 중화학공업의 기형적 발전에 따른 온갖 부작용을 감내한 국민들의 노력을 외면하는 이들이 있다면, 영화 〈명량〉에 나오는 이 대사를 들려주고 싶다.

"아 그걸 모르면 호로자식들이지!"

# 03 결혼식이 무슨 죄?
## 가정의례준칙

'가정의례준칙'은 가정의례에 있어서 허례허식을 없애고 그 의식 절차를 합리화함으로써, 낭비를 억제하고 건전한 사회 기풍을 진작하기 위한 법으로, 1969년 1월 16일 〈가정의례준칙에 관한 법률〉이 처음 제정되어 시행되다가 1973년 3월 〈가정의례에 관한 법률〉로 개명되었고, 1980년 12월 전문 개정되어 오늘에 이르고 있다. _ 한국민 족문화대백과사전

1973년 정부는 유신헌법 선포 이후 본격적으로 국민 생활 및 정신 개조에 나선다. 그 출발이 〈가정의례에 관한 법률〉 공포였다. 이미 1969년에 〈가정의례준칙에 관한 법률〉을 시행했지만 잘 지켜지지 않아, 벌칙 조항을 신설하여 더욱 강력하게 강제한 것이 1973년 법이었다.

이 법의 주요 내용은, 청첩장 및 부고장 금지, 약혼식 및 함잡이 금지, 답례품 금지, 화환 및 유사 기념물 금지, 굴건제복(상복) 및 만장 금지, 음식 및 술 대접 금지 등이다. 사실상 결혼식 및 장례식과 관련하여 비용이 들어가는 대부분의 의식 행위들이 금지되었다.

### 50년 앞서간 스몰웨딩

〈가정의례준칙〉에 따라 결혼을 한다면 어떻게 될까? 당시 홍보영상에 따르면, 약혼식 없이 바로 결혼식을 하는데 청첩장을 돌릴 수 없으므로 전화와 편지로 직접 알린 친구 및 친척들만 참석한다. 신랑, 신부가 입장하여 맞

가정의례준칙 홍보물(국립민속박물관).

절을 한 뒤 성혼선언을 하고 주례사와 예물 교환 없이 바로 결혼신고서를 작성하면 끝이다. 친척과 친구들은 기념사진을 찍은 뒤 바로 흩어진다. 홍보영상은 이렇게 마무리된다.

"이 얼마나 합리적입니까?"

'스몰웨딩'이 유행하는 현재 시각에서 보면 그럴 수도 있겠다. 하지만 50여 년 전이라면? 앞서가도 너무 앞서갔다고 해야 할까? 〈가정의례준칙〉을 시행한 배경에는 나름의 사정이 있었다. 박정희 시대 국가 주도 경제성장은 정경유착과 공무원의 부정부패를 양산했고, 급격한 성장 속에 부익부 빈익빈이 심화되었다. 경제성장에서 소외된 이들의 상실감이 팽배한 가운데 졸부들은 자신들의 부를 과시하기 위해 성대한 결혼식과 장례식을 치러 위화감을 조성했다. 권력자의 결혼식과 장례식에 사람들이 줄지어 모여들어 청탁을 하는 것도 큰 골칫거리였다.

하지만 정부는 이러한 부작용을 인정하는 대신 일반 국민들의 잘못된 인식이 문제라고 전체를 싸잡아 비판했다. 기존의 관혼상제가 "허례허식"이며 이를 개선하기 위해 합리적인 신제도가 필요하다고 선전했다. 그러나 단속 대상이 모호하여 힘 없는 사람들만 위축되고, 돈 있고 권력 있는 사람들은 여전히 과소비형 의식을 치렀다. 이에 정부는 더 강력한 법률을 만들었지만, 이 또한 허울뿐이었다. 당장 1974년 대통령 영부인 육영수의 장례식이 엄청나게 호화롭게 치러졌다. 대통령도 아니고 대통령 부인이 죽었는데 나라 전체가 거액을 들여 장례식을 치르는 것은 법 정신과 어울리지 않았다.

## 왜 보이질 못하게 하니

여기서 주목해야 할 것은, 〈가정의례준칙〉이 과거 일제가 했던 우리 전통 관습 폐지 노력과 일맥상통한다는 점이다. 요즘 우후죽순 난립하는 지방축제를 비판하며 "왜 우리나라에는 일본의 '마츠리'나 브라질의 '카니발' 같은 축제가 없을까"라는 목소리가 나온다. 지방자치체들이 관광객 유치를 위해 이런저런 축제를 벌이지만 지역 특색과 상관없이 모두 비슷하다는 불평이다.

잘 알다시피 지방축제는 대개 종교 행사다. 카니발은 기독교의 사순절과 관련된 사육제에서 시작한 것이고, 마츠리는 일본 신사神社의 축제에서 나온 것이다. 우리 전통 축제도 대부분 민간 신앙이나 불교 행사와 연관되어 있는데, 일제는 이것을 미신적 행위라고 무조건 금지시켰다. 조상신 숭배는 일본 신도神道나 우리 무속이나 매한가지인데 왜 우리 축제만 금지시켰을까? 바로 축제가 공동체의 행사이기 때문이다. 식민지 조선에서 공동체 행사가 열리면 어떤 일

가정의례준칙에 의한 55쌍의 합동결혼식. 1974년.

이 벌어지겠는가? 1919년 5일장에서 조선 민중들이 만세를 불렀던 것을 생각하면 알 수 있을 것이다.

부정의한 권력자들이 가장 두려워하는 것이 민중이 모이는 것이다. 민중들이 모이는 대표적인 장이 축제와 결혼식, 장례식이다. 축제와 의식이 성대할수록 많은 민중이 모이고, 민중들이 일단 모이면 언제라도 저항의 물결로 바뀔 수 있다. 그러니 미신이나 허례허식으로 몰아 폐지하고 축소하려 한 것이다. 정말 허례허식을 추방하고 싶었다면 고위직 공무원과 정치인들을 대상으로 조촐한 관혼상제를 치르도록 계도하면 될 일이었다. 그렇게 하면 자연스레 모범이 돼서 퍼져 나갔을 것이다. 국민 계몽이라는 명목으로 대대적인 의식 개조 사업에 나선 것은, 허례허식 폐지가 목적이 아니라 국민이 모이는 것을 두려워했기 때문이다.

우리 사회는 그 어떤 나라보다 빠르게 공동체가 파괴되어 파편화된 개인만 남았다. 이러한 한국 사회가 어떻게 만들어졌고, 그로 인해 우리가 잃은 것은 무엇인지 진지하게 고민해 볼 필요가 있지 않을까?

## 04 대통령은 장발을 싫어해?
### 장발 단속

> 내무부는 각종 퇴폐 풍조와 반사회적 행위를 근절시키기 위해 경범죄 처벌 대상을
> 확대, 보강하는 것을 내용으로 한 〈경범죄 처벌법 개성 법률안〉을 13일 법제서 심의
> 에 회부하였다. … 훈방 정도에 그쳤던 처벌 규정도 벌금, 구류 처분으로 강화한 것이
> 다. 보강된 처벌 대상은 유언비어 유포, 장발, 핫팬츠 등 과대 노출, 새치기… 등이다.
> _《매일경제》 1973년 1월 15일자

중고등학교를 다닌 사람이라면 모두 두발 지도와 치마 길이 단속 등의 복장 규제를 겪어 봤을 것이다. 2010년 경기도에서 〈학생인권조례〉가 시행된 이래 두발 규정은 많이 완화되었지만, 2009년까지만 해도 남자 고등학생은 머리가 귀를 덮으면 안 되고 여학생은 머리카락이 옷깃을 덮으면 안 됐다. 1999년까지는 남학생 머리는 두피 5센티미터, 여학생 머리는 귀밑 3센티미터까지만 허용되었다. 2000년대에도 학생 머리 길이만 보면 어느 학교 학생인지 알 수 있었다. 이른바 명문고일수록 두발 단속이 심해서 학생들 머리가 짧았기 때문이다. 아마 누구나 학창 시절 이로 인해 불쾌했던 기억 하나쯤은 갖고 있을 것이다. 그런데 학생뿐 아니라 전 국민이 그런 경험을 해야 했다니!

### 강제로 머리카락을 잘랐다고?

박정희 대통령은 유난히 장발을 싫어했다. 학생 두발 규정도 5·16 이후

에 만들어진 것으로 알려져 있다. 물론 50년대에도 학생들 머리 스타일은 까까머리, 혹은 스포츠머리가 많았다.* 이발비가 서민들에게는 부담인 데다가, 이가 많아서 위생상 긴 머리는 곤란한 점이 많았기 때문이다. 5·16 이후 학생 두발 규정이 만들어졌다는 이야기는, 당시 고등학생 중심의 학생운동을 규제하는 과정에서 생겼을 것이다. 하지만 70년대 장발 단속을 단순히 박정희의 개인 취향만으로는 설명할 수 없다. 국민의 머리 길이와 치마 길이를 통제하겠다는 발상 자체가 지극히 비정상적이기 때문이다. 정치적인 이유를 살펴볼 필요가 있다.

60년대는 세계적으로 청년 저항의 시대였다. 1968년을 정점으로 이른바 '68혁명'으로 일컬어지는 저항운동이 전 세계를 휩쓸었다. 워싱턴, 런던, 파리, 프라하, 도쿄 등 세계 주요 도시들이 학생시위로 몸살을 앓았다. 이 운동을 기점으로 사회주의 진영에는 자유주의가, 자본주의 진영에서는 사회민주주의가 확산되었고, 이는 90년대 동유럽 사회주의 붕괴와 서유럽 사회복지체제 수립으로 이어졌다.

60년대 저항운동의 핵심 기치는 공산 독재 및 베트남전쟁 반대를 관통하는 자유와 평화였다. 이 운동은 문화적으로는 록과 마약, 프리섹스와 공동체 지향 등으로 나타났는데 이를 '히피 문화'라고 했다. 이 히피 문화의 외형적 모습이 장발과 미니스커트였다. 한국에서도 1967년 무렵 윤복희가 미니스커트를 유행시킨 이래 장발과 통기타, 미니스커트가 급속히 퍼져 나갔다. 또 히피를 자처하는 가수들이 등장하는가 하면, 일부러 언론에서 특

---

* "해방의 종이 울린 지 18년이 되어도 중고교생의 까까머리는 사라지지 않는다.", 독자의 소리 〈중고생 머리 기르게 했으면〉, 《경향신문》 1963년 10월 4일자.

정 가수나 연예인을 히피라고 부르기도 했다. 70년대 초까지만 해도 한국에서 히피는 미국에서 유행하는 최신 문화 조류일 뿐 저항과는 거리가 먼 것이었다.

그러나 정부에 대한 대학생들의 저항이 거세지면서 히피 문화가 다시 소환되었다. 청년들의 자유로운 정신 자체가 박정희 정부에게는 위험한 것이었다. 박정희 정부가 원한 청년문화는 근면과 순종, 곧 학교에서 열심히 공부하고 공장에서 열심히 노동하는 것이었지 자유와 방황과 낭만이 아니었다. 일찍이 박정희는 "지식인의 하얀 손"을 증오한다는 글을 쓴 바 있다. 아마도 그는 청춘의 고뇌와 방황을 사치일 뿐이라고 생각했을 것이다.

## 불온·퇴폐문화의 정치적 의미

한국에 제대로 들어오지도 않은 히피 문화는 불온문화가 되어 탄압을 받았다. 록은 저속한 노래, 장발과 미니스커트는 퇴폐문화, 사회 비판은 유언비어로 낙인찍혀 모두 처벌 대상이 되었다. 그리고 1973년 유신 벽두부터 경찰이 거리로 쏟아져 나와 가위와 자를 들고 청년들을 잡아들이기 시작했다. 청년들의 긴 머리는 거리에서 공개적으로 싹둑 잘려 나갔고, 미니스커

트를 입은 여성은 경찰서로 끌려가 치마를 압수당하고 다른 옷으로 갈아입은 뒤에야 귀가할 수 있었다. 일부 경찰은 단속에 걸린 청년을 거리에 세워두고 망신을 주기도 했다.

이런 시대를 사람들은 체념

단속에 걸린 장발족. 1975년 7월 29일 명동파출소.

미니스커트 단속. 경찰이 자를 대고
무릎 위부터 치마 사이 길이를 재고
있다.

으로 맞았다. 21세기 청년들이라면 항의의
의미로 보란 듯이 장발을 하고 미니스커트
를 입겠지만, 당시 청년들은 외출을 삼가고
큰길로 나가지 않거나 그냥 머리카락을 잘
랐다. 《동아일보》는 경찰 단속이 시작된 3
월 10일 풍경을 이렇게 전하고 있다.

"시민들이 모두 조심하는 바람에 위반사
범은 비교적 적었다."[*]

학교 수업에서 박정희 시대를 다룰 때 학
생들의 반응이 꼭 부정적이지만은 않다. 아
마도 할아버지, 할머니께 어려웠던 시절 경제성장의 성과에 대해 자주 들었
을 것이다. 그러나 장발 단속과 미니스커트 금지 이야기가 나오면 대번에
질색을 하고, 혹시 선생님이 과장하는 것 아닌가 의심하기도 한다.

사실 독재의 본질은 대통령이 연임하는가 혹은 대의제가 무너지는가의
문제보다는 국민들의 일상생활을 얼마만큼 통제하는가에 있다. 70년대 장
발과 미니스커트 단속은 독재의 핵심을 보여 주는 우스꽝스러우면서도 슬
픈 풍경이었다.

---

[*] 〈초미니 아가씨 울상—새 경범법 단속 첫날〉, 《동아일보》 1973년 3월 10일자.

# 05 하늘을 "날으는 작은 새"
## 여성 스포츠

1960년대 들어 정부 차원의 지원에 힘입어 스포츠는 더욱 활기를 띠었다. 라디오와
텔레비전 등 언론매체도 스포츠의 열기를 확산시키는 데 큰 역할을 하였다.

1973년 4월 10일 주요 일간지 1면 톱 기사 제목은 약속이라도 한 듯 똑같
았다.

"한국 여자 탁구 세계 제패"

"단체경기 사상 세계 무대 첫 우승"

당시 우리나라는 대회를 생중계할 여력이 없어서 경기가 끝난 뒤 결과만
보도되었다. KBS는 뒤늦게 녹화 필름을 입수하여 19일 저녁 9시 20분에 방
송하고, 22일 일요일 4시 10분에 다시 재방송했다. 23일에는 화려한 개선
환영식이 열렸다. 학생 1만 6천여 명을 동원하여 김포공항에서 시청까지 카
퍼레이드를 하고, 이어 시청광장에서 2만여 명이 모인 가운데 국민환영대
회가 열렸다. 환영대회가 끝난 뒤 선수단은 청와대로 가서 박정희 대통령을
만나고 국민훈장 무궁화장을 받았다.

## '사라예보의 기적'과 '날으는 작은 새'

　'사라예보의 기적'이라고 불리는 이 우승은 지금도 한국 스포츠사에서 기념비적 사건으로 평가받는다. 우승의 주역인 이에리사 선수는 한국 엘리트 스포츠의 대명사로 꼽히며 1987년 여자 탁구팀 국가대표 감독, 2005년 태릉선수촌장, 2012년 새누리당 국회의원(비례대표)을 역임했다.

　1976년 7월 30일에는 한국 여자 배구가 올림픽 구기종목 사상 최초로 동메달을 땄다. 하필 그날 유도에서 은메달이 나오는 바람에 두 번째 경사로 밀리긴 했지만, 농구·배구·축구는 세계적으로 인기가 많은 종목인 만큼 세계의 벽이 두터워 더 값진 메달이었다.*

　이 대회에서 특히 주목받은 선수는 164센티미터의 단신 조혜정이었다. 조혜정은 작은 키 때문에 국제대회에 나갈 수 없는 국내용 선수라는 평가를 받았지만, 올림픽에서 맹활약을 펼쳐 '날으는 작은 새'라는 (문법적으로는 틀린 말이지만) 별명도 얻었다. 당시 한국 여자 배구팀 평균신장이 170센티미터, 소련 팀은 178센티미터였다. 조혜정은 그야말로 아장아장 걷는 아이처럼 보이는 선수였지만 점프력과 절묘한 타점으로 상대 블로킹을 뚫었다. 70~80년대 여자 배구는 아시아 국가가 강세였다. 1976년 몬트리올올림픽 금메달은 일본이 차지했고, 1980년대에는 중국이 '아시아의 마녀'로 일컬어지며 1984년 LA올림픽에서 금메달을 차지했다. 북한도 1972년 뮌헨올림

---

* 배구는 그 뒤로 올림픽과 인연이 없었다. 이후 올림픽에서 구기종목은 1984년 여자 농구 은메달, 1988년 여자 핸드볼 금메달 등의 성적을 거두었다. 농구도 1984년 메달이 처음이자 마지막이었다. 남자 축구가 2012년 런던올림픽에서 동메달을 따내 오랜 숙원을 이루었으나, 그 외 메달은 비인기 종목인 하키와 핸드볼, 시범종목이었던 야구뿐이었다. 비인기 종목은 올림픽이 끝나면 무관심으로 어려움을 겪다가 다시 메달을 기대하기 어렵게 되고, 야구는 올림픽에서 퇴출과 채택이 반복되는 불안정한 상황이다.

픽에서 한국을 이기고 동
메달을 차지했다.

통상 국제 스포츠 무
대에서의 성적과 국력이
비례하며, 국제대회에서
좋은 성적을 거둘수록
발전된 국가라는 믿음이
강했다. 그래서 많은 나
라들이 정권의 정당성과
치적을 홍보하기 위해

여자 탁구선수단의 세계 제패를 격려하는 박정희 대통령. 1973
년 4월 21일.

국가적으로 엘리트 스포츠를 집중 육성했고, 이 과정에서 올림픽 등 국제대
회가 과열되었다. 대표적인 것이 1936년 베를린올림픽이다. 히틀러는 올림
픽을 총통 독재정치를 정당화하고 나치 독일의 힘을 과시하는 장으로 활용
했다.

식민지에서 해방된 뒤 전쟁을 겪은 한국의 국민들도 스포츠를 통해 위안
을 얻었다. 그래서 1947년과 1949년에 서윤복과 함기용이 보스톤 마라톤
대회에서 우승했을 때 그 열광은 지금의 우리가 상상할 수 없을 정도였다.
또한 1960년대 북한 축구가 월드컵 8강에 진출하고 1972년 북한 여자 배구
가 동메달을 따는 등 선전하자, 체제 경쟁에서 뒤처지는 것 아닌가 하는 불
안감이 팽배했다. 이에 정부는 1966년 태릉선수촌을 만들어 국제대회를 향
한 본격적인 담금질을 시작했다. 그 결실이 사라예보의 기적과 여자 배구
동메달, 그리고 레슬링 양정모의 금메달이다.

## 겨우 24세의 노병

70년대 여성 구기종목의 상황은 많이 열악했다. 남자 선수들이 올림픽에서 선전한 복싱, 유도, 레슬링 등 개인 투기종목이 군사정권과 밀접한 연관이 있었던 반면, 여자 구기종목은 군대와도 상관없고 세계의 벽도 높은 상황에서 전적으로 선수단의 투혼에 의존했다.

70년대 여자 농구 스타 박신자는 이렇게 이야기했다.

"내가 처음 농구할 때 할머니는 넘어지면 무릎 까진다고 무릎을 가리는 브루마*를 걸쳐 놓으셨다. … 경기(여고)는 푸른색 주름치마, 숙명(여고)은 자주색 주름치마를 입고(경기했다)" —《동아일보》 1979년 5월 3일자

여자가 짧은 바지 입고 남들 앞에서 운동한다고 흉보던 시대였다.

"조영란은 자기 팀 신현수 코치에게 인간 이하의 폭행을 당했다고 주장했다. … 코치의 지시를 어겼다는 이유로 주먹으로 얼굴을 맞았으며 넘어지자 계속 발길질을 했다는 것." —《동아일보》 1979년 7월 11일자

남자 코치들의 무지막지한 폭력도 심각했다. 선수 생명도 짧아서 조혜정은 23세, 이에리사는 24세에 은퇴했다. 당시《동아일보》는 이에리사의 은퇴를 "노병이 사라졌다"고 표현했다. 겨우 24세인데! 그들은 은퇴하면 소속

---

* 무릎 위나 아래를 고무줄로 졸라매는 여성용 운동 팬츠 블루머bloomer의 일본식 발음.

회사에서 평사원으로 근무하다가[**] 결혼해서 평범한 가정주부로 사는 것이 일반적이었다. 훗날 조혜정은 승부에 모든 것을 걸었던 선수 생활이 너무 힘들었다고 말했것. 승부를 위해 혹사당하면서 악바리 같은 도전으로 세계 무대에서 좋은 성적을 올렸던 그들은, 부상과 나이 등을 이유로 성인 선수 경력 4~5년 만에 은퇴했다. 코치와 감독은 남자들의 영역이어서 극소수를 제외하고는 대부분 경기장을 영원히 떠났다.

70~80년대 여성 스포츠 선수들이 거둔 화려한 성적은 말 못할 고통과 설움이 응축된 한의 결실이었다. 오늘날 여자 배구 김연경 선수가 20대 후반의 나이에도 전성기를 누리며 소속팀을 우승으로 이끄는 모습을 보며, 많이 힘들었을 그녀와 그녀 선배 선수들에게 응원과 감사의 박수를 보내고 싶다.

---

[**] 2017년 문재인 정부 첫 고용노동부 장관에 임명된 김영주는 1973년부터 1976년까지 신탁은행 소속 농구선수였다. 23세 이른 나이에 은퇴한 후 신탁은행 은행원으로 근무하던 중 노조에 가입한 뒤 금융노련 부위원장, 더불어민주당 비례대표 국회의원을 거쳐 장관으로 임명되었다.

# 06 한국 최초의 어린이 놀이공원
어린이대공원

1960년대에는 요즘의 대학 입시 못지않게 중학교 입학 경쟁도 치열했다. 1964년 중학 입학 공동시험에서 일어난 무즙 파동은 치열한 입학시험의 경쟁 속에서 살아가는 우리 사회의 단면을 그대로 보여 주는 사건이었다.

1973년 5월 5일 어린이대공원(현재의 광진구 능동 소재)이 개장했다. 이날 기념식에는 박정희 대통령과 문교부(지금의 교육부) 장관, 서울시장 등이 참가했고, 대통령이 특별히 축사를 했다. 무료 개장한 이날 무려 30만 명의 인파가 몰려들어 식수 및 화장실 부족으로 이용객들이 큰 곤란을 겪었고, 164명의 미아가 발생하는 등 하루 종일 난리 북새통이었다. 한국 최초의 어린이 놀이공원 개장이었으니 그럴 법도 했다.

### 중학교 입시는 폐지됐으나

1968년 7월 15일 문교부는 1969년부터 중학교 입시를 폐지한다고 발표하였다. 명문 중학교에 입학하기 위해 보충수업과 과외에 시달리던 초등학생이 과로로 사망하자 입시 교육이 아이들을 망친다는 여론이 폭발했고,

'무즙 파동'* 등 입시 관련 사고까지 연이어 터지자 중학교 입시를 폐지한 것이다.

그런데 막상 입시가 폐지되자 새로운 문제가 생겼다. 중학교 입시를 준비하느라 국민학교(지금의 초등학교) 때부터 자율학습, 보충수업, 사교육에 시달렸던 아이들이 방과후에 할

중학교 입학시험을 치르는 아이들. 1967년 12월 1일.

일이 없어졌다. 남는 시간을 어떻게 보내야 할까? 아이들에게 무작정 골목에서 뛰어놀라고 할 수만은 없지 않은가. 그래서 1970년 7월 남산에 어린이 교육시설인 '어린이회관'이 개관했다. 그러나 남산 어린이회관은 접근성이 떨어지고 '과학관' 중심이어서 아이들이 놀 만한 곳은 아니었다.

이에 박정희 대통령은 1970년 12월에 어린이대공원을 지으라는 특별 지시를 내렸다. 그런데 어디에? 이미 서울은 만원이었다. 1960년 240여 만 명이었던 서울 인구는 1970년 540만 명으로 2배 이상 늘었다. 당시는 아직 강남 개발을 하기 전이어서 인구 대부분이 강북에 밀집해 있었다. 도심 지역은 부지 마련도 어렵고 땅값도 너무 비쌌다. 그렇다고 서울 외곽에다 지으

---

* 1964년 12월에 시행된 중학교 입시 자연 과목 18번 문항은 엿을 만드는 과정을 제시하고 엿기름 대신 넣어도 좋은 것을 고르는 문제였다. 정답은 디아스타제였는데, 보기 문항 중 무즙이 제시된 것이 문제가 되었다. 당시 초등학교 교과서에 "침과 무즙에도 디아스타제가 들어 있다"는 내용이 있었기 때문이다. 무즙이 오답 처리되어 명문 중학교 입학이 좌절된 학생의 부모들은 격렬하게 반발하며 실제 무즙으로 엿을 만들어 항의하는 퍼포먼스까지 벌였다. 결국 행정소송까지 이어져 이듬해 3월 30일 서울고등법원은 무즙도 정답으로 인정하고 소송을 제기한 학생 모두를 입학시키라는 판결을 내렸다.

면 접근성이 떨어져 도로아미타불이었다. 고민 끝에 찾은 땅이 서울의 동쪽 끝인 광진구 능동의 골프장 '서울구락부'였다.

## 골프장에 세워진 놀이공원

서울구락부는 일제 시대 만들어진 골프장으로, 해방 이후 미군 장교들이나 정부 고위급 인사들이 주로 애용했으며 박정희 대통령도 종종 찾던 곳이었다. 처음 골프장을 만들 때는 조용한 시골이어서 별 문제가 없었는데, 60년대 서울 인구가 폭발하여 골프장 주변에 주택이 들어서면서 골프장 관련 민원이 점점 늘어나기 시작했다. 주택으로 골프공이 날아온다는 항의도 문제지만, 무엇보다 정부 고위 관료들이 평일 대낮에 골프 치러 다니는 모습이 국민들 눈에 띄는 것이 좋지 않았다.

결국 박정희 대통령은 이래저래 문제가 많은 서울구락부 자리에 어린이대공원을 지으라는 지시를 내렸다. 그런데 서울구락부는 사유지였다. 사유재산을 마음대로 국가가 사용할 수는 없는 법. 보상 문제를 해결해야 했다. 서울구락부는 정재계 고위 인사들이 주주 형태로 소유권을 갖고 있었는데, 이것이 득도 되고 실도 되었다. 독재정치 시대 대통령의 특명이라는데 골프장을 내놓지 않을 도리가 없었다. 그러나 독재권력은 측근 비리도 많아 보상 과정에서 잡음이 생기지 않을 수 없었다. 서울구락부 이전은 확인하기 어려운 많은 뒷말들을 무성하게 남긴 채 마무리되었다.

부지 선정에 많은 시간을 허비한 까닭에 어린이대공원 건설은 군사작전처럼 속전속결로 추진되었다. 처음에는 자연과 어우러지는 놀이터나 자연체험 중심 공원으로 설계되었다가, 일본 디즈니랜드 등 외국 놀이공원을 참고하는 과정에서 동물원과 놀이시설 등을 갖춘 놀이공원으로 변경되었다.

서울구락부 골프장이 있던 자리에 들어선 어린이대공원. 1973년 5월 19일.

비용도 더 들고, 시설 도입 등으로 작업 기간도 더욱 부족해졌다.

　1973년 5월 5일 개장은 그야말로 숨이 턱에 닿아 겨우 해낸 일이었다. 앞서 말했듯, 기본 편의시설 부족으로 개장 첫날부터 많은 어려움을 겪기 했으나, 정권 차원의 배려 덕에 어린이대공원은 서울의 대표 놀이공원으로 자리 잡았다. 특히 지하철 2호선 통과, 여러 버스 노선 운영으로 교통 편의가 증진되어 서울 변두리임에도 접근성이 좋아졌다. 그 덕에 광진구 화양동·능동 일대가 새로운 주택지구로 발전하기도 했다. 1975년에는 남산 어린이회관이 어린이대공원 옆으로 이전했다. 아마도 당시 어린이들에게 〈로보트 태권 V〉를 상영하던 '무지개극장'으로 더 인상 깊었을 어린이회관은, 입시

어린이대공원 개원식에 참석한 박정희 대통령 내외. 1973년 5월 5일.

지옥 속에서 그나마 아이들의 숨통을 틔워 준 공간이었다.*

이후 1976년 용인자연농원(지금의 에버랜드), 1984년에 과천 서울대공원이 개장하면서 어린이들의 선택권이 확대되었지만, 여전히 수도권에 집중된 점, 대형 놀이공원 외에 (동네 놀이터의 부재 등) 어린이 놀이문화에 대한 배려가 없다는 점은 전시 행정을 벗어나지 못한 70년대의 한계로 지적받았다. 아무튼 중학교 평준화는 다가올 1974년 고교 평준화와 함께 우리나라 어린이와 청소년의 유흥 오락문화 형성에 큰 영향을 미쳤다.

---

* 능동 어린이회관은 운영 주체인 육영재단의 부실 문제, 경영권을 둘러싼 박근혜 · 박근령 자매의 분쟁 등으로 박정희 부인 육영수기념관 위주로 기능이 대폭 축소되었다. 능동 어린이회관 기능은 1989년 남산 과학관(현 서울특별시 교육청 과학전시관)이 대신하게 되었다.

# 07 교수님들이 국회로 간 까닭은
## 유신정우회

대통령이 국회의원의 3분의 1을 임명할 수 있었고, … 대통령이 지명한 유신정우회 의원들도 73석을 차지하였다.

‘유신정우회’, 약칭 유정회는 유신헌법으로 생겨난 독특한 정치단체이다. 대통령이 국회의원 정족수의 3분의 1에 해당하는 국회의원을 뽑고, 그렇게 선발된 국회의원들이 만든 단체가 바로 유정회다. 유정회의 활동 목표는 대통령의 국정 수행을 돕고, 국회에서 유신헌법과 국민 여론의 조화를 꾀하며, 국회에서의 반反유신적 의도를 차단하고, 의회의 직능적 성격**을 강화한다는 것이었다. 당시 국회의원 정족수 219석 중 73석은 유정회의 몫이었으므로 항상 여당이 과반수를 안정적으로 차지하게 되면서 국회는 거수기로 전락하고 말았다. 삼권분립이 법적으로 부정당한, 18세기 몽테스키외 주장 이래로 현대 국가에서 보편적으로 적용되는 권력의 원칙이 무너진 시대였다. 도대체 이 시대 한국의 법학자나 정치학자들은 무엇을 하고 있었을까?

---

** 의회는 지역을 대표하는 국회의원(지역구)과 다양한 계층을 대표하는 국회의원(비례대표)으로 구성된다. 각각 지역대표성, 직능대표성의 성격을 갖는 것인데, 유정회는 직능대표성을 대통령이 독점한 것이다.

교과서는 유정회와 관련하여 '대통령이 국회의원의 3분의 1을 임명'한다고 설명하고 있지만, 정확히 말하면 임명이 아니라 추천이다. 유정회 의원 선출은 유신헌법 3장 통일주체국민회의에서 규정했다. 통일주체국민회의는 국민이 직접 뽑은 대의원으로 구성한 '국민적 조직체'로서, 대통령 선출과 유정회 선출 등의 권한을 갖는다. 이처럼 국민이 선거인단을 선출하고 그 선거인단이 대통령을 뽑는 것을 간선제라 한다. 간선제는 미국 등 선진국에서도 시행하는 제도로서, 얼핏 보면 문제가 없어 보인다.

하지만 통일주체국민회의 관련 법을 보면 문제의 심각성을 알 수 있다. 통일주체국민회의 대의원 선거법에 따르면 유권자 2만 명 기준 대의원 1명을 원칙으로 하며(14조 3항), 출마 가능자는 선거구에서 2년 이상 거주한 30세 이상 국민으로(8조) 선거구 유권자 3백 명 이상의 추천을 받아야 하고(26조), 정당원은 후보가 될 수 없다(30조 1항). 또한 선거운동 시 개인 이력을 제외한 다른 내용을 공지할 수 없으며(37조), 유신에 대한 입장과 입후보 이유를 제외한 어떠한 정치적 발언도 할 수 없다(42조).<sup>*</sup>

그러니까 통일주체국민회의 대의원은 유신을 지지하는 사람만 입후보할 수 있으며, 대의원이 되어서도 이는 마찬가지이다. 대의원은 정치 관여가 금지되어 있기 때문이다(통일주체국민회의법 12조). 결국 유신을 지지하는 선거인단이 유신을 지지하는 대통령<sup>**</sup>과 국회의원을 뽑는 구조다. 애초에 민주주

---

* 42조의 원문은 다음과 같다. "후보자는 합동연설회에서 연설을 함에 있어서 오직 후보자 자신의 경력 및 입후보의 취지와 유신과업에 대한 주견만을 발표할 수 있다. 다만 어떠한 방법으로라도 특정인, 정당, 기타 정치단체나 사회단체를 지지 또는 반대할 수 없다."

** 통일주체국민회의법 5장 18조 1항에 따르면, 통일주체국민회의는 대의원 2백 명 이상의 추천을 받아

의는 바늘 끝조차 들어갈 틈
도 없게 설계된 것이다.

유정회 국회의원도 마찬
가지다. 유신헌법 3장 40조
2항에 따르면, 대통령이 후
보자를 일괄 추천하면 통일
주체국민회의에서 찬반투표
를 해서 결정하도록 되어 있

통일주체국민회의 개회식. 1972년 12월 23일.

다. 통일주체국민회의법에 대통령 선출 시 토론 없이 투표하도록 되어 있는
데(27조), 국회의원 선출도 대통령의 추천이라 토론 없이 일괄로 찬반투표만
해서 승인했다. 1973년 유정회 국회의원은 통일주체국민회의 대의원 2,359
명 중 2,354명 투표(99.8퍼센트), 2,251명 찬성(95.6퍼센트)으로 통과되었다.

## 권력 집단이 된 지식인

그렇다면 어떤 사람들이 유정회 국회의원이 되었을까? 1973년에는 정치
인 20명, 교수 7명, 교육계 3명, 언론계 7명, 공무원 16명, 예비역 장성 8명,
여성계 8명, 사회 각계 인사 4명이었다. 이 중 교수는 교육계 1명, 여성계 2
명 포함 총 10명으로 적지 않은 비중을 차지하였다. 1976년에는 교수가 12
명***으로 늘었다. 지식인들이 헌정 질서를 교란하고 삼권분립을 파괴한 박

---

대통령 후보를 선출할 수 있다. 통일주체국민회의에서 대통령 후보를 선출해서 대통령을 뽑는 구조
이니, 야당에서 대통령에 출마하는 것은 의미 없는 짓이다.
*** 강준만은 김삼웅의 글을 근거로 1973년 11명, 1976년 21명의 대학교수가 참가하였다고 했다(《한국
현대사 산책: 1970년대편 2권》, 33쪽). 예비후보나 겸직과 전직을 포함한 것으로 보인다. 이 글에서

유신정우회 현판식에 참석한 박정희 대통령.
1973년 6월 12일.

정희 권위주의 체제의 핵심인 유정회를 비판하기는커녕 오히려 적극 참여한 것이다. 이는 당시 지식인들의 권력 지향성, 특히 교수들의 권력집단화를 보여 준다.

이미 60년대부터 박정희 정부를 일컬어 '육법당'(육사와 법대 출신)이라고 할 만큼 대학교수들의 정권 참여가 두드러졌다. 이는 기성 정치인을 배제하고 새로운 정권을 꾸리려 한 박정희 정권의 고육지책이었지만, 그 덕에 한국 교수들은 유례없이 강한 권력을 갖게 되었다. 학문 연구자나 대학에서 학생을 가르치는 교육자가 아니라, 예비 장관이나 예비 국회의원으로서 준권력적 존재가 된 것이다. 대학교수들의 정권 참여는 정권의 정당성을 홍보하는 데 큰 도움이 되었다. 나라의 최고 두뇌집단인 이들이 유신정권의 일원으로서 그 정당성을 설파하는데 감히 누가 반박하겠는가? 교수가 주장하고, 언론이 받아쓰고, 출판사에서 책을 내고…, 이런 상황에서 평범한 사람들은 그저 "내가 무식해서 오해했으려니" 하고 수긍할 밖에.

유정회는 군부와 재계가 장악한 권력에서 소외된 지식인을 포섭하는 데 아주 좋은 장치였다. 유정회는 삼권을 대통령에 집중시키고, 나라의 지성도 확고히 정권의 편으로 잡아 두는 일거양득의 효과를 거두었다. 이렇게 유신체제는 탄탄대로를 걷게 된다.

---

는 언론에 발표된 현직 교수를 기준으로 집계하였다.

1979년 12월 12일 전두환과 노태우 등 신군부 세력이 쿠데타를 일으켜 군사권을 장악하였다(12·12사태). 신군부는 5월 17일 모든 정치 활동을 금지하였으며 계엄령을 전국으로 확대하였다. 신군부는 5·18 민주화운동을 진압하고 집권에 성공하였으나 정권의 도덕성과 정당성을 상실하였다.

우리 현대사를 이야기할 때 빠지지 않는 단어 중 하나가 '신군부新軍部'다. 박정희 사후 쿠데타를 일으켜 정권을 장악한 세력을 지칭하는 용어인데, 뭔가 애매모호한 구석이 있다. 도대체 무엇이 새롭다는 말인가? 교과서는 신군부를 어떻게 서술하고 있는지 보자.

전두환, 노태우 등 12·12 사태로 실권을 장악한 정치군인 — 미래엔 출판사 《한국사》

전두환, 노태우 등 하나회를 중심으로 한 정치군인들 — 천재교육 《한국사》

1979년 12월 12일 무력으로 군부 온건파를 제거하고 군사권을 장악한 군부 강경파 세력 — 금성사 《근현대사》

전두환 보안사령관 등이 이끌던 하나회가 중심이 된 세력 — 국정 한국사 교과서 현장검토본 모든 교과서에 신군부라는 말이 나오지만 뭉뚱그려서 설명하고 있고, 그러다 보니 이들이 왜 문제인지, 5·16과 12·12는 어떻게 다른지 잘 모르는 경우가 많다. 신군부는 박정희 사후 갑자기 '새롭게' 등장한 것이 아니다. 신군부가 일으킨 12·12는 5·16 당시에 이미 예견된, 쿠데타의 악순환이 왜 어떻게 이루어지는지를 잘 보여 준 사례라고 할 수 있다.

## 하나회의 대부에서 유신의 패륜아로

1973년 4월 언론에서는 일명 '윤필용 사건'이 크게 보도되었다. 그때까지 비공개로 수사 및 재판이 진행되다가, 4월 28일 사건 피의자들에게 형이 선고되자 비로소 언론에 공개된 것이다. 그 내용은 윤필용 수도경비사령관(소장)이 군내 사조직을 운영하며 공금을 횡령하고 민간인에게 돈을 갈취하는 등 부정축재를 일삼아 군 지휘권과 사회 기강을 문란케 하는 중죄를 저질렀다는 것이었다. 이에 윤필용 소장과 손영길 준장은 징역 15년을 선고받았으며,* 그 외 영관급 이하 장교 7명도 징역 1년~10년의 형을 선고받았다.

그러나 윤필용 사건은 보도된 것처럼 개인의 부정축재 사건이 아니었다. 윤필용은 박정희 대통령의 총애를 받던 장군인데, 유신 이후 박정희 장기 집권에 대한 불평을 늘어놓다가 일종의 반역 음모 혐의를 받은 것이었다. 유신 시대에는 박정희 밑에서 일하다가 박정희에 대항하면, 이를 일종의 패륜으로 몰아 도덕적으로 단죄하곤 했다. 윤필용은 그런 대표적 패륜아였다.

이 사건에서 중요한 것은, 윤필용이 운영했다는 '사조직'의 존재였다. 당시에는 사조직의 실체가 무엇인지 보도되지 않았는데 훗날 이것이 '하나회'

---

* 《동아일보》 1973년 4월 28일자.

임이 밝혀졌다. 그런데 하나회는 윤필용이 만든 조직이 아니었다. 일반적으로 하나회는 박정희가 만든 것으로 간주하며, 그 회장은 잘 알다시피 전두환이다.

박정희와 전두환의 인연은 5·16으로 거슬러 올라간

5·16 지지 시가행진을 벌이고 있는 육군사관학교 생도들. 1961년 5월 18일(〈사진으로 보는 서울〉).

다. 5·16은 해병대를 중심으로 고작 3천여 명의 병력이 일으킨 쿠데타였다. 중화기로 무장한 야전군은 아직 정부 편이었고, 1군 사령관 이한림 장군은 쿠데타 진압을 위해 출동 준비를 하고 있었다. 이런 절체절명의 위기 상황에서 전두환이 육사 생도들을 선동해 쿠데타를 지지하는 시가행진을 일궈 냈다. 육사 생도 시가행진은 5·16 쿠데타 성공과 정당성 확보에 큰 힘이 되었다.

박정희는 전두환을 높이 평가하였고, 그를 중심으로 군부 내 자신의 친위 세력을 키우고자 했다. 이에 따라 전두환이 육사 11기 영남 인맥을 중심으로 만든 사조직이 바로 하나회였다. 하나회는 박정희의 의중이 담긴 조직이었기 때문에 박정희의 심복들이 운영에 많은 도움을 주었고, 특히 윤필용이 대부 격이었다. 윤필용 사건 이후에는 청와대 경호실장 박종규나 차지철도 많이 도와주었다.

### 그때 하나회를 수사했다면

군 내 사조직은 명령 계통을 문란하게 하므로 반反군사조직으로 간주된다. 군대의 명령은 공식 명령 체계를 따라 내려가고 군령여산軍令如山이란 말처럼 절대복종이 필수인데, 사조직이 존재하면 공식 명령 체계가 흔들려 군 기강이 무너질 수밖에 없다. 그래서 군 내 사조직이 적발되면 무조건 군사 재판에 회부되며 징역형과 강제전역의 처벌이 가해진다.

그러나 박정희는 이미 그 자신이 명령불복종과 하극상(부하가 상관을 공격)을 통한 쿠데타로 권력을 잡았다. 쿠데타가 한 번 일어나면 군대는 나라 와 국민을 지키는 집단이 아니라 권력을 지향하는 무력 집단이 되고, 내부에 여러 사조직이 생겨 서로 권력을 잡으려고 다투면서 쿠데타의 악순환에 빠지기 십상이다. 5·16 당시 박정희도 이를 가장 염려했다. 또다시 쿠데타 가 일어나는 것을 막으려면 군 내 확고한 친위 세력이 필요했다.

군 내 정치적 사조직인 하나회는 군의 기강이나 지휘 계통과는 상관없는 조폭 조직처럼 운영되었다. 하나회 운영 원칙은 상관의 명령보다 하나회 선 배의 명령에 복종하고, 영남 출신들을 중심으로 하며, 회원으로서 진급·보직 등 각종 인사상 이익을 주며, 탈퇴 시 가혹한 보복을 한다는 것 등이었다.

하나회의 실체는, 하나회 핵심 멤버 중 한 명인 수도경비사령부 참모장 손영길 준장이 윤필용 사건에 연루되면서 드러났다. 당시 하나회 선두 주자 는 전두환과 손영길이었는데, 승진은 손영길이 전두환보다 한 걸음 빨랐다. 윤필용을 수사하면서 손영길과 하나회가 드러나자, 당시 수사를 담당했던 보안사령관 강창성은 하나회를 일망타진하려 했다. 사조직은 반드시 쿠데 타로 이어질 것이기 때문이다.

그러나 결과는 정반대였다. 손영길이 모든 것을 뒤집어쓰는 것으로 하 나회 수사는 일단락되고, 강창성은 좌천되었다. 하나회는 이후에도 승승 장구했으며, 특히 청와대 경호실과 보안사령부 등 정치적 부서에서 핵심

역할을 맡았다. 그리고 박정희
의 죽음 이후 독재 연장과 민주
주의의 양 갈래 길에서 12 · 12
쿠데타를 일으켜 정권을 잡았
다. 12 · 12 쿠데타는 하나회 장
교들이 상관의 명령이 아니라
전두환의 명령에 따라 군대를
움직였기에 가능했다.

방첩부대장 시절의 윤필용. 베트남 도착 기념사진.
1967년 10월 6일.

하나회는 1993년 김영삼 정부
때 일망타진되었다. 지금도 김영삼 정부의 중요한 업적 중 하나로, 하나회
를 일망타진하여 쿠데타 위협을 제거한 것을 꼽는다. 그러나 교과서에서는
아직도 하나회와 신군부 문제를 상세하게 다루지 않고 있다. 군 내 사조직
의 존재는, 군대가 국가와 국민을 위한 집단이 아니라 권력자 개인을 위한
집단이 되었음을 의미한다. 이는 국방의 근간을 흔드는 중대 범죄이다. 이

## 해병대

1960년 5 · 16 당시 쿠데타군은 공수단과 해병대를 주력으로 6군단 포병대 등이 가세한 상
태였다. 이때 해병대 김윤근 장군은 해병대가 아닌 공수단이 앞장서기를 바랐다고 한다. 권
력의 속성상 제2의 쿠데타를 방지하기 위해 쿠데타에 앞장선 부대를 반드시 해체할 것이기
때문이다. 그러나 쿠데타가 사전에 발각되면서 계획에 차질이 생겨 결국 해병대가 앞장서서
5 · 16을 일으켰고, 그의 예상은 적중했다. 박정희 정권은 유신 선포 직후인 1973년 해병대
사령부를 해체하고 해군 예하부대로 흡수해 버렸다. 쿠데타에 이용되기에 가장 적합한 군대
를 제거한 것이다. 해병대는 이후에도 민주화 시위 현장에 투입되는 등 박정희 정권을 위해
일했지만, 독립적 사령부는 회복하지 못했다. 해병대 사령부가 재건된 것은 민주화 이후인
1987년 11월이었다.

를 적시하고 경계하지 않는다면 우리 청년들이 어찌 기쁘게 국방의 의무를 다하겠는가?

1973년 윤필용 사건 때 하나회 수사가 불발되면서, 우리는 훗날 12·12 쿠데타를 막고 민주주의로 나아갈 수 있는 중요한 기회 하나를 놓쳐 버렸다. 그렇게 역사는 한 장 한 장의 결정적 순간들, 당대인들이 어이없이 흘려보낸 그 순간들이 이어져 만들어진다.

# 박정희 정권의 무리수
## 김대중 납치사건

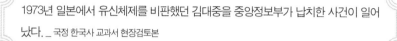

> 1973년 일본에서 유신체제를 비판했던 김대중을 중앙정보부가 납치한 사건이 일어
> 났다. _ 국정 한국사 교과서 현장검토본

　1973년 8월 9일, 많은 신문의 1면에 "김대중 씨 실종"이라는 동일한 제목의 기사가 실렸다. '일본에 사실상 망명 상태였던(《동아일보》) 전 국회의원(《경향신문》) 김대중을 한국말을 쓰는 괴한 5명이 마취약을 사용하여 어디론가 납치했다'는 내용이었다. 사건은 5일 동안 오리무중이었으며, 한국에서는 김대중의 자작극이나 북한의 납치가 아닐까 하는 의문이 제기되기도 했다. 사건은 5일 만인 8월 13일 돌연 김대중이 자신의 집으로 돌아오면서 일단락되었다. 그런데 8월 14일 신문 1면 기사 제목은 묘한 뉘앙스의 차이를 보인다.

"김대중 씨 서울 자택에 데려다 놔" —《동아일보》
"김대중 씨 돌연 서울 자택에" —《경향신문》
"김대중 씨 자택 귀환" —《조선일보》

## 남도에서 서울로, 박정희 위협한 김대중 바람

1969년 3선 개헌안이 날치기 통과되면서 박정희의 장기 집권이 확정되었다. 당시 헌법에 의하면 대통령을 두 번까지만 할 수 있었는데, 박정희가 한 번 더 하겠다며 헌법을 날치기 통과시킨 것이다. 헌법 개정은 국민투표에서 과반 찬성을 받아야 통과되므로 국회 날치기가 큰 문제가 아니라고 생각할지 모르겠지만, 박정희 시대 국민투표는 자유로운 찬반토론 없이 일방적으로 찬성 주장만 들은 뒤 투표하기 때문에 반대표가 많이 나오기 어려웠다. 실제로 박정희 시대 국민투표가 부결된 적은 한 번도 없다.

1971년 대선, 야당인 신민당에게는 박정희 집권 저지라는 중차대한 과제가 주어졌다. 그런데 당시 야당은 해방 이후 친일파들이 건설한 한민당의 잔재가 남아 있어서 박정희에 대한 경쟁력이 떨어졌다. 60년대 학생운동과 재야운동이 활발했던 이유도, 야당이 민의를 대변하지 못했기 때문이다. 그래서 신민당의 주요 과제는 '선 야당 개혁, 후 대선 승리'였고, 그 일환에서 나온 것이 '40대 기수론'이었다. 노회한 원로들은 은퇴하고 대선 후보를 40대 소장파에게 넘기라는 것이었다.

당시 야당 내에서는 50년대 민주당 시절부터 이어져 온 구파와 신파가 대립하고 있었다. 구파의 소장파 대표는 김영삼, 신파의 소장파 대표는 김대중이었는데, 김영삼이 먼저 40대 기수론을 제창하자 김대중이 이에 화답했다. 마침내 원로들이 대선 후보를 포기하고 김영삼, 김대중 등 3명의 40대가 대선 후보 경선을 치렀고, 그 결과 김대중이 후보가 되었다.

김대중은 대통령을 하기에는 경력이 짧고 지지 기반도 부족하다는 평가를 받고 있었다. 대부분의 사람들이 1971년 대선에서 박정희의 낙승을 점쳤다. 그러나 막상 선거운동이 시작되자 분위기가 달라졌다. 김대중은 조직력이 압도적으로 열세인 상황에서 당선에 회의적인 분위기를 돌파하고자 국민에게 직접 호소하는 전략을 구사했다. 이른바 바람몰이 전략으로, 남도에서부터 서울로 정권 교체의 열기를 북상시키고자 했다. 언론이 통제된 상태에서 정부가 일방적으로 박정희만 외치니, 야당세는 오직 사람과 사람의 입으로 전해지는 방법밖에 없었다.

김대중의 선거 구호는 간단했다. '박정희 장기 집권 저지'. 그는 박정희가 당선되면 이번 선거가 마지막 대선이 될 것이며, 이후 박정희가 죽을 때까지 계속 대통령을 할 것이라고 주장했다. 경제성장에서 소외되어 극심한 가난에 고통받던 도시 노동자와 농민 등 일반 서민들이 적극 호응하였다.

선거 결과는 97만 표 차 박정희 승리였다. 외신에서는 박정희의 부정선거와 관권선거를 비난했고, 일부 외신은 김대중의 실질적 승리라고 주장하기도 했다. 이후 김대중은 한국 민주주의의 지도자로서, 국내보다 외국에서 더 유명 인사가 되었다. 유신으로 박정희 장기 집권이 현실화된 가운데 국제사회에 한국 민주주의에 대한 지원을 요청할 최고의 적임자였다.

## 되로 주고 말로 받은

유신 정부가 출범할 때 김대중은 일본에 있었다. 그는 귀국을 포기하고 미국과 일본을 오가면서 한국민주회복통일촉진국민회의(약칭 한민통)*를 건설하고 반유신 투쟁을 이끌며 한국 민주주의에 대한 국제 여론의 관심을

---

\* 한민통은 박정희 정권에 의해 반국가단체로 규정되었으며, 80년대 이후에도 계속 친북 반국가단체로 규정되었다. 한민통 역시 해외 통일운동 단체로 활동하고 북한과 교류하면서 성격이 조금씩 바뀌어 갔다. 현재 이름은 '재일한국민주통일연합'이며, 한국에서 한민통에 가입하거나 활동하는 것은 불법이다. 김대중의 한민통과 현재 한민통을 성격이 다른 단체로 보기도 한다.

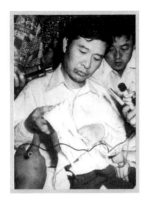

납치 사건 이후 언론과 인터뷰하는 김대중.

환기시켰다. 박정희 정권에게 김대중은 최대 위협이었다. 박정희 정권이 여러 차례 귀국을 요구했으나 김대중은 이를 거부했고, 그러자 중앙정보부(중정)가 요원을 파견하여 그를 납치했다.

사건의 전모는 한동안 잘 알려지지 않았다. 김대중은 풀려난 직후 납치범들이 자신을 살해하려 했다고 주장했다. 미국과 일본은 한국 정부의 소행이라고 생각했다. 특히 일본은 자국 영토 안에서 한국 정부가 납치 행각을 벌인 것을 격렬하게 비난하고 나섰다. 이 때문에 한국의 국무총리가 직접 일본에 가서 사과와 재발 방지를 약속하고 돌아왔다. 일각에서는 배상금까지 지불했다는 주장도 나왔다. 그러나 국내에서는 이 사건을 제대로 수사하지 않고 흐지부지 묻어버렸다.

1997년 12월 김대중이 대통령에 당선되고 나서 1998년 2월 19일에《동아일보》가 중앙정보부의 극비 보고서를 보도하면서 사건의 윤곽이 어느 정도 드러났다. 이 보도에 따르면, 이후락 중앙정보부장이 김대중의 해외 활동을 막기 위해 중앙정보부 요원 9개 조 46명을 투입하여 국내로 납치했다고 한다. 박정희 대통령은 사후에 보고 받았으며 어디까지나 이후락 부장의 과잉 충성이 빚은 '사고'였다는 것이다. 그러나 아직까지 이 사건의 진상이 완전히 파헤쳐졌다고 믿는 이들은 많지 않다. 중정 측 자료만 공개되었을 뿐이기 때문이다.

이 사건은 박정희 정부에게 여러 가지 좋지 않은 영향을 미쳤다. 먼저 유신에 대한 부정적인 국제 여론이 확산되었다. 베트남 패전(공식 종전은 1975년)으로 미국 등 서구에서 민심을 얻지 못한 독재 정권을 지원하는 데 회의를 품으면서 독재국가에 대한 지원 철회를 검토하기 시작했다. 박정희 독재에 대한 다양한 제재 조치가 논의되고 있는 가운데, 유력한 야당 지도자를 납치했으니 분위기가 악화될 것은 분명했다. 또, 중화학공업 육성을 위해 일본과 긴밀한 관계를 맺고 있는 상황에서 일본과 외교적 마찰을 겪은 것도 좋지 않은 일이었다.

유력한 반정부 지도자인 김대중이 한국에 들어온 것도 결과적으로 반유

## 베트남 패망과 주한미군 철수

베트남 패망은 미국에게 큰 충격이었다. 미국은 아무리 베트남 정부가 취약해도 미군이 베트남을 장악할 수 있으리라 믿었다. 그 오만이 결국 스스로를 수렁에 빠뜨리고 말았다. 미국은 베트남전쟁 이후 오랫동안 왜 베트남에서 합리적 사고를 하지 못했는지를 치열하게 반성했다. 사실 베트남전쟁은 미국이 승리를 장담할 수 있는 조건이 하나도 없었다. 친미 베트남 정부는 극소수의 친프파(베트남은 프랑스 식민지였다)와 가톨릭을 믿는 도시 중상류층을 기반으로 하고 있었다. 반면 베트남 국민은 대부분이 불교를 믿는 농민으로 이들은 오랫동안 독립운동을 해 온 강인한 면모를 갖고 있었다. 베트남전쟁은 처음부터 도시에 사는 소수의 베트남 상류층을 미군이 보호하며 농촌에서 농민에게 억지로 총을 쥐어 주고 공산 베트콩과 싸우도록 한 전쟁이었다. 도시 서민층은 하루가 멀다 하고 데모를 벌이고, 농민들은 전쟁에 관심도 없고, 불교는 반발하고, 상류층은 미국으로 탈출할 생각만 하고 있었다. 전쟁에서 진 미국은 스스로 지킬 의지가 없는 나라는 도와주지 않겠다는 '닉슨 독트린'(1969)을 토대로 외교정책을 추진하였다. 이 과정에서 미국 내에서 박정희 유신체제는 미국이 도울 만한 가치가 없는 정권이라는 여론이 높아졌고, 이것이 주한미군 철수 움직임으로 나타났다. 박정희는 미군 철수에 대비해 군수산업의 토대가 될 중화학공업이 더욱 필요했고, 이를 위해 일본의 도움이 절실했다. 박정희 정권은 베트남전쟁 특수를 통해 경제성장을 일으켜 정권을 연장했지만, 베트남전쟁으로 인해 수렁에 빠져들었으니 참으로 기묘한 역사의 인과관계이다.

신 투쟁을 강화시키는 꼴이 되었다. 유신 이후 신민당은 유신과의 타협을 주장하는 세력이 주도권을 잡고 김영삼 등이 외롭게 싸우고 있었는데, 김대중이 가세하면서 유신 반대파에게 힘을 실어 준 것이다. 납치 사건을 계기로 김수환 추기경 등 종교계와 재야에서 박정희 정부를 향해 비판의 목소리를 높이게 된 것도 곤란한 일이었다.

민심과 국제 여론의 반대를 무릅쓴 독재정치는 무리수를 두다 끝내 자멸하기 마련이다. 박정희 유신체제는 너무 빠르게 그 밑천을 드러내고 있었다. 그것은 박정희에게도 국민에게도 불행한 일이었다. 이후 한국은 10월 학생시위와 12월 개헌운동을 맞이하게 된다.

# 10 민주주의의 선전포고문
## 개헌 서명운동

> 1973년에 김대중 납치 사건이 일어나자 장준하, 백기완을 비롯한 지식인들이 '개헌
> 청원 백만인서명운동'을 주도하는 등 유신 반대운동이 전개되었다.

민주주의 회복, 현행 헌법 개정을 요구하는 청원운동을 전개하며.
오늘의 모든 사태는 궁극적으로 민주주의를 완전히 회복하는 문제로 귀
착한다. 경제의 파탄, 민심의 혼란, 남북 긴장의 재현이라는 상황 속에서
학원과 교회, 언론계와 가두에서 울부짖는 자유화의 요구 등, 이 모든 것
을 종합하면 오늘의 헌법하에서는 살 수가 없다는 것으로 요약된다.

1973년 12월, '재야 대통령' 장준하는 '개헌 청원 백만인서명운동' 선언문
을 써 내려갔다. 이 선언문은 유신헌법에 도전하는 민주주의의 선전포고문
이었다.

### 들불처럼 번지는 개헌 서명운동

유신의 그 엄청난 권력에도 불구하고, 민주주의를 염원하는 국민과 지식
인들은 이를 절대적인 위협으로 느끼지 않았다. 오히려 독재가 강화될수록

목마른 사람이 물을 갈망하듯 국민들은 민주주의를 더욱 희구했다. 그리고 8월 김대중이 납치되었다가 돌아온 것이 자극제가 되었다.

신호탄은 역시 학생들이 쏘아 올렸다. 10월 2일 서울대에서 유신 반대 시위가 일어났다. 당시 서울대 문리대는 지금의 대학로 마로니에공원 자리에 있었다. 이곳에서 시위가 시작되자 경찰은 기동대를 투입하여 180여 명을 연행하고 20명 구속, 23명 제적, 56명 무기정학의 초강경 조처를 취했다. 그러나 서울대 시위는 곧 고려대·이화여대·경희대·상명대·명지대 등 서울의 여러 대학과 경북대·부산대·전남대 등 지방대학, 광주일고 등 고등학교로까지 번졌다.

학생시위가 1973년 하반기를 달구면서 언론과 지식인 사회도 들썩였다. 이때 일제강점기 광복군 출신으로 이승만 시대에는 출판인으로서, 박정희 시대에는 국회의원으로서 민주주의를 위해 싸웠던 장준하가 '개헌 청원 백만인서명운동'을 들고 나왔다. 이로써 본격적인 재야운동의 시대가 열렸다.

YMCA에서 개헌 청원 백만인서명운동을 발표하는 장준하. 1973년 12월 24일(장준하기념사업회).

장준하는 선언문을 직접 쓴 뒤 백기완, 계훈제 등과 함께 종교인과 지식인들에게 서명을 받으러 다녔다. 백기완은 백범사상연구소를 운영하며 민주주의와 평화통일을 위해 싸운 동지였고, 계훈제는 일제강점기 징병 반대투쟁을 한 독립투사로서 60년대부터 함께한 동지였다. 이때 처음 서명에 동참하여 발기인으로 이름을 올린 인물들은 가톨릭의 수장 김수환 추기경,《씨올의 소리》 발행인 함석헌,《조선일보》와《동아일보》편집국장을 역임한 천관우, 연세대 총장을 지낸 백낙준과 고려대 총장을 지낸 유진오, 기독교 신학자 김찬국, 불교계 법정 스님, 청록파 시인 박두진, 소설가 이호철 등 당대 종교인과 지식인들이었다.

이들은 12월 24일 서울 종로 YMCA 회관에 모여 개헌청원운동본부를 발족하고 본격적인 서명을 받기 시작했다. 서명운동은 그야말로 들불처럼 맹렬한 기세로 번졌다. 불과 1주일 만에 5만 명을 돌파했고, 보름이 지난 1월 8일에는 10만 명을 눈앞에 두고 있었다. 핸드폰도 컴퓨터도 없고, 전화도 사치품이던 시절이었다. 야당인 신민당도 서명운동에 미온적이어서* 서명을 받으려면 일일이 사람들을 찾아다니며 설명해야 했으니, 그 열기가 얼마나 대단했는지 짐작할 만하다.

### 결국 꺼내든 긴급조치 1호

정부의 대응도 강경했다. 크리스마스 다음 날인 12월 26일, 김종필 총리는 저녁 9시 텔레비전 황금 시간대에 무려 1시간 40분 동안 개헌운동을 강력하게 엄단하겠다는 특별방송을 했다(원래 편성표에는 10시까지 1시간 동안 특별방송이 나간 뒤 드라마가 방영될 예정이었다). 12월 29일 토요일에는 박정희 대통령이 특별담화를 통해 개헌운동을 "즉각 중지할 것을 엄중히 경고" 했다. 그럼에도 1월 첫째 주 서명운동이 더 강력하게 번져 가자, 결국 박정

---

* "신민당 유진산 총재는 개헌 등에 대해서는 구체적 언급을 피했다."(《동아일보》 1973년 12월 26일자) 신민당은 신중론을 펴는 유진산 등 지도부와 개헌을 주장하는 김영삼 등이 논쟁을 펼치다 1월 8일에야 비로소 개헌을 위해 진력하겠다고 선언했다. 그러나 이는 너무 늦은 것이었다.

1974년 1월 긴급조치 1·2호 위반으로 군사법정에 선 백기완(왼쪽)과 장준하(장준하기념사업회).

회 정부는 긴급조치 1호를 선포하였다. 긴급조치의 시대가 시작된 것이다. 개헌 청원 서명운동부터 긴급조치에 이르는 이 일련의 과정은 유신헌법과 긴급조치가 결국 국민을 억누르고 박정희 독재를 유지하기 위한 것이었음을 웅변하는 것이다.

1월 8일 오후 5시 긴급조치 1호가 선포되자, 장준하는 서명자를 보호하기 위해 서명 용지를 불태웠다.* 정부는 1월 15일 장준하·백기완을 구속하고, 1월 31일 군사재판에서 징역 15년을 구형한 후, 2월 1일 그대로 선고하였다. 구속부터 선고까지 16일이 걸린 그야말로 전광석화 같은 탄압이었고, 이로써 개헌 서명운동은 일단락되었다.

그러나 합법적인 정치적 행위(서명운동)조차 초헌법적 강압 조치로 억압된 이상, 향후 권력과 민주 세력의 싸움이 더욱 격화될 것임은 불 보듯 훤했다. 이로 인한 사회 혼란과 국력 상실은 모두에게 위기감을 불러일으키기에 충분했다. 정권은 그 책임을 반대 세력에게 전가했으나, 근본적 책임은 부당한 권력에 있었다. 그렇게 암울한 1973년이 마무리되고 1974년이 알 수 없는 미궁 속으로 전진하고 있었다.

---

* 중앙정보부는 오랫동안 장준하를 감시하고 그의 동향 보고서를 세세히 작성했는데, 1월 8일 동향 보고서에 다음과 같은 기록이 남아 있다. "자신의 집 마당에서 장남 호권과 같이 서류 뭉치를 소각(개헌 서명 용지로 보임)."

## 재야

박정희 시대, 특히 유신 시대 민주화 세력을 보통 '재야在野'라고 했다. 원래는 초야에 묻혀 사는 이들을 뜻하지만, 이때의 재야는 제도 바깥에서 권력에 맞서 싸우는 사회 지도자들을 의미하였다. 70년대 재야가 활발한 활동을 펼친 이유는 여러 가지가 있다. 먼저 유신의 억압 이 너무 강력해서 보통 정치에 관여하지 않는 종교계·학계·예술계 등도 자유롭지 못했고, 이에 대해 종교적 양심 또는 학문적 양심으로 저항에 나선 이들이 많았다. 김수환 추기경, 법정 스님, 문익환 목사, 리영희 교수, 이태영 교수 등이 대표적이다. 그래서 70년대 재야 인사 들 중에는 1987년 이후 독재 체제가 무너지자 보수로 돌아선 이들도 있다. 김동길 교수, 서 경석 목사, 지학순 주교, 시인 김지하 등이 그랬다. 또 박정희 정권에 저항하다 감옥에 갔다 오면 일상생활로 복귀하는 것이 불가능하여 계속 민주화운동에 투신한 이들도 많다. 일단 찍히면 확실히 변절하여 정권에 충성하든지 아니면 계속 저항하든지 양자택일만 가능한 시 대였다. 6·3세대, 민청학련 세대 등으로 불리는 학생운동 출신 인사나 언론계·노동계 활 동가들이 그랬는데, 이들은 80년대에 더 큰 활약을 펼쳤다. 김지하, 조영래(6·3세대), 이철 (민청학련), 제정구(빈민운동), 송건호(언론) 등이 대표적이다. 민주정치 수립을 위해 투쟁한 정치인 혹은 준정치인으로는 윤보선, 김대중, 장준하, 백기완, 계훈제, 예춘호 등이 있다. 이 들이 어우러져 반유신 투쟁을 일구고, 1987년 이후 민주당이나 진보정당, 시민단체, 혹은 사 회 원로 등으로 계속 활동을 이어 갔다.

# 유신의 본질
## 긴급조치

국민의 자유를 마음대로 제약할 수 있는 긴급조치권을 만들어 반대 세력을 억압하는 데 이용하였다.

'개헌 청원 백만인서명운동'이 요원燎原의 불길로 번져 나가자, 1974년 1월 8일 정부가 선포한 긴급조치 1호의 내용은 다음과 같다.

① 대한민국 헌법(유신헌법)을 부정, 반대, 왜곡, 또는 비방하는 일체의 행위를 금한다.

② 대한민국 헌법의 개정 또는 폐지를 주장, 발의, 제안 또는 청원하는 일체의 행위를 금한다.

③ 유언비어를 날조, 유포하는 일체의 행위를 금한다.

④ 전 1, 2, 3호에서 금한 행위를 권유, 선동, 선전하거나 방송, 보도, 출판 기타 방법으로 이를 타인에게 알리는 일체의 언동을 금한다.

⑤ 이 조치에 위반한 자와 이 조치를 비방한 자는 법관의 영장 없이 체포, 구속, 압수, 수색하며 15년 이하의 징역에 처한다. 이 경우에는 15년 이하의 자격정지를 병과할 수 있다.

⑥ 이 조치에 위반한 자와 이 조치를 비방한 자는 비상군법회의에서 심판, 처단한다.

⑦ 이 조치는 1974년 1월 8일 17시부터 시행한다.

이로써 기나긴 긴급조치 시대, 겨울 공화국의 시대가 시작되었다.

## 대통령이 우려하기만 해도

긴급조치는 유신헌법 53조에 따라 '국가안보나 공공질서에 중대한 위험을 받을 우려가 있을 때' 대통령이 발동할 수 있으며, 그 조치란 국민의 자유와 권리를 잠정적으로 정지하는 것이었다. 대통령의 긴급조치권은 분명 잘못 만들어진 것이다. 무엇보다 조치의 기준이 되는 '중대한'의 기준이 모호했다. 독재 정권의 악법은 대개 이런 모호한 표현을 통해 자의적으로 행사된다. 그 '우려'의 주체도 헌법상 국민이어야 하고 우려의 의사를 확인할 절차나 규정을 만들어야 하지만, 이를 생략함으로써 우려의 주체가 대통령이 되었다. 결국 긴급조치는 대통령이 '중대한' 위험이라고 '우려'하기만 해도 언제든 헌법상 국민의 자유와 권리를 정지시킬 수 있는, 왕조시대에도 보기 어려운 절대권력을 대통령에게 부여한 것이다.

긴급조치는 총 9차례 발동되었다. 1호와 2호는 1974년 1월 8일 선포되었다. 1호는 개헌 서명운동 금지를 위해, 2호는 비상군법회의 설치를 위해서였다. 3호는 6일 뒤인 1월 14일 저소득층 생활 안정을 위해 선포되었다. 저소득층 세금 감면과 사회복지 자금 마련 등 일종의 포퓰리즘적 조처였다. 4호는 4월 3일 민청학련 사건으로 선포되었고, 5호는 8월 23일 긴급조치 1호와 4호 해제를 위해, 6호는 12월 3일 긴급조치 3호 해제를 위해 선포되었

중앙청 앞 탱크 옆을 지나는 시민들. 비상계엄 하의 서울 시가.
1972년 10월 18일.

다. 긴급조치 7호는 1975년 4월 8일 고려대 시위 사태에 대응하여 휴교령 및 군대 투입을 위해 선포되었고, 8호는 5월 13일 7호를 해제하기 위해 선포되었다. 그리고 7호가 해제된 5월 13일 마지막 긴급조치인 9호가 선포되었다. 1979년 12월 7일 9호가 해제될 때까지 4년 7개월 동안 국민의 모든 자유와 권리는 '정지'되었다.

70년대 유신 시대를 독재의 시대로 평가하는 데 주저하지 않는 것은 바로 긴급조치 때문이다. 유신 시대는 1973년을 제외하고 국민의 헌법상 자유와 권리가 박탈된 시대였다. 헌법이 아닌 초월적 대통령이 다스리는 시대는 어떤 정치이념에 비추어 봐도 분명 독재정치다.

## 기나긴 '겨울 공화국'의 시작

그런데 긴급조치 1~8호와 긴급조치 9호는 조금 다른 의미를 갖는다. 비상군법회의 설치 내용을 담은 2호를 제외한 1호, 4호, 7호는 특정한 정치적 행동을 탄압하기 위해 선포되었다. 1호는 개헌 청원 백만인서명운동, 4호는 대학생들의 연합시위 계획이었던 민청학련 사건, 7호는 고려대 시위 때문이었다. 긴급조치가 국가 공공질서에 대한 중대한 위험을 저지하기 위해 취하는 조치라 할 때, 1·4·7호는 결국 그 위험이라는 것이 정권에 대한 도전과 비판임을 잘 보여 준다. 따라서 유신체제에 대한 국민의 저항이 광범위해지는 1975년에 이르면 긴급조치도 포괄적 내용을 담을 수밖에 없게 되는데, 그것이 바로 9호다. 긴급조치의 내용 변화를 보면 박정희 시대 국민과 정권의 관계, 즉 일부 불순분자의 저항이 아니라 국민 전체의 저항으로 확산되어 가는 과정이 잘 드러난다.

긴급조치를 어긴 자에 대한 처벌 역시 헌법을 초월할 수밖에 없었다. 먼저 영장 없이 체포, 수색, 구금할 수 있었다. 이는 사법권 침해이며 게슈타포 같은 비밀경찰이 활개 칠 공간을 열어 준 것이다. 중앙정보부(중정) 요원을 외신에서는 흔히 비밀경찰이라 지칭했다. 비밀경찰이 갑자기 들이닥쳐 사람을 잡아가는 시대였다. 그들은 가혹한 고문으로 수많은 범죄자들을 조작해 냈다.

비밀경찰의 수사가 끝나면 긴급조치 2호에 따라 설치된 비상군법회의에서 재판을 받았다. 비상군법회의는 긴급조치 위반자를 심판하기 위해 만든 특별재판부로, 현역 장군이 재판장을 맡고 현역 장군 1명과 판사 1명 검사 1명이 심판부를 맡았다. 고등법원에 해당하는 고등군법회의와 일반법원에 해당하는 보통군법회의가 있었는데, 처음 조직된 고등군법회의 재판장은 이세호 대장, 심판관은 윤성민 소장·차규헌 소장·문영극 판사·김영준 판사·정태균 검사 등이었다. 대통령이 신임하는 장군들이 사법권을 행사하는 초유의 사태였다.

이제 법도 없고 정의도 없는 명실상부 1인 독재 시대가 열렸다. 모든 법 위에 대통령 박정희가 군림했고, 그에 도전하는 세력은 60만 국군을 사병私兵처럼 부리는 박정희와 싸워야 했다. 춥고 어두운 긴 터널 속을 걷는 듯한 '겨울 공화국'의 시대였다.

# 12 영원히 해답 없는 입시 경쟁
## 고교 평준화

높은 교육열은 초등학교 때부터 입시 경쟁이 과열되는 문제를 낳기도 하였다. 이러한 부작용을 줄이기 위해 1960년대 말부터 중학교 무시험 제도, 고교 평준화 제도, 1980년대에는 과외 전면 금지, 대학 입학 본고사 폐지 등이 실시되었으나, 입시 경쟁 문제가 해결되지는 않았다.

1974년 신학기부터 서울과 부산에서 고교 평준화가 실시되고, 이어 1975년 대구 등 다른 지역으로 확산되었다. 대통령 박정희가 외아들 박지만을 명문고에 입학시키려고 고교 평준화를 시행했다는 소문이 돌았는데, 공교롭게도 박지만은 그해 사립 명문 학교인 중앙고에 입학했다. 우연인지 필연인지 알 수 없지만, 그만큼 명문고와 명문대는 한국에서 중요한 입신立身의 조건이었고 대통령도 이로부터 자유로울 수 없었던 것이다. 어쨌든 고교 평준화로 고교 입시 경쟁은 완화되지만 얼마 안 가 또 다른 경쟁이 시작된다. 바로 8학군의 등장과 특목고 열풍이다.

### 행복은 성적순, 성적은 계급순

한국의 살인적 입시 경쟁은 해방 후 건국과 함께 시작되었다. 이는 해방 이후 건국 과정에서 한몫했던 친일파들의 공(?)이 크다. 시험을 봐서 성적순으로 진학하고 그에 따라 사회적 지위가 부여된다는 발상은 겉으로 보기에는 무척 공정하다. 그래서 당시 가난하고 힘없는 사람들도 너도나도 입시 경쟁에 뛰어들었다. 피난민들이 전쟁통에 식량은 안 챙기고 아이들 교과서를 챙겼다는 일화처럼, 기울어진 운동장에도 불구하고 노력과 두뇌로 계층 상승을 이룰 수 있다는 부모들의 희망과 욕망이 아이들을 입시지옥으로 몰아넣었다.

그 속에서 부모 잘 만나 사교육 받고 일류대 가서 지위를 세습하는 상류층 2세들과 '개천에서 용 난' 서민층 2세들이 승리자로 당당히 자신의 지위를 공고히 하고, 경쟁에서 탈락한 학생들을 열등인자 취급하는 풍조가 만연했다. 일제 시대 형성된 모범생/열등생 구도가 자연스레 한국 학교에도 정착한 것인데, 해방 후 기존의 지위를 유지하고 안정적으로 세습할 방법을 찾던 친일파들에게 입시는 좋은 방편이었다. 당시 학교 환경이 열악해서 한 교실에 교과서가 없는 아이들이 수두룩했다. 이런 상황에서 중고교를 서열화하고 시험을 봐서 성적순으로 입학시키면 당연히 압도적인 교육 자원을 가진 친일파 자식들이 우수한 학교에 입학하여 부모의 지위를 물려받기가 용이했다.

지나친 입시 열기는 여러 가지 부작용을 낳았다. 학교 교육을 지위 세습이나 계층 상승 수단으로 여기는 사회 분위기 속에서, 학교 교육의 파행을 심각하게 고민하는 이들은 별로 없었다. 그보다는 입시 경쟁 과

서울시 중학교 무시험 진학 추첨. 1969년 2월 8일.

열에 따른 비용의 증가와 사회적 갈등이 더 심각한 문제였다. 특히 자본이 생산적 분야에 투자되지 않고 소모적인 교육에 투자되는 것은 경제성장에 부정적 영향을 미칠 수 있었다. 그래서 박정희 정권은 비경제적 비용에 대한 개선책으로 중학 입시 폐지와 고교 평준화 정책을 내놓았다.

## 명문고 당첨 확률에 출렁이는 부동산

고교 평준화 정책에 따라 고교 선발시험이 폐지되고 서울을 여러 지역으로 나누어 학군을 배정한 다음 학군별로 추첨하여 고교를 배정하게 되었다. 소위 명문 학교가 몰려 있는 도심 지역은 공동학군으로 묶어 서울 시내 모든 학생들을 대상으로 추첨하고, 그 외 지역을 5개 학군으로 나누었다. 학군은 강남 개발과 함께 이후 계속 조정되었다. 그런데 공동학군에 이른바 명문고들(경기고, 경복고, 이화여고, 휘문고, 중앙고, 숙명여고 등)이 모여 있었다. 추첨 결과에 따라 운 좋게 명문 학교에 갈 수 있게 되면서, 이제 명문고 진학은 도박성을 띠게 된다.

물론 모든 중학교 졸업생에게 고등학교 배정 자격이 주어지는 것은 아니었다. '연합고사' 시험을 봐서 일정 등수 안에 들어야 고교 배정을 받을 수 있었다. 서울의 경우 200점 만점에 140~150점 정도가 커트라인이었는데, 중학생의 70퍼센트 정도가 통과할 수 있는 수준이었다. 커트라인 안에 들지 못한 학생은 재수하거나 실업계 고교로 진학해야 했다. 1974년 서울에서 약 8만여 명이 연합고사에 응시하여 5만 2천여 명이 합격하고 2만 8천여 명이 탈락했다.

고교 평준화로 중학생들의 입시 부담이 크게 덜어진 것은 사실이다. 그 대신 명문고에 배정받기 위한 거주지 이전 열풍이 불면서 명문고 주변 집값이 뛰기 시작했다. 명문 학교 주변 집값이 오르는 것은 우리나라뿐 아니라 전 세계적인 현상이지만, 우리의 경우 이후 강남 개발과 명문고의 강남 이전이 맞물리면서 그 영향이 일부 지역을 넘어 전 사회로 확대된 것이 특징이다.

1974년 고교 평준화로 한국 청소년 문화가 바뀔 계기가 마련되었지만 입시에서 해방된 중학생들이 갈 곳은 여전히 마땅치 않았고, 입시 위주가 아닌 다양한 전인교육을 시행할 환경은 갖추어지지 않았다. 시험으로 우수한 성적을 거둔 학생들만 선발해서 가르치던 명문고들도 이름값(?)을 유지하려면 일대 혁신을 이루어야 하는 과제를 안게 되었다. 1974년 이후 대한민국 학교 교육은 큰 변화의 소용돌이로 빨려들어간다.

## 고교 얄개

1976년 석래명 감독의 영화 〈고교 얄개〉가 개봉되어 큰 인기를 끌었다. '학원물'이라 불리던 영화 장르가 이때부터 전성기를 맞이했다고 보아도 과언이 아닐 것이다. 이덕화, 임예진, 이승현, 김정훈 같은 하이틴 스타들이 이를 통해 성장했다. 물론 당시 학원물은 한계가 많았다. 장난만 치고 공부 안 하던 주인공이 친구와 우정을 쌓으며 철이 들어 열심히 공부해서 좋은 대학을 갔다는 〈고교 얄개〉의 스토리처럼, 다분히 계몽적이고 비현실적인 내용이 주류를 이루었다. 입시에 시달리는 고교생이나 체벌, 추행 같은 학내 문제는 전혀 다루어지지 않았다(아마도 이 문제를 본격적으로 다룬 작품은 1998년작 〈여고괴담〉이 처음일 것이다). 이런 영화들이 나올 수 있었던 데는 고교 평준화 이후 중고등학교 분위기가 한결 가벼워진 것이 한몫했을 것이다. 물론 엄격한 검열 때문에 성인 사회를 다룬 영화를 만들 수 없었던 탓도 있었지만 말이다. 아무리 시대가 어려워도 청춘의 삶이란 싱그럽고 풋풋한 데가 있기 마련이니까.

# 박정희가 사랑한 두 사람

## 신사임당·이순신

유신체제 시기에는 국적 있는 교육을 내세워 국사 교육을 강화하였고, 새마을 교육도 실시하였다.

5만 원 지폐 초상화 주인공으로 여성 인물인 신사임당이 선정되었을 때, 의외로 여성운동계에서 반대의 목소리가 높았다. 또한 이순신 관련 소설과 영화 등이 한창 인기를 끌 때, 한편에서는 이순신이 과대포장되었고 상대적으로 원균은 저평가되었다는 등 비판적인 이야기들이 나오기도 했다. 두 사람을 둘러싸고 이런 논란이 일어나는 이유는 무엇일까? 이는 다분히 박정희 시대의 유산이라고 할 수 있다.

### 대통령이 현충사와 오죽헌에 간 이유

이순신은 우리 역사상 가장 위대한 무장이다. 《조선왕조실록》에는 인조 이후에도 1백여 건에 달하는 이순신 관련 기록이 나오며, 탕평을 추진한 영조와 정조 때에도 50건 이상의 기사가 나온다. 또 20세기 세계 각국의 해군이 해전사海戰史를 배울 때 빠지지 않는 인물이 이순신이다. 미국 해군사관학교 교과서나 미국 MIT 공대 전시실에서도 이순신과 거북선을 찾아볼 수 있다. 신사임당은 조선을 대표하는 걸출한 여성 화가였다. 정열적으로 사랑했고, 화가·문인으로서 소신과 신념이 뚜렷했으며, 남편은 물론 시댁과도 대등한 관계를 유지했다. 그녀의 자식들이 잘 자란 것은 어머니의 당당함을 배웠기 때문일 것이다.

하지만 이런 역사 위인들이 당대의 정치적 필요에 따라 이용되기도 한다. 이순신과 신사임당을 적극 이용한 것은 공교롭게도 일제였다. 널리 알려진 대로 일본 해군은 이순신을 '해신海神'으로 추앙했다. 특히 일본 연합함대를 이끈 도고 헤이하치로 제독*과 그 후배들은 이순신을 적극 연구하며 숭배했다. 신사임당은 화가가 아닌 이이의 어머니로서 강조되었다. 조선 후기 집권 세력인 서인이 자기 당의 창시자인 율곡 이이를 높이면서 그 어머니 신사임당도 받들었는데, 일제가 이를 적극 활용한 것이다.

박정희 정권 역시 이순신과 신사임당을 적극 활용했다. 군대를 지지 기반으로 하는 군사독재 정권으로서 우리 역사의 위대한 장군을 강조하는 것은 당연했다. 박정희 대통령은 현충사를 크게 다시 짓고 이순신 제사에 직접 참례했으며 학생들의 참배도 적극 장려했다.

충남 아산 현충사를 방문한 박정희 국가재건최고회의 의장. 1963년 4월 29일.

---

* 러일전쟁 당시 일본 연합함대 사령관으로 러시아의 발틱 함대를 이순신의 학익진으로 격파하며 세계적 명성을 얻었다. 그는 이순신을 무신武神으로 숭배했다.

"이 충무공의 순국충절을 기리기 위한 제3회 서울시내 남자 고교생 현충사 참배 대행군이 26일 상오 9시 50분 시청광장에서 출발했다. … 서울 시내 89개 고교에서 선발된 학생 356명… 교련복에 배낭, M1소총 등으로 완전무장, 현충사까지 120킬로미터 거리를 행군, 이 충무공 탄신인 28일 상오 현충사에 도착할 예정이다." —《경향신문》 1974년 4월 26일자

신사임당은 예술가로서의 면모보다는 가족을 위해 헌신하는 현모양처의 모델로 자주 언급되었다. 박정희 대통령은 1~2년에 한 번씩 오죽헌 등 신사임당 관련 유적이나 동상 제막식 등에 참가하여 격려했다. 70년대에 신사임당이 어떤 인물로 평가받았는지《동아일보》의 기사를 살펴보자.

우리나라 여성 중 신사임당만큼 우리 여성들의 사표가 될 만한 인물은 드물다. 어진 어머니요 좋은 아내에 시문과 화필 자수 등 놀라운 재주가 많았다. … 여성해방, 남녀평등 하는 시대에도 여성이 자기 직업과 가정일을 함께 해 나가기 어렵다. 하물며 그 시대에 신사임당 같은 여성이 있었다는 것은 놀라운 일이 아닐 수 없다. —《동아일보》 1977년 5월 17일자

전형적인 '슈퍼우먼 이데올로기'인데, 이는 경제성장에서 여성의 역할이 매우 중요했기 때문이다. 한국의 수출경제는 풍부한 저임금 노동력을 기반으로 하였고, 젊은 여성 노동자들이 이를 떠맡았다. 이들의 헌신과 인내가 절대적으로 필요했으므로 돈 덜 받고 일 많이 하고 남편과 아이들을 잘 돌보는 희생적 여인상을 강조했던 것이다.

## 정권이 변질시킨 민족주의와 여성주의

그런데 왜 하필 이순신과 신사임당이었을까? 다른 인물들도 많은데 말이다. 일제나 독재 정권이 특별히 두 사람을 '함께' 받든 이유는 무엇일까? 우선 두 사람이 각각 한국 남성과 여성을 대표하는 위인으로서 이미 한국인의 존경과 사랑을 받고 있었기 때문이다. 특히 이순신은 일제강점기 독립운동가들이 가장 존경하는 위인으로 압도적인 힘의 일제와 맞서 싸울 때 민주적 리더십과 창의적 전략의 영감을 제공하고 불굴의 의지를 상징하는 존재였다. 정권 입장에서 이런 민중의 영웅을 자기 쪽으로 끌어들여 통치 이데올로기를 완성하고자 한 것이다.

다음으로 남성 중심의 가부장제를 바탕으로 하는 군대문화를 꼽을 수 있다. 군대가 절대권력을 발휘하는 군사독재 국가에서, 군대의 빛나는 전통을 대표하는 남성과, 남성적 문화에 순종하는 여인상은 찰떡궁합이었다. 이로써 이순신의 민주적 리더십과 신사임당의 재기발랄함은 사라지고, '장군' 이순신과 '현모양처' 신사임당만 남고 말았다.

그런 의미에서 이순신과 신사임당의 왜곡은, 독재 정권 시기 민주화 세력이 역사 전쟁에서 패배했음을 의미한다. 일제강점기 불굴의 독립운동 사상이었던 저항적 민족주의와 여성주의가 제대로 계승되지 못하고, 대신 침략적 민족주의와 가부장

신사임당 동상 제막식에 참석한 박정희 대통령 내외. 1970년 10월 4일.

제가 국민의 의식에 깊이 침투했다. 그 결과 민주주의를 지지하던 많은 사람들이 독재 정권의 지배이데올로기에 젖어 수동적 저항에 머물렀으며, 지금까지도 이순신과 신사임당에 대한 폄하와 비판이 계속되고 있다.

　이제 이순신과 신사임당을 원래의 자리에 되돌려야 할 때이다. 박정희의 이순신과 신사임당을 비판할 것이 아니라, 우리 역사 속 민중들의 이순신과 신사임당을 복원하는 것이 필요하다. 그 또한 역사청산이자 왜곡에서 벗어나 정상으로 가는 길일 것이다.

# 14 트로트, 포크송, 록큰롤

**대중가요**

> 1970년대에는 통기타와 청바지로 대표되는 청년문화가 유입되어 〈아침이슬〉과 같은 포크송 양식의 가요가 유행하였다.

저 푸른 초원 위에 그림 같은 집을 짓고
사랑하는 우리 님과 한 백 년 살고 싶네

70년대에 이 노래, 남진의 〈님과 함께〉를 모르면 간첩이었다. '그림 같은 집에서 오손도손 살고' 싶은 모든 서민들의 꿈을 '한국의 엘비스 프레슬리' 남진이 멋지게 불러 큰 인기를 끌었다.

천리타향 멀리 가더니 새 봄이 오기 전에 잊어버렸나
고향의 물레방아 오늘도 돌아가는데

그런가 하면 님을 기다리는 애절한 노래도 있었다. 나훈아는 특유의 호소력 짙은 절절한 목소리로 이 노래 〈물레방아 도는데〉를 불러 많은 여심을 녹이고 눈물바다를 만들곤 했다.

70년대 가요계 대표 라이벌 가수 남진(왼쪽)과 나훈아.

70년대 가요계 라이벌을 꼽는다면 단연 남진과 나훈아였다. 두 사람은 한 살 터울의 동년배였고, 남진은 전라도 목포, 나훈아는 경상도 부산 출신으로 동서의 항구도시를 대표하는 가수였다. 수려한 외모와 터프한 이미지의 남진, 남성적 외모로 여심을 자극한 나훈아는 여성 팬을 양분하며 가요 흥행에 절대적인 영향을 끼쳤다.

## 이미자부터 산울림까지

60년대까지 한국 가요계는 일본 가요 엔카의 변형인 트로트가 대세였으며, 70년대에도 이미자·하춘화·조미미·배호 등 트로트 가수들이 큰 인기를 누렸다. 그런데 60년대 후반부터 트로트의 틈을 비집고 영미권 팝음악이 청년들 사이에서 유행하기 시작했다. 그 흐름을 상징하는 단어가 바로 '세시봉'이다.

60년대 미국의 조안 바에즈, 밥 딜런 등 히피를 대표하는 포크 가수들이 통기타 하나 들고 자유롭게 노래를 만들고 부르며 저항정신을 노래했다. 그것이 한국에 들어와 포크 바람을 일으켰으니 한대수(〈장막을 걷어라〉), 트윈폴리오(〈하얀 손수건〉), 양희은(〈아침이슬〉) 등이 대표적이다. 이들의 노래를 들으며 차도 마실 수 있는 라이브 클럽이 생겨났고, 그중 가장 유명했던 '세시봉'이 시대의 대명사가 되었다.

한편, 미8군 무대에서 위문공연을 하던 가수들이 텔레비전 쇼프로에 출연하면서 록큰롤도 유행하기 시작했다. 신중현(에드포)·윤복희(코리안 키튼즈)·패티김·현미 등이 이때 활약했고, 이후 한국에서도 밴드 문화가 발전하였다. 70년대에는 더욱 두드러져 산울림, 사랑과 평화 같은 밴드가 인기를 얻고, 윤수일·이은하 등 디스코 가수들도 활약하였다.

## 바니걸즈가 〈워터루〉를 부른 이유

하지만 70년대 중반부터 대중가요에 대한 검열과 탄압이 심해지면서 다양한 장르의 음악 활동이 불가능해졌다. 특히 포크와 록 가수들이 대마초 흡연으로 활동을 금지당하면서 일방적인 트로트의 시대가 지속되었다. 그러나 트로트도 이미자의 〈동백 아가씨〉처럼 왜색가요라는 이름으로 탄압을 받으면서, 정통 트로트가 아닌 변형 트로트가 유행하는데 그중 하나가 민요풍 트로트였다. 김세레나, 김부자 등이 대표적이고, 하춘화도 민요풍 트로트를 자주 불렀다.

그러나 영미 팝의 유행을 완전히 차단하기는 어려웠다. 유행에 민감한 젊은이들에겐 느리고 단조로운 트로트보다 팝송이 훨씬 인기가 많았다. 하지만 수출을 통한 외화벌이에 목숨 거는 나라에서 팝송 따위(?)에 어렵게 번 달러를 저작권료로 지불할 리 없었다. 그러다 보니 국내 가수들이 외국의 인기 팝송을 번역해서 부르는 번안곡을 많이 발표하여 인기를 끌었다. 70년대 세계에서 가장 인기가 많은 그룹은 아바였다. 당시 아바는 60년대 비틀스가 세운 음반 판매 기록 등을 차례로 갈아치우고 있었다. 그러나 아바음반의 정식 라이선스는 가격이 비싸 한국 팬들이 구입하기 힘들었다. 그 갈증을 해결해 준 것이 바니걸즈였다.

정부의 외래문화 추방 지침으로 '토끼소녀'로 이름을 바꾼 바니걸즈의 앨범 재킷.

바니걸즈[*]는 고정숙·고재숙 자매로 구성된 듀엣으로 발랄한 트로트를 주로 불렀는데, 〈워터루〉와 〈SOS〉 등 아바의 곡도 번안해서 불러 큰 인기를 끌었다. 그래서 70년대 대중가요를 주로 들었던 세대는 노래의 원작을 혼동하거나, 한국 노래와 외국 노래가 같을 경우 무조건 우리가 표절했을 거라고 단정짓기도 한다.

가난과 사회적 억압에 숨죽이고 살던 힘든 시절, 가요는 잠시 현실을 잊게 하고 마음을 위로해 주는 청량제였다. 그러나 그 가요도 세파에 물들고 휩쓸릴 수밖에 없었다. 남진과 나훈아의 라이벌 대결, 포크와 밴드의 추억, 번안가요의 범람은 그런 상황에서 비롯된 아련한 추억들이다.

---

[*] 박정희 정권의 외래문화 추방 지시로 한국의 밴드 이름이 모두 한국어로 개명되었다. 이때 바니걸즈도 '토끼소녀'로 이름을 바꾸었고, 지금은 대부분 토끼소녀로 기억하고 있다.

# 박정희식 경제성장의 첫 위기

## 1차 오일쇼크

1973년 국제 유가가 급등하는 석유파동이 일어나면서 위기가 찾아왔다.

1974년 2월 1일, 언론은 충격적인 기사를 일제히 쏟아내기 시작했다. 엄청난 물가 인상을 알리는 기사였다. 석유류 82퍼센트, 전기요금 30퍼센트, 택시비 77.8퍼센트, 버스비 25퍼센트, 연안 여객선 요금 72퍼센트 등 석유 소비와 직접적으로 관련된 품목의 물가가 2배 가까이 폭등했다.

2월 5일에는 생필품 가격이 올랐다. 설탕 44퍼센트, 라면 17퍼센트, 비누 11퍼센트, 인쇄용지 36퍼센트, 치약 11퍼센트, 교과서 값 초등 10퍼센트, 중고등 26퍼센트가 인상됐다. 20일에는 공산품 가격이 인상되었다. 가전제품 15퍼센트 내외, 휴지는 54퍼센트가 인상되었다.

공교롭게도 2월 1일에 물가 인상 기사 옆에는 장준하 15년 구형, 2월 5일 물가 인상 기사 옆에는 '문인 간첩단 사건' 기사가 나란히 실렸다. 경제성장을 내세운 박정희 정권의 폭압이 고스란히 드러난 상징적 장면이었다.

## 기업에게 넘어간 경제 주도권

70년대 오일쇼크는 박정희 체제가 불러온 필연이었다. 1973년 10월 일어난 4차 중동전쟁은 미국이 이스라엘을 지원하면서 아랍 쪽에 불리하게 진행되었다. 그러자 아랍 산유국들은 미국의 이스라엘 정책을 지지하는 국가에게는 석유 수출을 줄이거나 금지하자고 결의했다. 한·미·일 동맹에 전적으로 의존하던 박정희 정부는 일본과 함께 가장 큰 타격을 받게 되었다.

제3차 경제개발 5개년 계획도 상황을 어렵게 만들었다. 특정 재벌 기업들이 국가의 배려 속에 중화학공업 육성을 맡으면서 매우 비대해졌고, 이들 몇몇 재벌에 나라 경제를 의존하게 되면서 박정희 대통령이 오히려 재벌에게 끌려다니는 모양새가 되었다. 현대나 삼성 같은 중화학 재벌이 오일쇼크로 무너지기라도 하면 박정희 정부의 경제성장도 함께 무너질 수 있었다.

중화학공업의 필수 요소인 석유 수입이 어려워지자, 박정희 정권은 일단 재벌들을 살리기 위해 석유의 소비자 공급을 줄이고 기업으로 모두 돌렸다. 당연히 유가가 폭등할 수밖에 없었다. 지금은 난방과 취사에 가스와 전기도 이용하지만, 70년대에는 연탄과 석유가 주요 원료였다. 석유난로나 석유곤로를 많이 사용하는 서민들에게 유가 상승은 직격탄이었다.

70년대 어린 시절을 보낸 사람들은 기억하겠지만, 겨울이면 집 안에서도 내복은 물론이고 두꺼운 상하의를 다 입고 이불을 뒤집어 쓰고 지냈다. 그래서 차라리 밖에 나가 뛰어노는 것이 더 좋았고, 그 시절 부모들은 날이 아무리 추워도 아이들을 밖에 나가 놀게 했다. 애들을 강하게 키우려 한 것이 아니라.

70년대 물가는 기업이 정부에 건의하면 정부가 조정해서 결정하는 국가 주도 방식이었다. 기업에서 생산비가 증가했으니 가격을 올려 달라고 요구하면 정부는 들어줄 수밖에 없었다. 2월 정부가 발표한 물가 인상률은 기업 요구의 60퍼센트만 반영한 것이라지만, 기업이 이를 어겼을 경우 자율 규제토록 함으로써 사실상 정부가 통제를 포기했다.

## 왜 공무원 월급만 올려?

정부가 물가 조절에 어려움을 겪으면서 서민의 생활고는 심각해졌고, 도시 노동자들의 임금 상승 요구도 높아졌다. 그러나 노동자 임금 상승은 또 다른 생산비 상승으로 이어지므로 정부는 이를 막으려 했고, 노동자와 정부의 갈등은 격렬해졌다.

체제가 위기에 빠지자, 체제 수호를 위한 비용이 필요했다. 물가가 폭발한 1974년 2월, 그 어려운 상황에서도 정부는 공무원 월급 인상을 발표했다. 특히 현장에서 가장 중요한 역할을 하는 4을급(오늘날의 7급) 이상 공무원 월급을 가장 많이 인상하여 4을은 16퍼센트, 4갑은 무려 19퍼센트나 인상했다. 어려운 국민들에게 써야 할 돈이 체제 수호 세력인 재벌과 공무원에게 들어간 것이다. 위기에 빠진 정부가 할 일은 반대 목소리를 억누르는 것뿐이었다. 1974년 문인 지식인 간첩단 사건이 터졌다. 당시 정부에 비판적 목소리를 내던 작가 및 지식인 5명에게 간첩 누명을 씌운 것인데, 그 어머어마한 죄목에 비해 이들에게 선고된 형량은 집행유예였다. 실제 죄목은 간첩이 아니라 개헌 청원운동에 참가한 것이었기 때문이다(2018년 6월 24일 재심청구 무죄판결).

박정희 독재는 경제성장을 위한 독재가 아니라 경제적 어려움 속에서 정

〈석유류값 평균 82퍼센트 인상〉, 1974년 2월 1일자
《동아일보》 기사.

권을 지키려 한 독재였다. 수출 중심 경제의 약점인 수요와 공급의 불일치,[*] 지나친 중화학 공업 투자에 따른 산업 간 불균형,[**] 정경유착에 따른 낭비 요인 발생 등이 경제를 불안하게 하고, 체제 유지를 위해 국민의 세금을 쏟아부으면서 국민과 정권

의 갈등이 심화되는 구조였다. 1차 오일쇼크는 박정희식 경제성장이 한국 경제에 도움이 되지 않음을 보여 준 사건이자, 국민들이 이를 일상생활에서 체감한 첫 사건이었다. 정권을 지키려 하는 한 긴급조치의 강화는 필연이었고, 그에 따른 경제 악화도 필연이었다. 1978년 2차 오일쇼크와 한국 경제 붕괴, 그리고 박정희 정권의 붕괴는 이때부터 예고된 것이나 다름없다.

---

[*] 보통 수요와 공급이 경제를 주도하지만, 수출경제는 외국의 수요에 맞춰 국내에서 공급하기 때문에 국가 내부에서는 수요와 공급의 법칙이 작동하지 않는다. 즉, 국민의 소비 심리가 상품 생산의 동기가 되지 않는다. 그러므로 국가나 기업이 국민의 소비생활에 관심을 가질 이유가 없고, 경제성장과 상관없이 국민 소비생활은 발전하지 못한다.

[**] 이 때문에 80년대 전두환 정부는 대규모 구조조정을 단행하였다.

# 16 폭도가 된 산업 역군들
## 중동 건설

중동에서 활발하게 일어난 건설사업에 적극 진출함으로써 우리 기업들이 오일달러를 벌어들여 위기를 극복할 수 있었다.

1973년 3월 사우디아라비아 동쪽의 항구도시 주베일의 공사 현장에서 현대건설 노동자들이 폭동을 일으켰다. 이들은 관리직 직원들을 폭행하고 기물을 파손하였으며, 총기로 무장한 사우디 군병력과 대치하였다. 결국 정부가 중앙정보부 요원들까지 출동시켜 겨우 진정시켰다. 오일쇼크로 위기에 빠진 나라를 구한 산업 역군들은 왜 폭도로 돌변했을까?

### 회사나 노동자나 "사우디로!"

70년대 청와대 경제수석으로 박정희 시대 경제 브레인이었던 오원철의 회고에 따르면, 오일쇼크로 인한 위기에서 벗어날 방법을 찾기 위해 일본의 동향을 파악하던 중 중동 진출을 적극 모색하는 걸 보고 급히 한국의 중동 진출 전략을 보고했더니 박정희 대통령이 "천재일우"의 기회라며 반색했다고 한다. 그날을 오원철은 1974년 1월 30일로 기록하였다. 사실 오일쇼크 타개책의 열쇠를 오일머니로 부를 누리는 중동 산유국이 쥐고 있다는 것은 삼척동자도 다 알 일이다. 문제는 우리가 그곳에서 일본, 독일 등과 경쟁할 능력이 있는가였다.

중동 건설의 선구자는 삼환이었다. 삼환은 한국 최초로 사우디아라비아 건설 현장에 진출했다. 사우디아라비아는 중동 국가 중 친미국가로서 한국이 석유를 가장 많이 수입하는 나라였다. 하지만 그것이 삼환의 성공 요인은 아니었다.

사막 지역인 중동은 낮과 밤의 온도차, 즉 일교차가 살인적인 곳이다. 낮에는 40도 이상 올라가지만 밤에는 기온이 영하로 떨어진다. 사람이 일하기에 적당하지 않을 뿐 아니라, 주로 야외에서 작업을 진행하는 건설업에는 최악의 조건이다. 우수한 기술을 보유한 선진국 건설사들이 중동에 많이 진출했지만 대부분 고전을 면치 못했으며, 사우디아라비아 정부도 선진국 건설사들에 불만이 많았다. 대부분 완공 날짜를 지키지 못했기 때문이다.

삼환은 이러한 사우디의 불만을 해소하고 한국 건설사의 능력을 보여 주기 위해 과감하게 공사 기간 단축을 약속했다. 다른 나라 기업들은 정해진 날짜도 지키지 못하는데 오히려 그보다 앞서 완공하겠다니 사우디로서는 솔깃하지 않을 수 없었다. 그래서 삼환에게 일거리를 주었고, 삼환은 보기

삼환이 시공한 사우디아라비아 제다-메카 고속도로.

좋게 완수했다. 1973년 12월 첫 공사 계약을 체결한 데 이어, 1974년 9월 사우디아라비아의 제다 시市 전체를 뜯어고치는 미화美化 프로젝트 공사 계약을 따냈다. 제다시 공

사에서 사우디 국왕(왕자라고도 한다)의 호평을 받은 것을 계기로, 이후 공기 단축을 조건으로 동아·현대 등 한국 건설사들이 중동으로 진출하면서 중동 붐이 일어났다.

회사들은 중동에서 일할 노동자들을 모집하기 위해 파격적인 조건을 제시했다. 업무에 따라 차이가 있지만 대체로 국내에서 일할 때보다 3배 이상 높은 연봉이 보장되었다. 중동에 가기 위한 경쟁이 치열해졌고, 회사가 요구하는 업무 자격증을 따려는 사람들이 몰리면서 기술학원들이 호황을 누렸다. 그렇게 경쟁을 뚫고 합격한 기술자들이 중동으로 건너갔다.

## 노동 착취로 일군 중동 특수

70년대 한국은 중동 특수로 겨우 고비를 넘겼다. 공사 수주액이 1974년 8,900만 달러에서 1975년 7억 달러, 1980년 82억 달러로 무섭게 증가했다. 중동에서 일하는 노동자들은 월급을 한국은행을 통해서만 국내에 송금할 수 있었는데, 그렇게 입금된 액수가 1976년 3억 달러, 1978년 7억 달러, 1979년 11억 달러 이상이었다. 70년대 한국의 경제성장은 중동 특수에 의존한 바가 매우 컸다.

그러나 중동 특수에는 몇 가지 어둠이 있었다. 중동 건설은 입찰을 통해 공사를 수주하는데, 선진국과의 입찰 경쟁에서 이기려다 보니 너무 낮은 가격을 써 내는 경우가 많았다. 사우디아라비아 주베일항 공사는 경쟁사가 15억 달러를 제시했는데 현대가 9억 달러에 수주했다. 당연히 채산성이 맞지 않았다. 그래서 80년대 현대건설 부실의 원인을 무리한 중동 건설 수주에서 찾고, 같은 맥락에서 80년대 건설사들의 무리한 국내 건설 투자를 중동 건설 채산성 문제와 연결하여 해석하기도 한다.

현대건설이 시공한 사우디아라비아 주베일 산업항.

무엇보다 큰 문제는, 낮은 입찰가와 무리한 공사 기간 단축을 가혹한 노동 착취로 메꿨다는 점이다. 일교차가 심한 지역에서 밤낮으로 철야 근무를 하면 병이 나지 않을 수 없고, 집중력이 떨어져 각종 안전사고가 빈번하게 일어났다. 하지만 당시 중동 건설 현장 노동자들의 근무 환경이나 처우 등에 대한 연구나 관련 통계 작업은 부족한 실정이다. 관련 기사와 책들은 모두 중동에서 돈을 얼마나 벌었는지만 다룰 뿐 얼마나 많은 노동자들이 죽고 다쳤는지에는 관심이 없다.

주베일항 현대건설 노동자들의 폭동은 예견된 결과였다. 무리하게 낮은 가격으로 입찰했으니 수익을 내려면 노동자들을 쥐어짤 수밖에 없었다. 좁은 숙소에 많은 노동자들을 몰아넣고 음식의 질과 양을 줄였으며, 임금과 수당을 감축했다. 1984년도 자료에 의하면 해외 건설 현장 사망자의 20퍼센트가 현대건설 소속이었다니, 다른 곳에 비해 사고도 많이 일어나고 그에 대한 보상이나 대처도 미흡했을 것이다.

'중동 건설 신화'를 이야기할 때 이명박 현대건설 사장, 최원석 동아건설 회장, 최종환 삼환기업 사장 등의 이름이 늘 앞에 언급된다. 그러나 그들의 리더십 이전에, 죽음을 무릅쓰고 외국 노동자보다 2배 이상 일한 한국 노동자들이 있었다. 일본과 독일의 건설사가 공사 기간을 맞추지 못하더라도 노동자들의 건강을 먼저 생각하고 하루 8시간 노동을 엄격히 준수할 때, 우리는 가난한 노동자가 노동조건을 따지는 것은 사치라며 열심히 쥐어짜 중동 건설 신화를 이루어 냈다.

한국 경제성장의 주역은 기업가가 아니라 바로 노동자들이었다. 중동특수를 통한 1차 오일쇼크 극복이 그것을 말해 주고 있다.

## 사무직과 생산직

현대건설 주베일항 사건에서도 나타났듯이, 생산직과 사무관리직 차별은 노사 갈등의 한 원인이었다. 좋은 대학을 나온 사무직들은 사무실에서 펜대를 굴리며 높은 임금을 받았지만 생산직들은 모래를 마시고 낮에는 녹고 밤에는 얼면서 일하고도 사무직의 절반 임금을 받았다. 사무직과 생산직의 차이는 학력이었다. 한국에서 대졸 사무직과 고졸 생산직의 임금 및 노동 환경 격차는 대학 입시 경쟁의 주요 원인이었다. 대학 입학에 목매지 말고 기술 배워 열심히 일하는 것이 좋다고 말하면서도 정작 자기 자식만큼은 대학 가서 사무직이 되기를 바란다. 사무직과 생산직의 임금 격차 및 차별을 해소하지 않으면 한국에서 대학 입시 경쟁은 사라지지 않을 것이다.

# '왕비'를 쓰러뜨린 일곱 발의 총성
## 육영수 여사 피격 사건

> 1974년 8월 15일 광복절 기념식장에서 충격적인 사건이 일어났다. 삽시간에 기념식장을 아수라장으로 만든 일곱 발의 총성, 박정희 대통령을 노린 총알에 육영수 여사가 맞고 쓰러진 충격적인 사건이 일어난 것이다. _ 〈KBS 영상실록〉 1974년 프롤로그

"여사께서는 진정 이 나라 온 국민의 가슴에 따뜻한 모정을 심어 주셨고 이상적인 여인상을 심어 주셨다. … 여사께서 가심으로써 우리의 가슴은 온통 텅 빈 공허감으로 가득 차 있다."

60년대 민중당 대표로서 윤보선과 함께 정치 활동을 했던 박순천*은 1974년 8월 19일 육영수 여사 국민장에서 위와 같은 조사를 낭독했다. 독재 정권 시대 퍼스트 레이디는 왕조시대 왕비와 같은 존재였다.

---

* 이승만 정부 시대 야당이었던 민주당은 4·19 이후 장면 정부를 수립하였으나 구파와 신파의 파벌 싸움이 극심했다. 5·16으로 쫓겨난 뒤에도 윤보선의 구파와 박순천의 신파가 여전히 대립하여 이합집산을 거듭하였다. 그래서 당시 야당도 민주당, 민중당, 신정당, 신민당 등 여러 차례 당명이 바뀌거나 2개 이상 존재했다.

## 100만 명의 자발적 추모 인파

지금은 교과서에서도 다루지 않고 현대사를 논할 때도 언급되는 경우가 드물지만, 육영수 여사 피격 사건은 그 시절 매우 충격적인 사건이었다. KBS가 매년 그해 중요한 사건들을 모아서 제작하는 30분짜리 다큐멘터리에서도 1974년 가장 대표적인 사건으로 선정할 만큼, 70년대를 살았던 사람들에게 육영수 여사 피격 사건은 박정희 죽음 다음으로 깊이 뇌리에 박혀 있을 것이다.

사건의 개요는 이렇다. 1974년 8월 15일 광복절 기념식장에서 박정희 대통령이 기념사를 하는 도중 재일교포 문세광이 자리에서 일어나 연단으로 달려가면서 일곱 발의 총을 발사하였다. 박정희 대통령을 겨냥한 총알은 방탄 연단에 맞고 튕겨 나갔지만 육영수 여사의 머리를 맞추었다. 문세광이 재일 친북단체 조총련의 지령을 받고 박정희 대통령을 암살하려 한 것으로 발표되었다.

육영수 여사가 사망하자 모든 방송이 추모방송으로 바뀌었다. KBS는 16일부터 정규 방송을 중단하고 육 여사 추모방송 및 추모곡을 내보냈고, MBC와 TBC도 추모 특집방송을 편성했다. 애도의 뜻으로 가요 프로그램을 중단하는 바람에 스포츠 중계로 많은 시간을 메꾸어야 했다. 신문도 마찬가지여서《경향신문》은 16일자 총 8면 중 1·2·3·4·7면과 5면 일부를 육 여사 추모 특집 및 관련 기사로 채웠다. 《동아일보》도 1·3·4·6·7면과 5면 일부를 관련 기사와 추모 특집으로 채웠다. 모든 신문이 비슷했다.

8월 17일 주말이 되자 추모 인파가 빈소로 몰려들었다. 청와대 신관에 차려진 빈소를 찾은 행렬은 광화문 앞까지 1킬로미터 넘게 이어졌으며, 그 수가 30만 명을 넘었다. 19일 장례식은 임시공휴일로 선포되었고, 1백만 명

고 육영수 여사 국민장 영결식 운구 행렬. 1974년 8월 19일.

이상의 인파가 모여들어 광화문에서 서울역과 현충원으로 이어진 장례 행렬을 지켜보았다.

육영수 여사 피격 사건은 내외적으로 상당히 큰 충격을 주었다. 범인 문세광이 재일 친북단체인 조총련의 명령을 받았다는 이유로, 국민의 분노가 일본으로 향하면서 한일 관계가 일시적으로 악화되었다. 일본도 이 사건에 위기감을 느껴 다나카 수상이 직접 장례식에 참가하고 뒤에 자민당 대표단이 와서 사과를 하기도 했다(그러나 이때의 반일 열기는 대일 경제 의존에서 비롯된 것이라는 평가가 많다).

박정희 대통령은 긴급조치 위반자 일부를 석방하고 긴급조치 1호, 4호를 해제했다. 이 사건이 한국의 안보 위험을 높여 독재정치의 정당성을 뒷받침해 줄 것이라고 판단했기 때문이다. 그러나 박정희 정권에 대한 저항은 불과 몇 달 만에 부활했다. 육영수 여사 피격 사건이 박정희 독재를 정당화시킬 수는 없었다.

## 권위적 사회가 만들어 낸 '백성'

여기서 우리가 짚어 볼 대목은 대통령과 영부인이라는 존재에 대한 성찰이다. 옛말에 재상 집 개가 죽으면 상가에 사람이 들끓지만 재상이 죽으면 파리만 날린다고 했다. 살아 있는 권력의 가족이나 친척이 죽으면 잘 보이기 위해 사람들이 모여드는 법이다. 하지만 육영수 여사 장례식 풍경은 그런 의미를 넘어섰다. 30만 명의 조문 행렬, 장례식에 참여한 1백만 인파의 대부분은 평범한 사람들이었다. 그들은 왜 장례식장에 모여들었을까? 왕비의 장례식에 온 것이다. 육영수 여사의 장례식은 80여 년 전 명성황후 장례식의 재현 같았다.

우리는 80년대까지 민주주의를 체험하지 못했다. 왕의 나라에서, 천황의 나라인 식민 지배 시절을 거쳐, 왕처럼 군림하는 독재자의 나라에서 살았다. 왕—천황—이승만과 박정희로 이어진 나라에서 법적으로는 민주주의 국가였지만 대부분의 국민들은 아직 '나라님' 의식에서 벗어나지 못했다. 이는 지식인 사회나 사회 지도자들도 마찬가지였다. 학파 스승의 절대적 군림, 보스 중시 계파정치도 권위적이기는 매한가지다. 80년대까지 나라 전체가 다양한 권위적 위계질서 안에 살고 있었다.

나라님에 대한 복종을 '충忠'으로 생각하는 전근대적 관념을 극복할 기회조차 없었다. 지도자가 아니라 국민에게 충성하는 정부, 개개인이 존중받는 사회 등 현대 사회의 기본 가치들은 포퓰리즘과 이기주의로 매도당했다. 20세기 한국 사회는 관념적으로는 19세기 척사파(근대 사상을 사악한 생각으로 매도한)의 사고방식에 젖어 있었다. 그런 사고적 혼란이 육영수 여사 장례식과 박정희 대통령 장례식의 집단 히스테리 추모 열기에 깊게 드리워져 있었다.

권위적 사회는 국민의 의식 성장도 가로막는다. 이는 지식인과 민중을 가리지 않는다. 육영수 여사 장례식 풍경은 70년대 한국인의 의식을 보여 주는 중요한 단면이다.

## 육영수 여사 피격 사건을 둘러싼 의혹들

육영수 여사 피격 사건은 여러 석연치 않은 점 때문에 많은 의혹을 불러일으켰다. 먼저 문세광이 발사한 총알이 일곱 발이지만 당시 여덟 발의 총성(경호원이 발사한 총성은 제외)이 울렸다는 주장이 있었다. 또 문세광이 어떻게 권총을 들고 자유롭게 대통령이 참석하는 기념식장에 들어갔는지, 문세광이 일곱 발을 쏘며 연단으로 달려갈 때 왜 아무도 제지하지 않았는지 등도 의혹 거리였다. 문세광이 자기가 범인이 아니라고 진술을 번복한 것도 논란이 되었다. 숱한 의혹이 있었지만 지금은 알 수 없다. 문세광은 사형당했고 현장의 모든 기록은 말끔히 정리되었다. 존재하는 기록만으로 당시 상황을 유추할 때, 이 또한 독재 정권의 단면이라는 평가들이 있다. 독재 정권은 오직 명령에만 복종하기 때문에 명령이 내려오지 않으면 아무도 움직이지 않는다. 자율적으로 판단하고 행동하는 것을 금하는 것이 독재이기 때문이다. 문세광이 연단으로 달려갈 때 그 좌우에 경찰 병력이 깔려 있었지만 아무도 선뜻 움직이지 않았다. 대통령 경호는 경호실 소관이었고 경찰은 경호실 명령 없이 움직이지 말라는 지시를 받았기 때문이다. 결국 문세광을 저지한 것은 세무서 직원이었다. 육영수 여사 피격 사건을 둘러싸고 숱한 의혹이 난무하는 것도 독재 정권 자체의 속성에서 비롯된 것 아닐까?

# 남북 관계의 미로

땅굴

> 북한 공산주의자들은 그동안에도 8·15 사건 땅굴 사건 등을 일으키는 등 … 시종일관 적화통일이라는 기본 전략을 조금도 바꾸지 않고 … 이런 판국에 사회 일각에서 북괴는 남침 능력이 없다느니, … (안보를) 국민의 억압수단으로 삼는다느니 … 무책임한 발언을 하는 사람은 앞으로 조심해야 한다. _ 박정희 대통령 1975년 1월 14일 연두 기자 회견

1974년 10월 북한이 만든 제1땅굴이 발견된 이래, 1975년 3월, 1978년 10월까지 모두 세 개의 땅굴이 발견되었다. 땅굴은 북한 특수부대가 휴전선 이남의 국군 배후를 기습공격하기 위해 만든 군사용 터널로 추정되었고, 따라서 북한의 남침 의도를 명백히 드러내는 증거로 여겨졌다. 땅굴은 1990년에도 발견되어 국내외에 큰 충격을 주었다. 보수파들은 땅굴이 더 있을 것으로 추정하고 있다.* 70년대에 남북 긴장과 전쟁 가능성은 어느 정도였을까?

### 남침 vs 북진통일

70년대 땅굴이 유행한 것은 베트남전쟁의 영향이었다. 공산 게릴라인 베

---

\* "북한은 1970년대부터 90년대까지 휴전선 일대에 남침용 땅굴도 건설했다. 지금까지 4개의 남침용 땅굴이 발견됐다. … 북한은 더 많은 남침용 땅굴을 뚫었을 개연성이 높다." 〈미군, 땅굴 전투 훈련 주력하는 이유〉,《주간동아》1123호(2018년 1월).

트콩들은 미군의 공중폭격에 대응하기 위해 지하 터널을 거미줄처럼 파 놓았다. 큰 터널은 수백 명의 병력이 주둔하며 작전회의까지 열 수 있을 정도였고, 작은 터널은 그 규모를 알 수 없을 정도로 복잡한 미로로 연결되어 있었다. 공중 화력이 우세한 미국을 상대로 하는 전쟁에서 그 유용성을 인정받으면서 땅굴이 유명해진 것이다.

북한은 남침용 땅굴이 아니라고 부인했지만 전쟁용 터널일 가능성이 매우 높았다. 북한은 미국과 전쟁이 일어날 경우 미군의 폭격을 막기 위해 최대한 국군과 근접전을 벌인다는 계획을 갖고 있었다. 남침용이 아니더라도 일단 전쟁이 일어나면 북한군은 국군에 최대한 근접하도록 남하할 것이므로 이를 위한 터널이 필요했을 것이다. 휴전선 이북에 수많은 북한군 지하 진지가 구축되어 있는데 모두 인위적으로 만든 터널과 동굴이다.

북한 남침용 제3땅굴. 1978년 10월 27일.

60년대 말까지 한반도의 전쟁 위험은 매우 높았다. 당장 한국이 북진통일을 포기하지 않았다. 최근까지도 유사시 북진통일에 대한 작전계획을 갖고 있어 논란이 되었다.[*] 북한의 공격 의도는 1968년 청와대 습격과 무장공비 사건으로 드러났다. 훗날 북한 김일성이 당시 도발을 '일부 모험주의자들의 책동으로 엄중 처벌하였다'며 사실 관계를 인정했다고 한다.

1972년 7·4 남북공동성명에서 천명한 평화통일 원칙 합의는 고조된 남북의 전쟁 분위기를 가라앉히는 한 줄기 빛과 같은 역사적 사건이었다. 남북이 자주·평화·민족대단결의 원칙을 바탕으로 통일해야 한다는 합의는, 북진통일과 남침통일의 위협을 일거에 가라앉혔다. 모든 국민들이 희망을 걸고 남북 대화를 지켜보았다.

그러나 7·4 남북공동성명은 곧 버림받았다. 석 달 뒤 남한에서는 10월 유신을 선포했고, 북한도 사회주의 헌법을 통해 김일성 독재 체제를 확고히 했으며, 그 1년 뒤인 1973년 남북 대화가 중지되었다. 7·4 남북공동성명도 정식 합의로 인정받지 못하고, 북한 부수상 박성철과 남한 중앙정보부 부장 이후락의 개인 합의로 격하되었

박성철 북측 조절위원장(오른쪽)과 이후락 남측 조절위원장. 1972년 12월 2일.

---

[*] 한미연합군의 작전계획 5027과 5029를 말한다. 5027은 북한 선제공격 시 북진통일 계획이며, 5029는 북한 급변사태 시 북진통일 계획이다. 물론 북한 남침 등 북한의 도발에 대한 수동적 대응이라고 엄격하게 단서를 달았고, 내용도 비공식적으로 공개된 것이라 과장되었을 수 있다. 그러나 북한에서 쿠데타가 일어나 내전 상황이 발생했을 때 보고만 있을 거냐는 주장은 특히 박근혜 정부 시기 '통일 대박론'과 관련하여 남한에서 어느 정도 반향을 일으켰다.

다. 더군다나 이후락은 김대중 납치 사건의 책임을 지고 물러났다.

## 정권 연장에 이용된 안보

전쟁 위협은 존재했지만 그것을 막고자 하는 정권의 의지는 오락가락했다. 불가침협정을 제안하면서도 한쪽은 미군 철수를 전제 조건으로 했고, 다른 한쪽은 아예 작전권이 없었다. 양측 모두 자유로운 주장과 토론이 불가능했다. 남한에서 똑같이 평화를 주장해도 박정희와 공화당은 말할 수 있지만 김대중과 야당은 말할 수 없었다.

1974년 땅굴이 발견되었을 때 야당인 신민당은 개헌 논의 탄압에 항의하며 3주째 국회를 보이콧하고 있었다. 신민당 김영삼 총재는 안보를 위해 국민의 자유를 제한한 정권이 13년 동안이나 집권하면서 땅굴의 존재를 몰랐

### 남북 합의의 법적 효력

우리는 북한에 1991년 체결한 남북기본합의서와 비핵화 동의를 이행하라고 주장하고 있다. 그런데 이때의 합의가 권고일 뿐 강제력을 갖지 못한다는 점을 잘 모르는 사람이 많다. 합의서가 법적 강제력을 가지려면 국회 동의를 받아야 하는데 기본합의서는 이를 받지 못했다. 1991년 당시 여당이었던 민자당(지금의 자유한국당)에서 비핵화는 남한 핵무장을 포기한다는 점에서 동의할 수 없다고 주장했기 때문이다. 따라서 기본합의서는 남한 국무총리 정원식과 북한 정무원 총리 연형묵이 맺은 정치적 '신사협정'(헌법재판소 의견)에 지나지 않으며 법적 구속력을 갖지 않는다. 우리가 기본합의서 내용으로 북한을 압박할 수는 있지만 북한이 꼭 이를 수용해야 하는 것은 아니다. 이는 7·4 남북공동성명이나 6·15 남북공동선언, 10·4 남북공동선언도 마찬가지다. 지금까지의 남북 합의는 모두 국회 동의를 거치지 못했으므로 법적 효력을 갖지 못한다. 단지 정치적 협약일 뿐이다. 대표적 합의인 7·4 남북공동성명이나 1991년 기본합의서에 비해 국가원수가 합의한 6·15와 10·4 선언이 더 높은 위상을 가질 뿐이다. 지금까지의 모든 남북 합의가 법적 강제력을 가질 요건을 우리 스스로 포기했다는 것은 마음속 깊이 새겨야 할 문제점이다.

다는 것이 말이 되느냐며 정부의 사과를 요구했다. 그러나 이철승 등 야당 내 타협파는 땅굴 사건을 기회로 국회 보이콧 철회를 주장하였고, 결국 11월 20일 신민당은 조건 없이 국회에 참가하여 북괴 규탄을 만장일치로 결의하였다. 그럼에도 박정희 대통령은 1975년 연두 기자회견에서 야당을 맹렬히 비난했다.

정권이 안보 논의를 독점하고 안보를 내세워 반대파를 억누르며 정권을 연장함으로써 정부와 국민 사이가 벌어지는 상황, 이보다 더 좋은 침략 기회가 있을까? 70년대 한반도는 끊임 없이 전쟁 위기에 휩싸였고, 독재 정권의 취약성이 그 위험을 더욱 부채질했다. 70년대 땅굴 소동은 그런 한반도의 상황을 드러낸 사건이었다.

# 실체를 알 수 없는 반국가단체
## 민청학련

> 박정희 정부는 긴급조치를 잇달아 발표하여 정부에 대한 비판을 막으려 하였고, 전국 민주학생총연맹 사건, 인민혁명당 재건위 사건을 조작하여 관계자들을 사형, 무기징역 등에 처하였다.

전국민주청년학생연맹과 그에 관계되는 제 단체를 조직하거나 또는 이에 가입하거나, 단체나 그 구성원의 활동을 찬양 고무 또는 이에 동조하거나 그 구성원과 회합 또는 통신 기타 방법으로 연락하거나 그 구성원의 잠복 회합 연락 그 밖의 활동을 위하여 장소 물건 금품 기타의 편의를 제공하거나 기타 방법으로 단체나 구성원의 활동에 직접 또는 간접으로 관여하는 일체의 행위를 금한다.

1974년 4월 3일 10시에 선포된 긴급조치 4호의 내용이다. 그런데 여기서 언급된 전국민주청년학생연맹, 즉 민청학련이라는 단체를 그때까지 아무도 몰랐다. 심지어 당사자들까지도.

### 정권이 꿰맞춘 그림

긴급조치 1호로 개헌 서명운동이 일단락되었지만, 유신에 저항하는 불길은 사그라들지 않았다. 1974년 봄 신학기가 시작되자 대학생들은 삼삼오오 모여 반유신 시위를 계획하고 준비했다. 서울대를 중심으로 4월 3일 대규모 반유신 연합시위 계획이 잡히고 주동자인 이철·정문화·김병곤·황인성 등이 연세대 송무호, 고려대 강박인, 전남대 윤한봉, 이화여대 오성숙, 경북대 박규영 등 전국 각지의 학생들과 연락하며 시위를 조직했다.

그런데 이 시위 계획이 탄로나고 말았다. 3월 하순 시위 관련 서류를 갖고 있던 한 여학생이 경찰의 검문에 걸린 것이다. 이철 등은 그럼에도 4월 3일 시위를 강행하기로 했는데, 바로 그날 시위에 뿌려진 유인물의 명의가 문제였다. 요즘은 집회 결사의 자유가 있어 자유롭게 단체를 만들고 그 명의로 유인물을 뿌리지만 당시에는 그것이 불가능했다. 시위 대학생들은 자신들을 무엇이라 표현해야 하는가? 그들은 스스로를 '민청학련'이라고 이름 붙였다. 실존하는 단체라기보다 앞으로 그런 단체가 등장하기를 바라는 마음이었을 것이다.

그러나 정부는 민청학련이라는 조직이 실제 존재한다고 규정하고 여기에 모든 것을 꿰맞추기 시작했다. 지금으로 치면 '자유가 꽃피기를 바라는 사람들의 모임—자사모' 정도 되는 모임을 하나의 조직된 정치단체로 만들어 가기 시작한 것이다. 그러려면 배후 조직, 총책, 산하 조직 등이 있어야 한다. 민청학련은 그런 그림 속에 하나둘 만들어져 갔다.

실제로 그런 조직이 있다고 믿은 것인지, 아니면 처음부터 조작하려 했는지는 알 수 없다. 그러나 어느 쪽이든 그들이 믿는 만큼의 조직을 적발, 체포해서 처벌하지 않으면 사건은 끝나지 않는다. 정부는 4월 3일 시위가 있고 12시간이 지나기도 전에 긴급조치 4호를 선포하여 민청학련 및 그 관련자들을 엄중 처벌하겠다고 발표했다. 우스운 것은 4월 3일 당일 정부조차 민청학련의 실체를 몰랐다는 것이다. 김성진 청와대 대변인은 긴급조치를 발표하면서 이렇게 말했다.

> 민청학련의 전모는 아직 수사 진행 중이므로 밝힐 수는 없으나 이제까지 수사 과정에서 얻은 증거물에 의하면 반국가적 불순 세력의 지령에 의해 활동했다는 증거를 잡았다. … 소위 프롤레타리아 혁명을 기도한 것으로 보고 수사를 계속 중 …. —《동아일보》 1974년 4월 4일자

3월 하순부터 수사를 시작하여 4월 3일 시위가 일어난 것을 보고 긴급조치를 발동해야 할 정도로 엄청난 반국가단체라고 판단했지만, 전모는 잘 모르고 앞으로 수사를 더 계속해야 한다는 발표는 그 조치의 엄중함에 비해 너무 허술했다.

### 1,200명 조사, 1800여 명 구속 기소

정부는 민청학련 관계자들을 잡아들이기 시작했다. 민청학련 주동자 이철, 유인태, 강구철 등에게는 현상금 2백만 원을 걸었다. 간첩 신고 포상금이 최고 1백만 원이었으니, 정부가 간첩보다 민주화 세력 체포를 더 중시했음을 알 수 있다. 이러니 실제 간첩도 잡지 못하고 땅굴을 파는지조차 모를 수밖에.

긴급조치는 살벌했다. 직접 혹은 간접으로 관여한 자는 모두 처벌하겠다고 했다. 민청학련 관련자와 마주치는 것만으로도 처벌받을 수 있었으므로, 이들을 숨겨 주거나 도와주기는커녕 얼굴만 아는 사람도 마주치기만 해도 외면하며 도망치거나 신고했다. 현상금이 붙지 않아도 수배자들이 몸을 숨

길 곳은 없었다.

4월 25일, 중앙정보부는 이른바 민청학련 사건의 전모를 발표했다. 민청학련은 과거 공산계 불법단체였던 인민혁명당(인혁당) 재건위원회와 일본 친북단

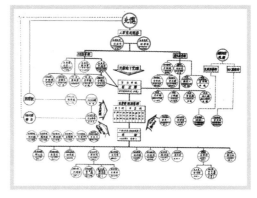

1974년 5월 27일 《동아일보》에 실린 민청학련 조직체계도.

체인 조총련 등의 배후 조종을 받아 4단계 혁명을 통해 노동자 농민 정부를 수립하려 했다는 것이었다. 관련자는 인혁당 여정남·도예종·이수병 등과 조총련 곽동의와 일본공산당 다짜가와 마사끼太刀川正樹(자유기고가)·하야가와 요시하루早川嘉春(대학 강사) 등이었다. 실로 북한, 일본, 남한을 아우르는 국제적 좌익혁명 세력이었다.

이 사건으로 1,200여 명이 조사를 받고 180여 명이 구속 기소되었으며 총 14명이 사형을 선고받았다. 대법원에서 최종 확정된 형량은 인혁당 관련 8명(도예종·하재완·서도원·송상진·이수병·우홍선·김용원·여정남) 사형, 6명 무기징역, 민청학련 관련 이철·유인태·이현배 무기징역, 5명은 20년형을 받았다. 1심에서 이철, 유인태, 김병곤, 나병식, 김지하, 이현배 등도 사형을 선고받았지만 최종심에서 무기징역 등으로 감형받았다. 이외에 재야 인사인 윤보선 전 대통령, 김찬국 교수, 지학순 주교 등도 배후 조종 등의 죄로 유죄 판결을 받았다.

민청학련 사건은 유신에 반대하는 학생시위에 대한 정권의 무자비한 탄압이었다. 사형 등 중형의 남발, 전격적인 형 집행, 고문 수사 등 법 집행의

정당성과 도덕성은 찾아볼 수 없는 최악의 사건이었다. 정권은 강력한 탄압으로 저항의 씨를 말리려 했겠지만, 이러한 탄압은 오히려 역효과를 낳았다. 2학기 들어 학생시위는 오히려 더 격렬해졌다. 박정희 정권은 학생시위의 책임을 물어 총장을 사퇴시키는 등 강경책을 남발했고, 그래도 안 되자 결국 1975년 긴급조치 9호를 선포하기에 이른다. 박정희 정권의 학생운동 탄압이 더욱 강력한 학생운동을 야기하여 한국 학생운동의 전성기를 만들어 낸 것이다.

# "언론 자신이 앞장서서…"
**동아투위**

> 유신 시기가 되자 언론 탄압이 강화되었고 비판적 언론인들이 구속, 해직되었다. 이에 맞서 《동아일보》 기자들이 '자유언론실천선언'을 발표하면서 언론자유운동이 확산되었다.

우리는 잘 알고 있습니다. 어떤 자유도 하늘에서 저절로 떨어지는 것이 아닙니다. 민주시민의 피로써 쟁취해야 하는 것입니다. 언론사의 자유 언론도 마찬가지입니다. 언론 자신이 앞장서서 피로써 쟁취해야 하는 소중한 보배입니다.

1978년 11월 《민주·인권사건일지》 사건*으로 투옥된 동아투위(동아자유언론수호투쟁위원회) 언론인들 중 한 명인 장윤환이 최후진술에서 한 말이다. '언론 자유는 언론인들 스스로의 투쟁을 통해서만 얻어질 수 있다'는 유신 시대 언론인의 주장, 30년 뒤인 2017년 MBC와 KBS 파업의 의미에 대해 이만큼 더 적절한 설명이 있을까?

---

\* 해직 언론인들이 《민주·인권사건일지》라는 일종의 신문을 만들자, 그 관련자들을 체포·구속·처벌한 사건.

## 정권과 회사의 집요한 탄압

유신은 언론에도 재갈을 물렸다. 중앙정보부 등에서 파견한 이른바 '기관원'들이 회사에 상주하며 기사에 대해 하나부터 열까지 간섭했다. 학생시위 소식이나 유신 반대운동 보도는 축소하거나 아예 보도하지 못하고, 박정희 대통령의 동정 기사 등은 쓸데없이 자주 실렸다. 예를 들어 학생운동 관련 기사는 1단 분량을 넘지 못하도록 했는데,《동아일보》편집국에서는 이를 '1단 벽'이라고 했다.

참다 못한《동아일보》기자들이 노조를 만들어 저항하기 시작했다. 기관원의 언론사 출입 금지, 1단 벽 깨기 운동 등 그동안 보도를 가로막았던 정권의 압력에 도전한 것이다. 그 결실이 인혁당 고문 폭로였다. 김지하가 감옥에서 인혁당 피의자들에게 들은 고문 내용을 보도했고, 김지하는 이로 인해 사형 선고까지 받았다. 진실을 말하겠다는 언론의 의지를 실천에 옮긴 대표적 사건이었다.

그러나《동아일보》기자들을 막은 적은 정권만이 아니었다. 회사의 간섭과 탄압도 못지않았다. 1988년 청문회에서《동아일보》발행인 이동욱은 언론매체가 존재해야 언론이 있는 것이지 매체가 없다면 언론이 존재할 수 있겠냐고 변명했다. 마치 학교를 지키기 위해 친일을 했다는 일제 시대 친일 교육자들의 말과 같은 논리였다. 일본을 위한 학교, 독재를 위한 언론이라면, 일제와 독재 정권이 만들어 운영하면 될 것이고, 그렇다면 그것은 우리에게 아무 존재 의미가 없다. 우리에게 필요한 것, 우리가 만들고 지켜야 할 것은 민족교육을 위한 학교와 진실을 말할 언론 아닌가?

1974년 10월 집요한 사측의 탄압으로 몇몇 기자들이 해직되자 기자들은 '자유언론실천선언'을 하고 투쟁의 강도를 높였다. 이에《조선일보》등 수

십 개 언론사 기자들도 호응하여 노조를 만들고 언론자유운동을 함께 해 나
갔다. 11월 땅굴이 발견되어 정권이 이를 이용하려 했지만 여의치 않았다.
김영삼의 말처럼 땅굴은 오히려 정권의 안보 무능을 보여 준 사건이었으므
로, 언론이 '받아쓰기'(정부가 불러 주는 대로 기사를 쓴다는 의미)를 해 주지 않
으면 효과가 없었다.

정부는 《동아일보》를 강력하게 압박하기 위해 광고주들에게 광고 중단
을 지시했다. 신문 판매 대금보다 광고 수입이 주 수입원이었기 때문에, 광
고 중단은 신문사로서는 존폐를 걱정할 만큼 큰 위기였다. 《동아일보》 사
주에게 정권에 대한 충성과 언론사로서 지켜야 할 최소한의 정의, 둘 중 하
나를 선택하도록 강요한 것이다.

12월 26일부터 《동아일보》 광고란이 백지로 나가기 시작했다. 그날 《동
아일보》 1면 기사는 "동아일보 광고 무더기 해약 중시"라는 제목 아래 신민
당의 대응 내용을 다루었다. 이후 며칠 동안 학원과 일부 출판사 광고 외에
는, 광고 중단 상황을 알리며 《동아일보》를 지켜 달라는 기자들의 호소문과
성명서가 그 자리를 채웠다.

### 돌아오지 못한 기자들

1975년 1월 1일부터 놀라운 일이 벌어졌다. 일반 시민들의 광고가 지면
을 채우기 시작한 것이다. 한 시민, 경동교회 교인 일동, 한국교회여성연합
명의의 광고가 지엠코리아 전면광고가 나가기로 했던 8면을 채웠다. 이후
반년 동안 언론 자유를 지키고 응원하겠다는 메시지가 담긴 시민들의 격려
광고가 이어졌다. 그것은 마치 자유를 염원하는 국민과 정권의 대결의 장
같았다.

시민들의 광고로 채워진《동아일보》1975년 1월 1일
자 8면.

대결은 결국 폭력으로 끝이 났다. 회사는 시민들의 격려광고에도 불구하고 더 많은 기자들을 해직했다. 기자 해직에 항의하여 편집국장 송건호가 사표를 썼고, 기자들은 단식 점거 투쟁을 벌였다. 그러자 사측은 1975년 3월 17일 폭력배(보급소 직원들이라 자칭하는) 2백여 명을 동원하여 기자들을 강제로 회사에서 몰아냈다. 저들이 휘두른 폭력으로 많은 기자들이 부상당했지만 경찰은 방관했다.

강제 해산을 계기로 언론 자유를 위해 투쟁했던《동아일보》기자 113명이 해직당했고, 이어《조선일보》등 다른 언론 기자들도 해직당했다. 해직당한《동아일보》기자들은 동아자유언론수호투쟁위원회(동아투위)를 만들어 투쟁에 나섰다. 이때 해직당한 기자들이 민주화 이후 언론 개혁에 앞장섰는데, 노무현 정부 때 KBS 사장으로 임명되었다가 이명박 정부 들어 쫓겨난 정연주가 대표적이다. 동아투위는 유신 내내 혹독한 탄압을 받았다. 수십 명이 옥고를 치렀고 여러 명이 죽었다. 2대 동아투위 위원장 안종길은 감옥에서 간암이 악화되어 박정희 사후 풀려났지만 몇 달 후 사망했다.

언론 자유는 정권과의 싸움이기도 하지만, 언론사를 이윤 창출 수단으로 여기는 회사 경영진과의 싸움이기도 했다. 그래서 민주화 이후에도 다른 분야와 달리 어려움이 지속되었다. 동아투위 등《동아일보》와《조선일보》해직기자들은 아무도 복직되지 못했다. 정권이 무너져도 언론은 권력을 추종하는 사세를 버리지 않았고, 해고했던 언론인들의 복직도 끝까지 거부했다.

1977년 TBC 논설위원 봉두완이 진행하는 논평 프로가 큰 인기를 끌었다. 그때 "봉두완이 바라본 오늘의 세계…"로 시작하는 요즘 앵커의 엔딩 멘트 같은 것을 했는데, 당시로서는 참신한 진행이어서 인기가 많았다. 그렇다고 앵커의 멘트가 그리 비판적이었던 것은 아니다. 그런데도 세간에는 봉두완이 중정에 끌려가 따귀를 맞았다는 유언비어가 돌았다. 동아투위 이후 진실 보도는커녕 정권의 비위만 거슬려도 언론인들이 수난을 당한다는 믿음이 퍼져 있었던 것이다.

언론과 권력이 유착하고 언론사 경영진이 권력을 지향하는 한, 언론 통제의 역사는 계속될 수밖에 없다. 언론사가 있어야 언론이 있다는 궤변이 통용되는 한, 언론 자유는 존재할 수 없다. 2017년 방송파업을 보며 1975년 동아투위의 데자뷔라고 느끼는 이유가 바로 이 때문일 것이다.

# 〈스타워즈〉의 무덤
## 아이디어회관 SF세계명작시리즈

> 1973년 교육과정을 개편하여 과학교육은 교과서에서 문제만 제기하여 스스로 해답을 찾도록 하는 탐구학습에 중점을 두었으며, '전국민의 과학화 운동을 위한 전교 교육자 대회'를 개최하여 우리나라 과학기술 발전에 획기적인 계기를 마련하였다. 그러나 … 교육 현장에서는 제대로 실현되지 못한 채 겉돌고 있는 실정이다. _《한국민족문화대백과사전》

　2017년 12월 한국에서 〈스타워즈 에피소드 8: 라스트 제다이〉가 개봉되었지만, 이전의 스타워즈 시리즈와 마찬가지로 흥행 성적은 저조했다. 2017년 미국 영화 흥행 1위(5억 1천만 달러), 세계 3위(10억 4천만 달러)를 기록한 것과 대조적으로 한국에서는 1백만 명에도 미치지 못하는[*] 관객을 동원하였다. '스타워즈의 무덤'이라고 불릴 정도로 왜 유독 한국에서는 스타워즈 시리즈가 고전을 면치 못하는 것일까?

### 좀비에서 우주여행까지

　1975년 '아이디어회관'이라는 출판사에서 SF세계명작시리즈(전60권)를 선보였다. 출판사는 이 시리즈를 내며 출판 목표를 이렇게 설명했다.

---

[*] 영화진흥위 집계 2018년 1월 30일까지 95만 9천 명.

실로 광대한 우주에서부터 조그만 실험실에 이르기까지 그 규모의 크기와 깊은 감동, 박력, 인간애에서 나타난 지혜는 수많은 발명 발견을 예언했고, 또 오늘과 같은 눈부신 과학을 낳게 한 원천이 되기도 했습니다.

이 시리즈 출간을 계기로 한국에서 한때 SF 붐이 일어나 많은 책이 번역되고, 한국 작가들의 작품이 출판되기도 했다. 소설가 송경아는 당시를 이렇게 회상했다.

'SF는 아이들에게나 걸맞은 것'이라는 선입견은 1970년대 마구 잘리고 편집된 일본어 중역판으로 우리나라에 들어온 아동용 다이제스트 SF문고가 남긴 폐해이기도 하다. 그러나 지금 SF를 적극적으로 읽고자 하는 성인 독자층이 그 당시 형성되었다는 사실을 고려하면, … 100퍼센트 피해만 끼친 것은 아닌 셈이다.**

'SF'를 직역하면 '과학 소설Science Fiction'이지만 포괄하는 영역은 매우 광범위하다. SF 장르의 선구자라 할 수 있는 코난 도일《잃어버린 세계》)과 쥘 베른《지구 속 여행》)은 각각 '셜록 홈스 시리즈'와《해저 2만리》로 우리에게도 친숙하다. 이들은 19세기 말 세계를 탐험하던 유럽인의 정신세계를 무한의 공간으로 확장시켰다. 20세기 들어 허버트 조지 웰스는《타임머신》과《우주전쟁》을 통해 계급 갈등과 세계대전으로 암울한 20세기 전반의 세계를 풍자했다. 아이작 아시모프와 아서 클라크는 우주여행과 로봇의 세계를 다

---

** 로버트 셰클리 지음, 송경아 옮김,《불사판매 주식회사》, 행복한책읽기, 2003. 역자 서문에서 발췌.

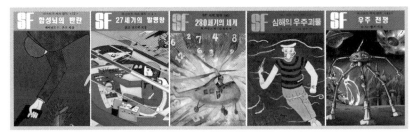

아이디어회관 SF세계명작시리즈.

루며 미래 사회에 대한 상상력을 극대화했다. 레이먼드 존스의 《합성뇌의
반란》이나 앤더슨의 《저주받은 도시》처럼 과학의 부작용과 인간성 소외를
고발한 작품들도 있다. 좀비에서 우주여행까지 실로 그 장르와 내용은 매우
방대하다.

　콘텐츠로서의 영향력도 매우 크다. 오늘날 널리 유행하는 영화 및 드라마
장르에서는 더욱 그렇다. 미국에서 가장 오래된 드라마 시리즈가 〈스타트
랙〉이고, 영국에서 가장 오래된 드라마 시리즈가 〈닥터후〉인 데서 알 수 있
듯 수요층이 탄탄하다. 영화도 마찬가지다. 〈레지던트 이블〉 같은 좀비 영
화부터 고전의 반열에 오른 〈스타워즈〉와 〈터미네이터〉, 최근의 마블 시리
즈처럼 엄청난 문화상품적 가치를 자랑하는 장르이다. 2017년 세계 흥행
10대 영화 중 다섯 편이 SF였다.

## 검열당한 상상력

　그렇다면 왜 한국에서는 SF 장르가 발달하지 못했을까? 이 장르는 무한
한 상상력과 함께 인간의 내면과 공간에 대한 깊은 성찰이 필요하다. 웰스
가 《타임머신》에서 지하족과 지상족을 통해 계급차별을 드러내고, 1927년
프리츠 랑이 최초의 로봇 영화 〈메트로폴리스〉를 통해 좌익과 우익의 대립

과 화해 가능성을 그렸듯, 현실 인간 세계에 대한 자유로운 비판과 상상이 바탕이 되어야 한다. 또한 〈스타트랙〉의 순간이동, 〈스타워즈〉의 광선검과 워프 기술, 〈토르〉 같은 신계와 인간계의 경계 파괴, 〈인터스텔라〉의 블랙홀에 대한 상상력까지, 과학과 기술을 바탕으로 한 다채로운 상상력이 필요하다.

이러한 상상력을 급진적이라는 둥 황당하다는 둥 비판하고 무시하고 억압하면 SF는 발전할 수 없으며 과학적 상상력도 키울 수 없다. 일본 어린이들이 〈아톰〉을 보면서 로봇 제작의 꿈을 키우고, 미국인들이 엘리어스의 영화 〈달나라 여행〉을 보며 키운 꿈을 1969년에 실제로 이룬 것처럼, 무한한 상상력이야말로 과학 발전의 토대인 것이다.

1975년 엄혹한 독재 정권 하에서 자유로운 생각과 주장이 억압받던 때 SF 명작들이 번역되어 나온 것은, 중화학공업 발전과 과학기술 입국이라는 목표가 제시되었기에 가능했다. 그러나 한국 SF의 내용은 자유롭지 못했다. 아시모프의 《강철도시》는 노사 화합을 주장하고, 휴고 건즈백의 《27세기의 발명왕》은 미국 우월주의를 설파했다. 셰클리의 《불사판매주식회사》도 원작에 담긴 인간에 대한 깊은 고뇌와 60년대 미국 사회에 대한 비판은 사라진 채 미래로 간 과거 남자의 모험담만 남았다. 70년대 아이들에게 큰 인기를 끌었던 많은 만화들, 〈철인 캉타우〉와 〈로봇 태권 V〉도 일본 로봇 캐릭터를 모방했다는 비판과 스토리가 황당하다는 비난 속에서 그 상상력과 노력을 평가받지 못한 채 사장되었다.

다시 처음 질문으로 돌아가 한국에서 〈스타워즈〉는 왜 성공하지 못했을까? 〈스타워즈〉는 미국에서 그 자체로 하나의 세계를 형성하고 있다. 생명의 기원부터 미래 사회 은하공화국까지 수십만 년의 역사가 만들어지고 그것이 만화와 소설로도 널리 유행했다. 영화 〈스타워즈〉는 그중 극히 일부 시기의 사건을 다루고 있기 때문에, 그 상상적 세계에 익숙하지 못한 우리로서는 스토리가 낯설어 적응하기가 어렵다. 우리에게 익숙한 〈스타워즈〉는 미국인들이 아직 상상의 세계를 구현하기 전인 70년대 개봉한 에피소드 4~6까지이다. 스스로 검열하고 상상력을 평가하는 데 익숙한 우리에게 SF 장르는 아직도 낯설다. 그래서 〈스타워즈〉 같은 상상의 세계를 다룬 영화보다 〈인터스텔라〉 같은 설명적 영화가 더 인기를 끌고, 비트코인의 세계는 멀기만 한 것 같다.

70년대 우리가 처음 열광했던 책들에 담긴 과학적 상상력은 무모하고 엉뚱하다. 그것을 쓸모없는 황당무계한 공상으로 치부하지 않고 그대로 존중할 때 과학기술도 발전할 수 있다. 비록 일본어 번역본을 한국어로 번역한데다 내용도 적당히 걸러 낸 조잡한 책이었지만, 그런 점에서 70년대 유행하기 시작한 SF 소설과 만화들은 매우 소중한 한 발자국의 전진이었다.

## 22 전 인민의 군인화
### 학도호국단

유신 시기에는 대학생을 통제하기 위하여 학도호국단을 부활시켰다.

월요일 혹은 토요일 1교시 애국조회 시간, 모든 학생들이 운동장에 반별로 도열하여 부동자세로 서면 연대장이 "교장 선생님께 대하여 경롓!" 하고 구령을 외친다. 학생들이 '충성'이라고 우렁차게 소리치며 거수경례를 하면 교장도 거수경례를 한다. 그리고 이어지는 지루한 교시의 말씀. 간혹 따가운 햇볕을 이기지 못해 쓰러져 양호실로 실려 가는 학생이 나오면 곳곳에서 부러운 눈빛이 쏟아진다.

### 군복 입은 학생들

1975년부터 모든 중고등학교와 대학교는 학도호국단 체제였다. 반장은 소대장, 학년장이나 총학생회장은 대대장 혹은 연대장이었다. 반은 소대, 학년은 중대, 학교 전체는 대대 혹은 연대였다. 물론 소대장 이상의 장교(?)들은 학생들이 선출하지 않고 학교에서 임명했다. 성적 좋은 학생 중 잘생기고 말 잘 듣는 학생들이 주로 임명되었고, 종종 잘나가는 집 아이들이 뽑

여의도에서 개최된 중앙학도호국단 발대식 총검술 시범. 1975년 9월 2일.

히기도 했지만 요즘 같은 학생부종합전형 입시가 없던 시절이라 꼭 그렇지는 않았다.

　학교 정규 수업에는 '교련'이라는 군사훈련 시간이 있었다. 학생들은 흰색 바탕에 얼룩덜룩한 무늬가 있는 군복 형태의 교련복을 입고 머리에는 베레모를 썼으며 다리에는 각반을, 허리에는 요대를 찼다. 각반은 바지 아랫단이 펄럭이지 않도록 묶어 주는 천이고, 요대는 전투 시 수통이나 대검·탄창 등을 달 수 있는 허리띠다. 교련복 가슴에는 이름표를 박았고 어깨와 팔뚝에 마크를 달았다. 소대장 이상은 어깨에 견장을 달았다.

　교련 시간은 이론 수업과 실습이 있었다. 이론 수업 시간에는 교과서로 행군법, 독도법, 총의 재원, 화생방전 대처 요령 따위를 배웠다. 그중 지금도 생생하게 기억나는 구절이 있다. '군인은 국가의 재산이다'라는 대목이었는데, 교련 교사는 그 부분을 가르치면서 "군인은 국가를 위한 물건이며 따라서 군인이 죽으면 죽는 것이 아니라 소모되는 것이다. 너희들은 나라를 위한 소모품이다"라고 자랑스럽게 말했다. 소모품이 되는 것이 곧 애국이며, 자신은 이미 그런 각오가 되어 있다는 결연한 표정이었다.

교련 시간의 대부분은 실습이었다. 주당 2시간씩 모형 소총으로 총검술, 사격 자세 등을 배우고 실기시험을 보고, 그 성적이 반영된 내신으로 대학에 진학했다. 학교에 진짜 소총 수십 자루가 있었고, 그것으로 분해 조립 훈련까지 받으면 고등학교 과정이 끝났다. 학교에 보관된 총은 방아쇠 뭉치가 빠진 실제로는 사용할 수 없는 총이었지만, 실제 총에 익숙해질 수 있는 기회는 충분히 되었다.

대학 교련 수업도 마찬가지였다. 대학 총학생회장도 학도호국단장으로 교체되었다. 1976년에는 문무대文武臺(학생중앙군사학교)가 준공되어 대학생들이 1주일 이상 강제 병영 교육을 받았다. 문무대에 입소하지 않을 경우 군 복무 기간이 길어지므로 반드시 가야만 했다. 그곳에서 실탄 사격 훈련, 유격 훈련 등을 군인들과 똑같이 받았다. 한 마디로, 전국 대학생 단체기합 시간이었다.

여학생도 예외는 아니었다. 40대 이상 남성이라면 누나나 여동생을 위해 가상 부상병이 되어 본 경험이 있을 것이다. 여학생 교련의 기본 교육 내용이 전시 간호병 업무

대구 효성여자고등학교 교련 수업 풍경. 1977년 5월 11일.

였기 때문에 부상병 치료법을 주로 가르쳤다. 머리가 터진 사람, 팔이 부러진 사람, 다리가 부러진 사람에게 붕대를 감고 응급 처치를 해서 후송하는 것을 실습했고, 그것으로 기말고사 시험을 치렀다. 그래서 여학생들은 동생이나 오빠의 팔과 머리에 붕대를 끊임없이 감았다 풀었다 하고, 가만 있지 못하는 남동생은 누나에게 꿀밤을 여러 대 맞아야 했다.

## 국방의 의무 vs 군사문화

1975년 한국은 전 국토가 병영이었다. 북한의 4대 군사노선 중 전 인민의 군인화, 전 지역의 요새화는 남한에서도 착실하게 진행되었다. 전쟁이 나면 바로 1학년 1반은 11소대가 되어 전방으로 출동할 모든 준비가 되어 있었다.

준비 태세 점검도 늘 이루어졌다. 학교마다 관할 부대가 있어서 부대장이 시찰하러 오곤 했는데, 그럴 때면 학생들은 행군 시범을 보였다. 공부는 안 가르치고 한두 달 동안 내내 행군 훈련만 시킨 학교도 있었다고 한다. 그렇게 해서 좋은 평가를 받으면, 각종 대회의 개막식 혹은 폐막식 행사에 참가하여 매스게임 같은 것을 했다. 그것이 또 학교의 자랑이었다. 물론 나쁜 평가를 받으면 교장의 운명은 알 수 없었다. 70,80년대 반공 군사교육에 소홀한 교장의 앞날을 누가 보장할 수 있겠는가? 나쁜 평가를 받은 교장 자체가 있을 수 없는 시대가 아니었을까?

이 모든 군사교육은 1987년 6월 항쟁 이후에 폐지되었다. 그전에는 이러한 군사교육에 반대하면 북괴의 주장에 동조하고 신성한 국방의 의무를 부정하는 불온한 행동으로 규정받았다.* 지금도 일부 군사문화에 익숙한 이들은 비슷한 생각을 갖고 있는 듯하다. 하지만 국방의 의무를 강조하려면, 먼저 나라를 지켜야 할 필요를 인식시켜야 한다. 현대 민주국가에서 모든 청소년이 군사훈련을 받고, 정권에 반대하는 민주화 세력 때려 잡으러 군대에 간다는 것이 타당한가? 이는 1백 년 전 독일 나치체제로 돌아가자는 주장과 다를 바 없다.

아직도 국방의 의무와 군사문화를 혼동하고, 군사독재와 한국군의 존재 의미를 혼동하는 이들이 있어 안타깝다. 우리가 힘든 70,80년대를 보낸 이유가 그 때문임을 모르는 것일까?

---

* 〈입영거부 시위 불순동기 노출―안보현실 망각, 국가전복기도〉, 《경향신문》 1986년 4월 29일자.

# 맞고 맞고 또 맞고
## 학교 체벌

(90년대 이후) 점차 학생 인권에 대한 의식이 높아지면서 학생의 교복과 두발을 자유화하는 조치가 취해지고 있다.

왜 한국 교실에서 체벌이 없어지지 않느냐고 물으면, 필자는 이렇게 대답한다. "한국 학교라는 자동차는 체벌이라는 기름으로 달린다. 기름 없이 어떻게 자동차가 달리나? 대체 연료가 없으면 학교는 움직이지 못한다."

왜 한국 학교에서 체벌이 중요할까? 시간을 거슬러 올라가 보면 그 이유를 알 수 있다.

### 나의 체벌 연대기

필자는 초등학교(그때는 국민학교) 2학년 때부터 맞았던 것 같다. 막대기로 손바닥을 맞곤 했는데, 받아쓰기 시험을 보고 틀렸을 때 등 주로 공부를 이유로 많이 맞았던 것 같다. 그때는 학생들에게 교실 바닥에 왁스칠하는 청소를 시켰는데, 배정된 구역 바닥에 광이 나지 않으면 맞았다. 민방위훈련 시간에 책상 밑에 들어가서 대피하는 훈련을 받다가 떠든다고 맞았다. 산수 시간에는 구구단을 못 외워서 맞았다. 고학년이 되자 손바닥과 머리만 아니라 엉덩이도 맞기 시작했다. 시험을 아주 못 본 날 열 대를 맞고 울었다.

중학교에 갔다. 영어 시간에 단어 쪽지시험을 보고 틀린 개수대로 따귀를 맞았다. 수학 시간에도 따귀를 맞았다. 기합도 받았다. 엎드려 뻗쳐와 팔굽혀펴기는 기본이고 2학년 때부터 원산폭격도 받고 한강폭격도 받았다. 한강폭격은 다리를 책상 위에 놓고 머리를 땅에 박는 기합이다. 3학년에 올라가니 부러진 철제 책상 다리로 맞았다. 이유는 쪽지시험 틀리거나 수업 시간이나 자습 시간에 애들이 떠들었을 때, 우리 반 성적이 나쁠 때 등 다양했다. 윗몸일으키기 못한다고 발길질도 당했다.

고등학교에 입학하니 체벌은 더욱 다양해졌다. 각목과 대걸레 자루는 기본이고 하키 스틱, 야구방망이, 당구 큐대, 나중에는 북채로도 맞았다. 기합도 한층 다양해졌다. 오리걸음이나 토끼뜀은 장난이고 침상 위에 수류탄, 앞으로 취침, 한강철교, 모형 소총 짚고 엎드려 뻗치기, 나중에는 턱 괴고 기어가기도 했다. 이유가 뭐냐고? 비슷했다. 자습 시간에 떠들거나 성적이 나쁘거나 머리가 길거나 교복 명찰이 비뚤어졌거나 폐휴지 안 냈거나 적금 낼 돈 안 가져 왔거나 미술 작품 기한 내에 제출 못 했거나 노래 부르는 태도가 불량하거나…. 교실 바닥을 빗자루로 쓸었는데 담임이 바닥을 슥 한 번 문지르더니 먼지가 손에 묻어 나왔다고 맞은 적도 있다.

한국에서 20세기에 학교를 다녔던 사람 치고 교사에게 안 맞아 본 사람 없을 것이다. 우리 또래들은 학창 시절 누구에게 어떻게 맞았는지만으로도 몇 시간을 떠들 수 있는 공력을 갖고 있다. 위에 열거한 필자의 사례는 어쩌면 코웃음을 살지도 모른다. 80년대까지는 학생이 학교에서 맞아 뼈가 부러져도 신문에 기사 한 줄 나지 않았다. 사회적으로 문제가 되지도 않았다.

물론 학교에서의 체벌은 불법이었다. 대한민국 건국 이래 단 한 번도 체벌을 법적으로 보장한 적은 없었다.

## 때려서라도 성적을 올려 주세요 ◀

학생에게 폭언, 단체기합 등 금지―문교부는 학생 사고는 학교생활의 불만에 그 원인의 일부가 있다고 분석, 교원들은 학생의 인격을 존중해 체벌, 폭언, 구타, 단체기합을 금지하고 … 학생들의 건전한 건의사항은 성실하게 처리 … 사랑의 대화 기회를 확대할 것…"―《경향신문》 1979년 6월 13일자

이렇게 금지했는데도 왜 체벌이 성행했던 것일까? 우선, 체벌 교사에 대한 처벌 규정이 없었다. 체벌을 해도 아무런 규제를 받지 않았다.* 그러나 무엇보다 결정적인 이유는 정부의 지침이었다. 이어지는 기사 내용을 보자.

앞으로 학생 간의 집단구타, 편싸움 및 교내 기물 파손 등이 일어날 때는 해당 학생에 대한 엄벌은 물론 교장을 비롯한 관련 교원도 연대 감독 책임을 묻도록 했다.

체벌은 교육 효율성과 밀접한 연관이 있다. 적은 투자로 가장 높은 효과를 얻는 데 체벌만 한 것이 없다. 특히 목표가 주어지고 그 목표를 달성하는

---

* 체벌 교사에 대한 처벌은 1998년 이해찬 당시 교육부장관이 체벌 교사를 신고토록 함으로써 시작되었고, 최근 '학생인권조례'가 시행되면서 본격적으로 이루어졌다.

것이 지상과제가 될 경우, 교사들은 체벌에 의존하게 된다. 성적 관련 체벌이 유난히 많은 이유도, 한국의 입시 교육 체계 및 효율성과 밀접한 연관이 있다. 단기간에 성적을 올려 좋은 점수를 얻는 데

70년대를 배경으로 한 영화 〈친구〉의 교사 체벌 장면.

체벌만큼 좋은 것이 없었던 것이다. 필자 또한 고교 담임을 오래 하면서 오히려 학부모들에게 체벌에 대한 긍정적 입장을 자주 접했다. 물론 그 효과 역시 잘 알고 있다.** 10년 전만 해도 몽둥이가 부러지면 학생들이 알아서 몽둥이를 만들어 왔다. 성적 상승이 절박한 아이들과 '무능한' 교사의 콜라보랄까?

박정희 시대 학교는 준 군사조직이었다. 교사의 신분은 보장되지만, 명령 불복종은 파면이다. 그리고 명령권자는 정부―교육청―교장으로 일원화되어 있었다. 말 그대로 군사부일체로서, '대통령―장군―병사'의 일원적 지휘 체계가 '대통령―교장―교사'에 그대로 적용되었다. 군대에서 명령불복종은 죽음, 학교에서 명령불복종은 파면이었다.

학생도 마찬가지였다. 학생들은 통일된 교복(군복)과 가방(군장), 교과서 (총)를 들고 오와 열을 맞춰 일사불란하게 움직였다. 교장과 교사는 교과서

---

** 체벌에 익숙한 학생이 성장해서 교사가 되면 다시 체벌 교사가 된다. 체벌 이외의 교육 방법은 오직 이론으로만 접했기 때문이다. 결과가 중요한 현장에서 익숙한 실천 방법을 선호할 수밖에 없다. 필자는 '학생인권조례'를 적극 찬성한다. 교사가 체벌의 유혹에서 스스로 벗어나는 것은 불가능하다고 생각한다.

를 가져오지 않은 학생에게 "전쟁터에 총이 없는 병사가 어떻게 되겠나?"라며 꾸중을 하였다. 사고 친 병사가 영창 가듯이 문제 일으킨 학생은 교무실로 끌려가 각종 체벌과 기합을 받았다. 학교의 지상목표는 오직 하나였다. 사고 치지 말고 학교 졸업해서 충성스러운 국민이 될 것.

그 시절 교복은 일본식의 검은색 교복뿐이었고, 가방도 학생가방이라 해서 파란색 계통의 한 종류뿐이었다. 등굣길 거리에는 온통 새까만 파도가 넘실댔다. 머리도 남자는 스포츠머리(반삭), 여자는 단발머리로 통일되었다. 가슴에는 명찰을 달고 교복 깃에는 학년 표시가 있어서 학생 선후배 관계도 군대식이었다. 중학교 때 선도부 선배들에게 숱하게 따귀를 맞았는데, 그중에는 선배를 앞질러 갔다는 이유도 있었다.

교육의 획일화, 학생 지도의 표준화, 목표와 결과에 대한 명확성과 효율성은 박정희 시대 학교를 지옥으로 만들었다. 어느 60대 어르신이 가장 억울했던 기억이 집이 가난해서 등록금을 못 냈다고 담임에게 맞은 것이라고 했다. 당시 등록금 완납의 명령을 받은 교사가 취할 일이 무엇이겠는가? 그 명령이 어디서 왔는지는 들여다보지 않고 때린 사람만 원망하는 것이 안타깝다.

지금도 한국 학교에는 그 잔재가 남아 있다. 2018년 현재 교사의 파면 사유는 오직 명령불복종이며 명령권자는 교장 한 사람뿐이다. 여전히 교육 행정의 제1 원칙은 효율성이고 대학 입시라는 절체절명의 목표가 교사들에게 주어진다. 교사들이 교사평가제에 반발하는 이유에 귀를 기울일 필요가 있다. 교사평가제는 교육이 효율성이 아니라 인간성에 맞춰 운영될 때 의미가 있는 제도이다.

교복이 없고, 두발 단속이 없고, 대학 입시가 없는 학교가 되려면 학교가 민주화되고 다원화되고 느슨해져야 한다. 명령이 정부와 교장으로부터 획일적으로 내려오는 것이 아니라 교사와 학생회와 학부모회에서 올라가야 하고, 다양한 명령과 건의의 통로가 보장되어야 한다. 당연히 조금은 혼란스럽고 일사불란하지 않겠지만 그것이 여유로 받아들여져야 한다.

한국 교사에게는 교권이 없다. 오직 명령 수행만 있으며 그 수단으로 체벌만 주어졌을 뿐이다. 교권, 즉 교사의 권한은 상명하복 체제에서 성립할 수 없다. 교권이 없는 학교에서 체벌을 없애면 교사는 어떻게 될까? 권한이 없는 교사가 무엇을 할 수 있을까? 한순간에 무력해진다. 그래서 체벌 금지 논의가 나올 때마다 교실 붕괴니 중2병이니 하는 말들이 나온다. 지금 우리나라 교육에서 절실한 것은 학교를 민주화하고, 체벌을 없애고, 교권을 부여하는 것이다. 그것이 학교와 교실을 움직이는 새로운 엔진과 연료가 되어야 한다.

## 24 오제도를 아시나요?
### 반공 드라마

> 70년대 텔레비전을 통해 소개된 대중가요, 드라마, 코미디가 커다란 인기를 끌었다.

일제강점기 깡패 출신으로 해방 이후 야당 국회의원을 지낸 김두한은 어떻게 국민의 사랑을 받는 영웅이 되었을까? 그의 이야기를 다룬 소설과 드라마의 힘이 컸다. 지금도 〈장군의 아들〉이나 〈야인시대〉를 기억하는 이들이 많다. 50대 이상 세대들에게 공안검사 오제도의 이름이 낯설지 않은 것도 같은 이유 때문일 것이다.

### 반공 드라마 전성시대

텔레비전 보급으로 높아진 드라마 열기는 유신체제 성립과 함께 반공 드라마의 시대를 열었다. MBC의 〈113 수사본부〉(토요일 8시 50분), TBC의 〈추적〉(수요일 7시), KBS의 〈전우〉(일요일 7시 50분)는 그중에서도 가장 장수하고 널리 알려진 프로그램이다. 그런데 공교롭게도 이 드라마들은 모두 긴급조치와 함께 시작되었다. 특히 〈추적〉과 〈전우〉는 긴급조치 9호와 함께(〈전우〉는 1975년 6월, 〈추적〉은 1975년 가을 개편 때 첫 전파를 탔다) 출발했다.

〈113 수사본부〉는 간첩 잡는 수사 드라마로, 일반 범죄자를 잡는 〈수사반장〉과 함께 MBC 수사 드라마의 양대 기둥이었다. 배우 고故 전운이 반장을, 90년대 말까지 활발하게 활동

〈113 수사본부〉 300회 특집 광고.

했던 오지명이 수사관 역을 맡았다. 남한 사회에 암약하고 있는 북한 간첩들을 수사해서 체포하는 내용이었는데, 권총을 쏘는 액션 장면과 독침 같은 북한 간첩들의 장비 및 그들의 잔인함을 적극적으로 그려 냈다. 방영 시간도 주말 황금 시간대인 토요일 9시여서, 이 드라마를 안 보면 그야말로 '간첩'이었다. 1973년 첫 방영 이후 80년대까지 10년 이상 장수한 대표적 반공 드라마였다.

〈추적〉은 해방 이후 분단 상황에서 일어난 유명한 간첩 사건들을 재현한 드라마였다. 이 드라마에서부터 공안검사 오제도의 이름이 본격적으로 사람들의 뇌리에 박히기 시작했다. 이 드라마와 80년대 방영된 드라마 〈표적〉에서 1945년 이후 50년대까지 남로당과 북한 간첩 소탕을 주도한 오제도 검사가 주인공으로 나오면서 강렬한 인상을 남긴 것이다. 70,80년대 한국인이라면 누구나 알았던 남로당 스파이 김수임 이야기도 이를 통해 널리 알려졌다.

〈전우〉는 한국전쟁을 배경으로 국군의 활약을 그린 드라마다. 주제가가 유명해서 아이들이 많이 따라 불렀고, 제2차 세계대전 당시 유럽 전선에서 미군의 활약을 그린 미드 〈전투〉와 함께 대표적 전쟁 드라마로 큰 인기를 끌었다. 특히 〈전우〉는 1983년, 2010년 두 번이나(공교롭게도 보수 색채 농후

하던 시절마다) 리메이크될 정도로 남성 시청자들의 큰 사랑을 받았다.

## 공안검사가 애국영웅으로

반공 드라마는 텔레비전을 적극 활용하려 한 박정희 정부의 정책적 배려를 받았다. 유명 배우들이 출연하고 제작비도 넉넉하게 지원받았으며 무엇보다 황금 시간대에 편성되어 케이블 채널 없이 공중파만 있던 시절 국민들이 보지 않을래야 보지 않을 수 없었다. 선전 효과가 탁월할 수밖에 없었던 것이다.

등장인물들은 북괴의 마수로부터 국민을 보호하는 영웅으로 미화되었다. 반장과 수사관들은 인간적이고 따뜻한 인품에 예리한 수사력을 갖춘 천재들이었다. 당시 미국 드라마의 수사반장 캐릭터는 콜롬보처럼 약간 어리버리했는데, 〈113 수사본부〉나 〈추적〉의 수사 책임자들은 거의 히어로 수준이었다.

드라마 속 오제도 검사도 그런 캐릭터였다. 역사에서 논쟁적 인물인 실제 오제도와 달리, 국민을 보호하는 이상적인 검사의 모습으로 그려졌다. 실제 인물 김두한보다 드라마 주인공 김두한이 사랑받듯, 오제도 역시 드라마의 오제도로 많은 사랑을 받았다. 그 덕에 오제도는 드라마 〈추적〉 방영 이후인 1977년과 1981년 두 번이나 국회의원이 되었고, 그의 회고록은 중고등학생 필독서로 널리 읽혔다.

오제도의 책 《사상검사의 수기》, 《붉은 군상》.

앞에서 언급한 세 작품 외에도

반공 드라마는 80년대까지 정책적 배려 속에 많이 제작되었다. 오제도 검사가 주인공인 〈표적〉, 한국전쟁을 배경으로 반공 유격부대의 활약상을 그린 〈3840 유격대〉, 80년대 최고의 시청률을 자랑한 〈지금 평양에서는〉 외에도 6·25 특집극 같은 단편 드라마들도 매우 많았다. 이런 반공 드라마들은 독재 정권을 미화하고 정당화하는 데 이용되었다. 또 북한에 대한 증오감을 일으켜 정작 남북 대화 국면에서 걸림돌로 작용하기도 했다. 국민 정서 상 북한과의 대화 추진을 받아들이지 못하는 것이다. 역사 왜곡도 심심찮게 일어나서, 드라마로 현대사를 배운 사람들은 특히 역사의 좌편향에 대한 걱정이 강한 편이다. 예를 들어, 드라마에서는 '국회 프락치 사건'(1949)을 남로당의 지령을 받은 붉은 국회의원들을 일망타진한 사건으로 그렸지만, 실제로는 반민특위의 친일파 처단 활동을 막기 위해 이승만 정부가 조작한 사건으로 규정된다. 이 사건의 담당 검사가 바로 오제도이다.

반공 드라마가 '반공'이 아니라 정권 정당화의 도구로 변질되면서, 오히려 반공 전선에 혼란을 불러오기도 했다. '간첩단 사건' 하면 무조건 조작이라고 생각하는 역편향을 일으킨 것이 대표적이다. 그런 의미에서 70년대 반공 드라마는 순기능보다 역기능이 더 많았다고 볼 수 있으며, 결국 1987년 이후 반공 드라마가 실종되고 오제도라는 영웅 캐릭터는 사람들의 기억에서 잊혀지게 되었다.

# '감히' 정권의 협조를 거부한 죄

## 대마초 파동과 금지곡

> 정부는 일부 가요를 금지곡으로 묶어 탄압하였지만, 오히려 금지곡들이 유행하면서 대학의 저항문화를 형성하였다.

한국 록의 대부 신중현은 1970년 한 잡지와의 인터뷰에서 '대마초는 창작할 사람이 할 것이 못 된다'고 말했다. 60년대 말 창작의 영감을 얻으려고 잠시 대마초를 폈다가 끊은 사실을 솔직하게 털어놓은 것이다. 신중현이 인터뷰를 할 당시만 해도 대마초는 적극 단속 대상이 아니었기 때문이다. 그런 그가 1975년 "대마초 왕초"로 잡혀 들어갔다. 6~7년 전 대마초가 처벌 대상이 아니었던 시절의 일을 소급해서 잡아들인 것이다. 그리고 그는 1979년 10월 박정희가 죽을 때까지 가수 생활을 하지 못했다. 왜 박정희가 죽을 때까지였을까?

### 〈미인〉과 〈보헤미안 랩소디〉의 공통점

1975년 6월 21일 정부는 '예술문화윤리위원회'라는 것을 만들어 대중가요를 심사하고 부적합하다고 판단한 노래들을 금지곡으로 선정했다. 그리고 그해 12월 인기 가수들을 대마초 흡연 혐의로 체포 연행했다. 1975년

이 살벌한 대중문화 통제는, 유신에 반항적인 청년문화를 길들이려는 것이었다.

이 사건의 중요한 증언자가 당시 최고 인기 가수이자 작곡가였던 신중현이다. 그의 증언에 따르면, 1972년 청와대로부터 대통령 박정희를 위한 노래를 만들어 달라는 의뢰를 받았으나, 가수의 정치 활동을 부정적으로 생각해 거절했다고 한다. 그 대신 1973년에 대한민국의 아름다움을 노래한 〈아름다운 강산〉을 발표하여 큰 인기를 끌었다. 그러나 박정희가 아닌 대한민국 찬양은 정권이 원하는 것이 아니었다. '감히' 협조를 거부한 신중현, 그리고 청년들의 우상인 가수들은 위험한 인물이 되었다.

1975년 6월 정부는 금지곡을 선정하여 방송 금지, 공연 금지, 음반 판매 금지 등 모든 것을 막는 조처를 취했다. 금지 사유는 다음과 같았다.

① 국가 안보와 국민총화에 악영향을 주는 경우
② 외래 풍조를 무분별하게 도입, 모방한 경우
③ 패배, 자학, 비탄적인 경우
④ 선정적, 퇴폐적인 경우

심의위원은 작곡가 김대현,* 김희조,** 황문평과 시인 이추림, 평론가 임성일 등 5명이었다. 이들은 6월 1일부터 15일 사이에 제출한 1,392곡 중 47곡

---

* 클래식 작곡가. 가극 〈콩쥐 팥쥐〉와 〈개선곡〉 등을 만들었다. 우리에게는 〈자장가〉(우리 아기 착한 아기 소록소록 잠들라…)로 유명하다.
** 육군 군악대장 출신으로 군가 작곡가로 유명하다. 국민체조 배경 음악과 〈잘살아 보세〉 등 유신 시대 체제 선전용 노래들이 널리 알려졌다.

을 선정하여 본심에 넘기고, 19일 박목월 시인, 사원우 서울대 법대 교수, 문귀옥 수도여자사범대학 음대 교수 등과 함께 43곡을 최종 금지곡으로 결정했다. 1,400여 곡에 가까운 곡을 불과 3~4일 만에 47곡으로 추리고 하루 만에 43곡을 최종 금지곡으로 선정한 졸속 심의였다. 게다가 금지된 노래 중에는 이미 심의를 통과해 발표된 노래들도 있었고, 신중현의 〈미인〉처럼 100만 장의 판매고를 기록한 밀리언 셀러도 있었다.

이때부터 금지곡 목록이 쏟아져 나왔다. 265곡의 국내 가요를 포함하여 총 2천여 곡의 한국 및 외국 노래들이 금지되었다. 외국 노래가 상대적으로 많은 이유는, 첫 금지곡 지정 이후 국내 음반사에서는 자체적으로 검열하여 문제가 될 만한 노래를 아예 만들지 않았기 때문이다. 금지곡으로 선정된 외국 노래 몇 곡을 꼽아 보면, 비틀스의 〈어 데이 인 더 라이프A Day in the Life〉(Sgt. Pepper's Lonely Hearts Club Band 수록), 킹 크림슨의 〈21 센트리 스키조드 맨The 21st Century Schizoid Man〉(In the Court of the Crimson King 수록), 핑크 플로이드의 〈브레인 데미지Brain Damage〉(The Dark Side of the Moon 수록), 퀸의 〈보헤미안 랩소디Bohemian Rhapsody〉, 펫 샵 보이즈의 〈웨스트 앤드 걸스West End Girls〉 등 전설적인 명곡과 명반 수록곡들이 금지되었다. 팝송을 즐겨 듣는 사람이라면 아마 이 비유를 이해할 것이다. 베토벤 9번 교향곡에서 '합창'을 빼고 듣는 기분.

### 장님이라서, 혼혈이라서 금지!

대중가요 탄압은 여기서 끝나지 않았다. 12월 신중현, 이장희, 김추자, 윤형주, 장현, 정훈희, 임창제, 김정호 등 당대의 인기 가수들이 줄줄이 대마초 흡연으로 잡혀 들어갔다. 이들은 같이 대마초를 피운 사람의 이름을 대라며 고문을 받았다. 그것은 간첩 취조와 똑같은 것이었다. 대마초 단속은 1970년부터 시작됐으며, 대마초를 제작 판매하는 자는 엄하게 처벌했으나 흡연자는 강력하게 처벌하지 않다가 1975년 이 사건을 계기로 강화되었다.

서울 장충체육관에서 열린 제1회 전국 건전가요경연대회. 1971년 4월 9일.

평론가 이영미 등은 이 사건 이후 한국 대중가요계의 변화를 '체제 순응'

## 신중현과 김동리

신중현은 1972년 박정희를 위한 노래의 작곡을 거부하면서 기나긴 보복의 암흑시대를 맞이했다. 그의 노래가 금지곡이 되고 결국 대마초 가수로 끌려가 모진 고문까지 받고 활동금지 처분을 당했다. 그는 가수로서 황금기를 그렇게 흘려 버렸다. 가수가 절정의 기량과 인기를 누리는 기간은 길어야 10년이다. 60년대 비틀스도 70년대 아바도 80년대 마이클 잭슨도 새롭게 등장하는 스타에게 최고의 자리를 넘겨주었다.

일제강점기 서정주, 김동리, 모윤숙 등 일제에 협력했던 문인들은 훗날 도저히 저항할 수 없는 살벌한 분위기 때문에 어쩔 수 없었다고 변명했다. 하지만 윤동주 등 많은 시인들이 절필과 은둔으로 저항하였다. 인기 많은 예술인들에게 권력의 강압과 유혹은 필연적이다. 그 속에서 지조를 지키지 못한 것은 어떤 말로도 변명할 수 없다. 더군다나 모윤숙은 이승만 정권과, 김동리는 박정희 정권과도 밀착한 관계였다. 사람들은 딴따라니 문화 상품 판매자니 하며 대중문화인들을 폄하하고 순수예술을 높이 평가한다. 그러나 권력의 협박에 굴복하고 야합한 순수예술가와, 권력과 타협하지 않고 자신의 길을 걸어간 대중예술인 중 누가 더 존경받아야 할 사람인가? '순수성'과 '예술성' 이면에 숨은 비겁한 자들의 역사를 우리는 새겨야 할 것이다.

북한 만행 규탄 전국 연예인단 총궐기대회. 1974년 8월 27일.

이라고 표현했다. 신중현을 제외한 대부분의 가수들이 얼마 후 금지의 족쇄에서 풀렸지만 제대로 활동할 수 없었다. 윤형주와 함께 포크를 주도했던 송창식은 〈토함산〉, 〈가나다라마바사〉 같은 전통문화 쪽으로 노래의 내용을 전환했다. 1976년부터 1979년 사이 한국 가요는 트로트와 디스코가 대세를 이룬 가운데 〈제3한강교〉(혜은이) 등 일종의 건전가요들이 주도했다. 록 음악은 산울림과 사랑과 평화 등 몇몇 밴드들이 활동하며 80년대로 넘어가는 가교 역할을 했지만 예전만큼 힘이 없었다.

체제에 길들여지면서 대중문화는 움츠러들었다. 배우와 가수들은 스스로 머리를 깎으며 장발 추방을 위해 나섰고, 김추자의 무대 퍼포먼스가 북한에 수신호를 보내는 것이라는 오해를 받은 뒤 율동 없이 얌전히 노래 부르는 것이 대세가 되었다(그 덕에 가창력이 절대 평가 기준이 되었다). 이용복은 장님이라서, 인순이는 혼혈이라서 무대에서 쫓겨나는데도 아무도 이의를 제기하지 못하는 암흑 같은 5년의 시간이 이어진다.

# 지금도 공개되지 않은 명단

## 7공자 사건

> 가격 경쟁력에 의존한 수출 위주의 성장정책은 노동자에게 저임금 장시간 노동을 강요하였다. 이로 인한 부익부 빈익빈의 심화는 우리 경제의 고질적 문제가 되었다.

1975년 6월 10일, 신앙촌(천부교 신자들의 신앙공동체) 박태선 장로의 아들 박동명이 거액의 외화를 외국으로 밀반출한 혐의로 구속되었다. 그는 서울의 한 아파트에서 연예인 모 양과 함께 있다가 체포되었는데, 이것이 연예계 스캔들로 비화되었다.

### 밤세계 주름잡은 재벌 2세들

박태선 장로는 신앙촌을 운영한 종교인으로, 신앙촌을 일종의 기업처럼 운영하며 신도들에게 일을 시켜 상품을 생산하여 판매했다. 당연히 엄청난 돈을 벌었는데 그 돈을 아들 박동명이 흥청망청 써 버린 것이다. 박동명은 미국·홍콩 등지를 돌아다니며 카지노에서 도박을 하고, 벤츠 자동차와 보석·아파트 등을 구입했으며, 외국 카지노의 여성이나 한국 여성 연예인들과 어울리며 방탕한 생활을 이어 갔다.

그런데 박동명이 외화 밀반출 혐의로 구속되면서 세간에 '7공자'라는 말이 나돌기 시작했다. 박동명과 함께 돈을 뿌리며 여배우 등과 호화 파티를 즐긴 재벌 2세 여러 명이 있다는 것이었다. 이에 대해 《경향신문》은 약간 선정적으로 다음과 같이 보도했다.

> 환락가의 왕자들로 군림한 일부 재벌 2세들. … 서울 시내 15개 요정에서 활개치며 밤세계를 주름잡았던 이들은 소문난 7공자를 비롯 40여 명으로 알려졌었다. ─《경향신문》 1975년 12월 23일자

언론에 보도된 7공자는 분명 실존 인물들이었다. 정부는 이들과 연관된 여자 연예인 13명을 퇴출시키는 등 후속 조처도 취했다. 그런데 정작 7공자의 명단은 지금까지도 베일에 싸여 있다. 이와 관련하여 여러 이야기들이 떠돌지만 현재 재벌 총수들과 연관되어 누구도 밝히기를 꺼려 한다는 주장이 설득력 있어 보인다. 견제받지 않는 권력은 타락하고, 타락은 도덕적 추락과 경제적 낭비로 이어진다. 7공자 사건은 유신 독재의 또 다른 본질이었다.

## 부정부패의 상징 '요정정치'

앞의 〈가정의례준칙〉에서 살펴보았듯, 정부는 부익부 빈익빈에 따른 상류층의 과소비 행태에 어지간히 신경을 썼다. 그러나 아무리 정부가 단속을 해도 정경유착으로 돈을 번 기업가들은 국민에게 고마워할 줄 몰랐고, 당연히 국민들 눈치도 보지 않았다. 또 부정청탁과 뇌물로 부를 축적한 고위 공직자들은 "쉽게 번 돈은 쉽게 나간다"는 옛 어른들 말씀처럼 돈을 흥청망청 써 댔다.

이들의 돈을 노린 각종 사업이 곳곳에서 생겨날 정도였다. 라스베이거스

와 마카오 등의 카지노에서 신흥
산업국 졸부들이 큰손 대접을 받
았고, 서울에는 이들이 드나드는
요정들이 성업 중이었다. 오죽하
면 '요정정치'라는 말이 나왔겠는
가? 정계와 재계의 유력 인사들이
요정에 모여 뒷거래를 하며 나라
경제를 주무르고, 그렇게 번 돈을
요정에서 술과 여자로 탕진했다.
훗날 12·12 쿠데타로 대통령에
오른 전두환 등 하나회 군인들도
요정 출입으로 구설에 오르곤 했다.

〈엽색 탕진 한국판 카사노바〉, 박동명 사건을 다룬
《동아일보》 1976년 6월 11일자 기사.

 박정희 시대 부패가 하도 심각해서 전두환 정부가 집권 명분으로 부패 정
치인 추방, 정의사회 구현을 내세우기도 했다. 이때 발표한 부정축재 규모
는 김종필 국무총리 216억, 이후락 중앙정보부 부장 194억, 이세호 육군참
모총장 111억, 박종규 청와대 경호실장 77억, 오원철 청와대 경제수석 21
억, 김치열 내무장관 34억 등이었다.* 교사 초봉이 14만 원, 일반 기업 신입
사원 월급이 20만 원이던 시절이었다.

 박정희 정권은 철저하게 부패 경제인과 공직자들을 보호했다. 그들의 나
라였기 때문일까? 정부는 개인적인 일탈 행위와 도덕적 타락의 문제로 호도
할 뿐 독재 정권의 구조적 문제임은 부정했다. 그러다 보니 사흘이 멀다 하

---

* 《매일경제》 1980년 6월 18일자. 직책은 모두 박정희 시대 직책임.

고 사건이 터지고, 정부는 부패를 엄단하겠다는 권력자의 의지와 노력으로 이를 포장하는 악순환이 거듭되었다. 1975년에만도 3월 상류층의 해외 재산 도피를 막기 위해 여권 발급을 규제하였고, 4월 통일주체국민회의 대의원이 포함된 위장 이민단을 적발하였으며, 9월에는 여수 경찰서장 등 160여 명의 공무원이 연루된 조직 밀수 사건이 적발되었다.

독재 정권은 경제성장을 명분으로 삼았지만, 그 열매는 극소수 상류층에게 돌아가고, 그들은 그 열매를 즐기는 데 열중하며 사회적 갈등을 키웠다. 그들에게 경제성장을 의존하는 박정희 정권은 그들을 제어하기는커녕 보호하는 데 급급했고 애꿎은 국민들에게만 검소와 저축을 장려했다. 그리고 우리는 오늘날까지 '노블리스 오블리주'를 애타게 외치고 있다.

7공자 사건은 개인의 일탈이 아니라 잘못된 경제성장의 본질이었다. 우리가 아직도 7공자의 명단을 알 수 없는 것도 바로 그 때문이다.

## 장로와 목사의 시대

신앙촌 운동을 펼친 박태선은 장로 직함을 가졌지만 기독교는 아니고 '천부교'라는 신흥 종교의 교주였다. 최태민 목사도 목사라고 칭했지만 '영생교'라는 신흥 종교의 교주였다. 왜 신흥 종교 교주들은 장로나 목사라는 호칭을 썼을까? 하나의 단서가 될 만한 것이 있다. 해방 이후 북한 공산화와 한국전쟁을 거치면서 많은 기독교인들이 월남했다. 그들은 특히 사회주의에 대한 증오의 감정이 컸다. 그래서 기독교도가 되는 것에 엄격한 제한을 두었다. 교회에 빨갱이들이 들어오는 것을 막으려 했던 것이다. 그런데 남한은 미군정과 미국 경제원조를 거치면서 미국과의 관계가 정치경제적으로 매우 중요해졌다. 이런 상황 속에서 남한 기독교는 미국과 결탁하여 중요한 이권집단이 되었다. 사람들은 현실을 위해서 기독교인이 되고자 했으나 기존 교회의 문이 너무 높았다. 그런데 60년대부터 부흥운동이 일어나기 시작했다. 누구나 기독인이 될 수 있다는 운동이었다. 많은 이들이 여기 참가하였는데 이렇게 형성된 것이 순복음교회 같은 것이었다. 60~70년대 기독교의 모습을 한 다양한 신흥 종교가 출현한 데에는 이런 배경이 있다고 할 수 있다.

# 석가탄신일이 공휴일이 되었으나

## 불교 갈등

광복 직후 여러 종교계 내부에서는 친일 행위에 대한 정화운동이 일어났다. 그러나 이후 양적 팽창을 하면서 분열하여 새로운 종파가 생겨나거나, 교세 확대를 위해 정치권력과 손을 잡기도 하였다.

1975년 정부는 불교계의 오랜 숙원을 받아들여 석가탄신일(부처님 오신 날)을 공휴일로 지정했다. 그동안 정부가 한국의 양대 종교인 기독교와 불교\*를 차등 대우한다는 불만의 목소리가 높았다. 대표적인 것이 예수 탄신일인 크리스마

부처님 오신 날 봉축탑 점화식. 서울시청 앞. 1975년 5월 11일(서울시 사진 아카이브).

스는 공휴일이지만 석가탄신일은 그렇지 않았던 것. 마침내 석가탄신일이 공휴일로 지정되어 불교계는 서운함을 덜었다. 하지만 세상에 공짜는 없는

---

\* 정부의 공식 통계에 따르면, 1977년 10월 31일 기준 불교 신도는 1,290만 명, 기독교는 개신교 500만 명 천주교 109만 명이었다. 당시는 유교도 종교로 수용한 이들이 많아 유교 신도가 470만 명으로 집계되었다. 이외 불교 계통의 원불교 80만 명, 민족종교인 천도교 81만 명, 대종교 17만 명이었다.

법. 불교계는 응분의 대가를 치러야 했다.

## 일제시대에도 거부한 군사훈련을

해방 이후 불교계는 친일불교와 독립운동에 참여했던 반일불교가 극심한 갈등을 겪으며 내홍에 시달렸다. 친일불교는 이승만 정부와 결탁하여 전통불교 복원을 명분으로 내세우며 반일불교를 몰아내려 했다. 반일불교가 추진한 불교 근대화의 다양한 개혁 시도를 일본식 불교로 모함하면서 과거 양반 및 지주와 결탁했던 시절의 불교로 되돌아가려 한 것이다. 이 과정에서 친일불교는 깡패들을 동원하여 반일 승려들을 절에서 쫓아내기도 했다. 해방 이후 서울을 주름잡은 깡패들이 이때 친일불교의 청부 폭력에 앞장서며 세력을 키웠다고 한다.

불교계의 내분은 친일불교가 반일불교를 친일로 몰아붙이는 모순, 불교 개혁을 일제강점기로의 회귀로 모는 아이러니가 겹치면서 걷잡을 수 없이 깊어졌고, 그러다 보니 정권과의 관계도 소원했다. 정치인들 입장에서 불교는 계륵 같은, 자칫 말려들었다가 큰 피해를 당할 수 있으니 건드리지 않는 것이 상책인 그런 존재였다.

그런데 유신이 시작되면서 기독교가 반유신 투쟁에 앞장서기 시작했다. 천주교는 김수환 추기경과 지학순 주교 아래 정의구현사제단이 결사적으로 저항했다. 개신교는 인명진 목사 등이 도시산업선교회를 통해 노동운동을, 문익환 목사 등이 재야운동을 주도하며 유신에 맞섰다. 특히 목사들의 저항은 유신 정권과 미국의 관계에 큰 파란을 일으켰다. 미국은 민주주의를 주장하는 목사의 처벌을 일종의 반미적 행위(반민주 반기독)로 여겨 불쾌해했다.

기독교를 대체할 새로운 종교적 후원이 필요했던 박정희는 불교에 손을 내밀었다. 전통적으로 불교는 호국불교의 전통과 상무적인 기풍이 있었다. 이 상무적 기풍을 군사정권에 이어 붙였다. 불교가 군사정권을 지지하고 군사문화를 뒷받침하면서, 그동안 기독교가 독점해 온 정책적 배려를 얻어 낸 것이다. 고려시대 이후 1천 년을 이어 온 국난 극복의 호국불교 전통은 이렇게 정권 수호를 위해 왜곡되었다.

1975년 12월 17일, 5천여 명의 승려들이 조계사에 모여 호국승군단 발족식을 가진 데 이어, 군부대를 찾아 군사훈련까지 받았다. 조계종의 경우, 17세 이상 60세 이하 모든 승려들이 조직되었고 여승인 비구니들은 간호병 훈련을 받았다. 일제강점기에 속세의 일에 간여하지 않겠다며 독립운동을 거부하고 살생은 안 된다며 독립군 참여를 거부했던 불교가, 유신 시대에 이

조계사 앞에서 열린 승군단僧軍團 발단식. 1975년 12월 17일. 플래카드에 '사명대사 얼을 받아 조국수호 앞장서자'고 씌어 있다.

르러 총을 들고 사격 훈련에 나서다니!

## 조계종의 중앙집권화 시기가 하필

이 시기 한국 불교를 주도한 인물은 조계종 종정 서옹西翁이었다. 조계종은 한국 불교 신도 대부분을 포괄하는 종단으로 한국 불교 그 자체로 볼 수 있으며, 조계종의 지도자인 종정은 한국 불교의 대통령이나 다름 없다. 조계종의 종정 중심 체제는 서옹 때 수립되었다. 원래 조계종은 종정, 총무원장 등 주요 직책을 추대(혹은 선출)했지만, 1975년부터 종정만 추대하고 총무원장 등은 종정이 임명하는 중앙집권적 체제로 전환했다. 불교 내분을 봉합하기 위한 방편일 수 있겠지만, 공교롭게도 불교가 유신 정권에 적극 협력할 때 이런 일이 일어났으니 좋은 평가를 받기 어려웠다.

박정희 정부에게 석가탄신일 공휴일 지정을 비롯하여 여러 가지 배려를

### 1994년 조계종 분규

1993년 조계종 7대 종정인 성철性徹 스님이 입적(사망)한 뒤, 총무원장 자리를 둘러싸고 갈등이 일어났다. 다음 해인 1994년 조계종 총무원장 서의현이 3선에 도전하면서 이에 반대하는 승려들과 충돌하였다. 서의현은 총무원장에 재임하면서 각종 비리에 연루되어 내외적으로 많은 비판을 받았지만 끄덕도 하지 않고 계속 총무원장에 재임했다. 총무원장은 중앙종회라는 선거인단에서 선출하는데, 총무원장이 중앙종회 구성에 간여할 수 있어 자유로운 선거가 이루어지기 어려웠다. 절차적으로 총무원장 3선을 막을 수 없자 개혁파 승려들이 단식기도, 점거농성 등 실력 행사에 들어갔고, 이에 서의현 측에서 폭력배 수백 명을 동원하여 무력으로 승려들을 쫓아냈다. 서울 종로 한복판 조계사에서 대규모 폭력 사태가 벌어졌지만, 경찰은 방관할 뿐 아니라 오히려 서의현 측을 돕는 듯한 모습마저 보여 서의현과 정부의 밀착설이 나돌았다. 이에 불교계가 대통령 사과 등을 요구하며 조계종 개혁을 주장했고, 결국 서의현 세력이 물러나면서 이 사건은 개혁파의 승리로 끝났다.

받았지만 불교 내분은 끊이지 않았고 세상 인심은 냉소적이었다. 신문에는 불교 내분 관련 기사가 끊이지 않았고 서옹, 고암古庵 등 종정의 이름도 자주 오르내렸다. 결국 불교계 내분은 1994년 조계종 분규로 비화되어 큰 사회적 물의를 일으켰고 지금도 계속되고 있다.

종교와 정치가 엄격하게 분리되는 것이 현대 정치의 특성이라지만, 현실에서 종교가 나라 전반에 끼치는 영향은 매우 크다. 독재 정권 시절 기독교가 민주화운동에서 큰 역할을 담당했고, 이는 우리나라뿐 아니라 세계적으로도 마찬가지여서 많은 성직자들이 노벨평화상을 받았다. 한국 불교계도 일제강점기 만해 한용운, 독재 정권 시절 지선 스님과 진관 스님 등이 중요한 역할을 하였다. 그러나 그 압도적 교세에 비해 불교가 민주화에 공헌한 바는 상대적으로 초라한 편이다. 과연 종교는 속세의 일에 초연해야 하는 것일까? 그것이 과연 가능한 일일까? 유신 시대 불교의 모습을 보면 이런 의문이 들지 않을 수 없다.

## "적은 내부에 있었다"
### 베트남전쟁

국외에서는 '닉슨 독트린'이 발표되고 베트남에서 미군이 철수하는 등 냉전체제가 완화되는 움직임이 일어났다. 이러한 정세는 반공을 강조해 온 박정희 정부에게 불리하게 작용하였다.

1975년 4월 30일 오전 10시 14분, 남베트남 정부는 공산 북베트남에 공식적으로 항복 선언을 했다. 이로써 15년 동안 이어진 전쟁이 끝났다. 한국은 그동안 베트남전쟁 특수로 상당한 경제적 이익을 취했는데, 이제 그 길이 사라지고 말았다. 하지만 베트남 패망이 한국에 던진 충격은 경제적 차원에 머무르지 않았다. 그로부터 13일 후인 5월 13일, 박정희 정권은 긴급 조치 9호를 선포했다. 동남아시아의 한 나라가 공산화된 것이 왜 한국의 독재 체제 강화로 연결되었을까?

### 미국도 남베트남 말만 믿고

1884년부터 프랑스 식민지였던 베트남은, 공산당의 친소파 지도자 호치민을 중심으로 오랫동안 독립운동을 해 오다가 1954년 디엔비엔푸 전투에서 프랑스 군대를 격파하면서 마침내 독립의 기회를 얻었다. 그런데 독립 이후 남과 북으로 나뉘어 통일전쟁을 치르는 와중에 뜻밖에 미국이 베트남에 개입했다. 베트남이 공산화될 경우 주변 동남아 국가들이 연쇄적으로 공산화될 것이라는 '도미노 이론'에 따른 것이었다. 하지만 미국의 베트남 개입에 대해서는 처음부터 반대 여론이 높았다. 60년대를 '아프리카의 해'라고 할 정도로 제2차 세계대전 이후 식민지 독립은 시대적 대세였다. 그래서 미국의 베트남 개입을 공산화 저지 때문이라기보다는 군산복합체의 입김이 작용한 것으로 보는 시각이 많다.

전쟁은 군수업체에서 생산한 무기와 장비를 정부가 국민의 세금으로 구입하여 군대에게 주고 싸우는 구조다. 당연히 군수업체는 전체 경제 상황이 어떻든 간에 전쟁 동안 엄청난 돈을 벌게 되어 있으며(더군다나 대부분 군수업체는 독점이다), 또한 전시 상태이므로 군대도 상당한 권력을 갖게 된다. 반면 전쟁을 위해 세금을 내고 자식을 전쟁터에 보내야 하는 국민들은 불만이 클 수밖에 없다. 게다가 미국 국민들에게 베트남전쟁은 자국에서 일어난 것도 아닌 나와 상관없는 타국의 전쟁이었다. 일찍이 아이젠하워 대통령은 퇴임사에서 군산복합체가 미국 민주주의의 위협이라고 경고했고, 케네디 암살에도 군산복합체가 연루되었다는 추측이 돌았으며, 한국전쟁 이후 새로운 전쟁을 찾는 군산복합체에 의해 베트남전쟁이 일어났다는 주장이 유행했다.

어쨌든 미국은 베트남 문제에 개입했고, 결국 베트남을 남북으로 두 동강냈다. 북베트남은 호치민 중심의 공산 정부였고, 남베트남은 친미 자본주의 정부였다. 그런데 남베트남 정부를 구성한 자들은 애국심이라곤 찾아볼 수 없는 사람들이었다. 과거 프랑스 식민 지배에 협력했던 친프파로서 가톨릭교도가 많았는데, 이들은 대부분 불교도인 남베트남 사람들과 소통도 안 되고 자국 베트남에 대한 애정도 없었다. 스스로 남베트남을 지킬 생각은 없고(애초에 희생정신 자체가 없었다) 오직 미군이 자신들을 지켜 주기만을 바랐다. 그래서 처음부터 끝까지 오직 미국에 로비하고 미군 참전과 확전만 줄기차게 요구했다. 미국은 남베트남인들을 훈련시켜 그들 스스로 나라를 지키게 하려 했다. 즉, 전쟁은 남베트남 사람들이 하고 무기만 팔 생각이었는데, 남베트남인들은 미국에서 받은 무기를 되려 공산 게릴라들에게 팔아넘겼다. 이들의 목표는 오직 돈을 벌어 미국으로 이민 가는 것이었으니까.

베트남전을 다룬 영화 〈지옥의 묵시록〉에 묘사되었듯이, 사실 미군은 북베트남과 남베트남 사이에 끼어 제대로 된 전쟁을 치러 보지도 못하고 있었다. "적은 내부에 있었다."

## '닉슨 독트린'에 화들짝 놀란 이유

그럼에도 불구하고 전쟁이 장기화된 것은 지금까지도 연구 과제다. 수많은 가설들이 제기되었는데, 일반적으로 미국의 무지와 오판이 많이 거론된다. 사실 미국은 60년대 후반부터 베트남전에서 발을 빼고 싶어 했고, 이는 '닉슨 독트린'을 통해 알 수 있다. 미군의 베트남전 철수를 공약으로 내걸고 당선된 닉슨 대통령은 앞으로는 지켜 줄 가치가 있는 정부만 지켜 주겠다고 선언했다. '지켜 줄 가치가 있는 정부'란 바로 국민의 지지를 받는 민주주의 정부를 의미했다.

닉슨 독트린에도 불구하고, 닉슨은 군산복합체와 미국의 자존심을 강조하는 보수의 요구에 밀려 베트남 철수를 계속 미루었다. 하지만 베트남전 패색이 짙어질수록 닉슨 독트린에 점점 힘이 실렸다. 그리고 끝내 베트남 전쟁에서 패했을 때 '국민의 지지를 받지 못하는 정권은 지켜 주지 않겠다'는 선언은 절대적 원칙이 되었다. 이러한 닉슨 독트린이 한국에 적용된다면, 그것은 곧 주한미군 철수를 의미했다. 박정희 정권은 유신 내내 미군 철수 압박에 시달렸고, 실제로 단계적 철수가 추진되고 있었다. 베트남 패망이 주한미군 철수와 박정희 정권의 국제적 고립 및 한미동맹 파기로 이어진다면, 이는 곧 박정희의 종말이자 한국이 제2의 베트남이 되는 것이었다. 유신 독재가 박정희 정권을 무장해제시키는 꼴이라니.

그러나 정권을 계속 지키고자 하는 욕망은 스스로를 무장해제시키는 상황으로 내몰면서, 한편에서 (핵 개발 등) 또 다른 무장을 하려는 모순된 행동으로 이어졌다. 베트남은 국민의 지지를 받지 못한 독재 정권의 말로를 너무나도 잘 보여 주었다. 베트남이 데모 때문에 망했다는 정부의 선전은 점점 격해지는 유신 반대투쟁 속에서 설득력을 잃어 가고 있었다. 베트남은 데모 때문에 망한 것이 아니라 독재 때문에 망했고, 그 전철을 박정희도 밟고 있다는 사실, 이보다 더 한국을 위기에 빠뜨리는 것이 무엇이 있겠는가? 결국 유신 독재로 초래된 위기는 각 영역에서 각자의 방식에 따라 분출되고 있었다. 독재 강화와 투쟁 강화 모두 베트남 패망이 불러온 필연이었다.

# 막걸리 반공법이 실화?

### 긴급조치 9호

긴급조치는 대부분 유신체제에 대한 반대를 금지하는 것이었고 그 횟수도 긴급조치라는 말에 어울리지 않게 잦아졌다. … 긴급조치 9호에서는 유신헌법에 대한 논란마저 포괄적으로 금지하였다.

1989년 사학과에 입학하여 현대사를 공부할 때 일명 '막걸리 반공법'이 사실인지를 놓고 논란을 벌인 적이 있다. 술 마시며 정부 좀 비판했다고 잡혀가서 실형을 산다는 것이 상식적으로 가능한 일인가? 당시 신문기사를 아무리 뒤져 보아도 술 먹다가 잡혀갔다는 내용은 없었다. 그래서 유신 시대 사회 상황을 과장한 이야기 정도로 생각하고 넘어갔다. 그런데 그것이 아니었다. 2007년 과거사진상규명위원회에서 정리한 589건의 긴급조치 위반 재판 중, 282건이 음주 중 대화나 수업 중 강의 내용으로 처벌받은 것이었다. 그런데 어떻게 사학과 학생들조차 긴급조치 위반 사례를 찾지 못했을까?

### 말하는 것도, 알려고 하는 것도 위법

1975년 5월 13일 정부는 긴급조치 9호를 발동했다. 그 내용은 유언비어를 날조 유포하거나 사실을 왜곡하여 전파하는 행위, 집회, 방송·도서 등 표현물에 의해 헌법을 부정·비방·반대 혹은 개정 및 폐지를 주장하는 행위, 학교 당국의 허가를 받지 않은 학생들의 집회 및 정치 간여 행위, 이 조치들을 비방하는 행위 등을 처벌하는 것이다. 이 조치를 어겼을 경우 영장 없이 체

긴급조치 9호 첫 항은 유언비어 금지였다. 〈대한뉴스〉 1031호(1975년 5월 17일) 영상 화면.

포·구금·압수수색할 수 있으며, 1년 이상의 징역에 처하고, 위반자의 소속 학교 및 사업체에 휴업·휴교·폐쇄 조치를 취할 수 있었다.

뿐만 아니라 긴급조치 9호 2항에는 다음과 같은 조항이 있었다. 위반 내용을 방송, 보도, 기타 방법으로 공연히 전파하거나 그 내용의 표현물을 제작, 배포, 소지, 전시하는 행위를 금한다는 것이다. 긴급조치 시절 술 먹고 정부를 비판하다가 잡혀간 사실이 드러나지 않은 이유가 바로 여기에 있었다. 위반 사실을 보도하거나 출판할 수 없으니, 신문이나 도서를 통해서는 전혀 그 사실을 확인할 수 없었던 것이다.

그것은 공포였다. 1975년 5월 이후 한국 사회는 깊은 암흑에 빠져들었다. 아무것도 말해서는 안 되고, 알려고 해서도 안 되는 시절이었다. 예컨대 대학에서 학생이 수업에 나오지 않을 때 왜 결석했는지 물어보면 안 된다. 만약 그 학생이 긴급조치 위반으로 잡혀갔을 경우, 알려고 한 자나 알려 준 자나 모두 긴급조치 위반이다. 친구가 결석해도 이유를 물어보지 못하고 전전긍긍하다가 다음 날 친구가 나타나 "어제 배탈이 나서 하루 쉬었어" 하면 겨우 안심할 수 있는 세상!

## "소리 크게 틀면 잡혀 가!"

수업 시간에 교사가 갑자기 끌려갔다는 둥, 술 먹다 친구가 갑작스레 잡혀갔다는 둥, 확인할 수 없는 소문이 나라 전체에 돌았다. 유언비어가 돌 수밖에 없는 상황이었다. 텔레비전을 시끄럽게 틀었다고 잡혀갔다, 코미디언 유행어를 따라했다가 잡혀갔다(당시 학교에 학생들이 유행어를 따라하지 못하게 하라는 지도지침이 내려졌다) 같은 황당한 이야기들이 많이 돌았다. 이런 소문들은 아마도 아이들과 젊은이들이 함부로 떠들지 못하게 단속하려고 어른들이 적극적으로 유포한 말이었을 것이다. 아이들이 무심코 길거리에서 "아버지가 박정희 나쁜 사람이래" 해도 잡혀갈 수 있는 세상이었으니, 아이들 입단속이 중요했다.

'침묵의 세상'은 긴급조치 위반자 신고포상금과 불고지죄 때문이기도 했다. 긴급조치 위반 사항을 신고하지 않으면 공범으로 몰릴 수 있으므로 민폐 끼치지 않으려면 서로 입조심을 해야 했다. 부익부 빈익빈이 극심했던 시절 신고포상금은 가난한 이들에게 큰 유혹이었다. 과거 일제강점기나 한국전쟁 때 평소 원한이 있던 사람을 빨갱이로 신고해서 보복한 사례를 전해 들었거나 경험으로 알고 있던 사람들은, 공연히 이웃과 다투거나 불미스러운 일을 만드는 것 자체를 금기시했다.

필자도 어렸을 때 집에서 라디오나 텔레비전의 볼륨을 낮추라는 말을 일상적으로 들었다. 오디오(전축) 볼륨을 10까지 올

〈국가안녕 공공질서 위한 긴급조치 9호 선포…헌법 비방 반대 금지〉,《동아일보》 1975년 5월 13일자.

릴 수 있었는데 아버지는 3 이상 올리는 것을 용납하지 않으셨다. 한번은 사춘기 형이 8까지 올렸다가 이웃 집의 항의를 받고 아버지께 아주 엄하게 야단을 맞았는데, 그때 아버지는 이렇게 말씀하셨다. "소리 크게 틀면 잡혀 가!"

'겨울 공화국'이라 일컬어진 긴급조치 9호 시대, 모든 것이 춥게 얼어붙었다. 남한은 겨울 공화국, 북한은 동토의 왕국. 두 독재국가가 사이 좋게 외국의 비웃음을 사며 국민을 억누르고, 온 나라를 확인할 수 없는 유언비어의 세계에 빠뜨렸다.

# 30 1975년의 죽음들

## 인혁당 · 김상진 · 장준하

> 2차 인민혁명당 사건(1974). 중앙정보부는 노동악법 철폐, 유신 폐지 등을 요구하는
> 전국민주청년학생총연맹의 배후에 북한의 지령에 따라 국가 전복을 노리는 인민혁
> 명당 재건위원회가 있다고 주장하며 관련자들을 처벌하였다.

1974년 인민혁명당 재건위 사건으로 이듬해 관련자 8명을 사형에 처하는 인권 유린이 발생하자 국내외적 공분이 일어났고, 대학가와 종교계를 중심으로 유신독재 반대 여론이 일어났다. — 국정 한국사 교과서 현장검토본

1974년의 인혁당 재건위 사건과 1975년 이들의 사형 집행에 관한 국정 한국사 교과서 현장검토본의 서술 내용을 보면, 교묘하게 본질을 피해 가고 있는 것을 확인할 수 있다. 검인정 교과서는 사건이 조작되었다는 것, 유신 체제 비판을 막으려 했다는 것을 핵심으로 지적하고 있다. 반면 국정 한국사 교과서 현장검토본은 사형 집행이라는 인권유린에 대해 지식인과 종교계가 반대했다는 것에 초점을 맞추고 있다. 국정 교과서 현장검토본의 서술만 본다면 이렇게 생각하는 사람들도 있을 것이다. '안팎의 어려움 속에서 경제개발을 하며 북한으로부터 나라를 지켜야 하는 상황이었는데, 한가하게 인권 타령이라니….'

## 사법살인의 희생자, 인혁당 재건위 8명

1975년 가슴 아픈 죽음들이 있었다. 어느 죽음인들 가슴 아프지 않겠는가만은, 1975년의 죽음은 역사에 기록하고 또 생각해 보아야 할 죽음들이었다. 먼저 1975년 4월 8일 사형당한 인혁당 재건위 관련자 8명이다. 국제법학자협회에서는 이날을 '국제 사법사상 암흑의 날'로 선포했다. 또한 1995년 MBC에서 판사 357명에게 설문조사한 '사법사상 가장 수치스러운 재판' 5대 사건 중 첫 번째로 민청학련 및 인혁당 관련 재판이 꼽혔다.[*]

인혁당 사건은 1965년으로 거슬러 올라간다. 당시 한일국교 정상화 반대 여론이 높아지면서 궁지에 몰린 박정희 정권은, 평화통일을 주장하는 혁신계 인사들을 '인민혁명당'이라는 조직으로 묶어 기소하였다. 하지만 가혹한 고문으로 받아 낸 거짓 자백으로 만들어진 사건이었고, 이 때문에 검찰이 기소를 거부하는 등 시작부터 파문이 일었다. 결국 관련자 대부분이 무죄로 풀려났는데, 1974년에 이들을 또다시 '인혁당 재건위'라는 이름으로 엮어 재판에 넘긴 것이다.

인혁당 재건위 사건은, 이들을 민청학련의 배후 조직으로 만들어 학생들의 유신 반대투쟁이 북한의 지령을 받은 것이라고 선전하기 위해 조작된 것이었다. 10년 전과 마찬가지로 가혹한 고문으로 거짓 자백을 받아 내 무리하게 사건을 만들었다. 인혁당 관계자들이 고문을 받은 사실은 1975년 2월 26일자 《동아일보》에 실린 김지하의 글 〈고행 1974〉를 통해 알려지며 큰 파장을 불러일으켰다.

---

[*] 〈민청학련 판결 가장 수치〉, 《경향신문》 1995년 4월 11일자.

나는 뺑기통으로 들어가 창에 붙어서서 나를 부르는 사람이 누구냐고 큰 소리로 물었죠. 목소리가 대답하더군요." "하재완입니다." "하재완이 누 굽니까?" "인혁당입니다." … "인혁당 그거 진짜입니까?" "물론 가짜입니 다." "그런데 왜 거기 갇혀 계슈?" "고문 때문이지러." "고문을 많이 당했 습니까?" "말 마이소! 창자가 다 빠져나와 버리고 부서져 버리고 엉망진 창입니다."

민청학련 배후로 지목되어 감옥에 간 김지하가 간수 몰래 죄수들끼리 이 야기를 나누는 '통방'을 통해 들은 이야기를 목숨을 걸고 폭로한 것이다. 하 지만 고문 폭로와 진술 번복은 모두 기각되었다. 70년대 초 이른바 '사법파 동'을 거치면서 민복기 대법원장을* 중심으로 정권에 충성하는 사법부가 만 들어진 이후, (고문에 의한 거짓 자백을 인정하지 않았던) 1965년의 인혁당 재 판 같은 것은 기대할 수 없게 되었다. 결국 1975년 4월 8일 대법원에서 사 형 판결이 확정되었다.

그런데 판결이 난 뒤 고문으로 사건을 조작한 사실이 폭로될 것을 두려 워한 정권은, 다음 날인 9일 아침에 예정된 가족 면회 전에 8명 모두 사형을 집행해 버렸다. 면회를 기다리던 가족들은 사형 집행 소식을 듣고 통곡했

---

\* 명성황후의 친인척들 중 일부는 세도를 계속 누리기 위해 친일파가 되었는데, 이 중 대표적 인물이 민 병석이다. 명성황후의 최측근이자 친러파였던 그는 명성황후가 죽은 뒤 친일파로 변신했다. 1910년 궁내부 대신으로 한일병합 조약에 찬성한 경술국적庚戌國賊 8명 중 한 명이며, 중추원 고문을 지내는 등 1940년까지 대표적 친일파였다. 민병석의 아들 민복기는 1937년 경성제대(서울대) 법대를 나와 법 조인으로 활약하다 5·16 이후 대법원 판사, 법무부 장관, 대법원장을 지내며 박정희에 충성하였다. 특히 1968년부터 1978년까지 10년 동안 대법원장을 맡아 한국 사법부를 정부에 종속시키는 데 앞장 섰다.

다. 이뿐만이 아니었다. 영
구차에 실려 이동하던 시
신마저 경찰이 길을 막고
중간에 빼돌려서 화장터로
끌고 갔다. 그리고 일방적
으로 시신을 화장한 뒤 뼛

시형이 확정되자 절규하는 인혁당 재건위 관련자 가족들.

가루만 가족에게 넘겨주었
다. 가족이 시신을 보면 고문 사실이 드러날까 두려워했기 때문이다. 그중
이수병의 시신만 경찰에 빼앗기기 직전 몰래 사진을 찍었는데, 손톱 발톱이
다 빠지고 몸 곳곳이 화상 자국이었다. 전기고문의 흔적이었다.

## 민주주의는 피를 먹고 자란다, 김상진

인혁당 사건 관련자의 사형 집행이 있고 나서 이틀 후인 4월 11일 오전
11시, 서울대 농대 교정에서 열린 시국성토대회에서 축산과 4학년 김상진
이 유신 반대투쟁 선언문을 낭독한 뒤 할복자살했다. 그는 선언문에서 '민
주주의란 나무는 피를 먹고 자란다'면서 민주주의는 지식의 산물이 아니라
투쟁의 산물이라고 외치고 등산칼로 자기 배를 찔렀다. 그는 병원으로 옮겨
져 수술을 받았지만 다음 날 숨졌다. 그의 할복자살 소식은 다음 날 《동아
일보》에 보도되었고, 그의 유서는 신민당 기관지 《민주전선》에 실렸다.

죽음으로 총궐기를 호소한 김상진의 외침에 응답하여 유신 반대 시위가
거세게 일어났다. 11일 서울대 농대생 수백 명이 교문 밖으로 진출하여 경
찰기동대와 충돌하자, 정부는 즉각 서울 농대 휴교령을 내렸다. 15일 공대
학생 7백여 명이 시위를 벌이자 공대에도 휴교령을 내렸다. 광주·대구·서

유신 반대투쟁 선언문을 낭독한 뒤 할복자살한 김상진.

울 등에서 추모예배가 열렸고, 전남대·경상대 등 아직 휴교당하지 않은 대학과 광주일고 등이 시위에 나섰다. 김상진이 일으킨 유신 반대 시위는 긴급조치 9호가 선포될 때까지 이어졌다.

정부는 김상진의 죽음이 불러올 파장을 두려워했다. 신민당 김영삼 총재가 정부가 추도식을 막고 김상진 시신을 화장해 버렸다고 비판할 정도였다. 재야 및 종교계에서 개최한 추도식과 추모예배를 모두 봉쇄했으며, 김상진 관련 소식을 담은 《민주전선》의 배포를 막거나 방해했다. 정부의 조처는 치졸하기까지 했다. 김상진이 할복한 그날(11일) 밤, 바로 그의 이름을 서울대 학적에서 지우고 제적시켜 버렸다.

집요한 정부의 방해에도 불구하고, 김상진 추모 열기와 민주주의에 대한 열망은 계속 이어졌다. 윤보선 전 대통령은 동상을 세우자고 제안했고, 신민당 총재 김영삼은 김상진을 '열사'로 호칭하며 그를 기릴 일을 꼭 하겠다고 다짐했다. 곳곳에서 성금이 답지하고 추도대회를 열려고 했다. 김상진의 죽음을 기억하려는 노력은 70년대 내내 이어졌다. 김상진은 정권의 폭압이 두려워 나약해지고 뒷걸음질치려는 사람들을 잡아 세우는 채찍으로 모든 이들의 가슴속에 남았다.

### 시대의 어둠 속에 의문으로 남은 죽음, 장준하

8월 17일, '재야 대통령' 장준하가 경기도 포천군 약사봉에서 시신으로 발견되었다. 등산 도중 추락사한 것으로 발표되었지만, 몇 년 전부터 중정이 장준하의 일거수일투족을 감시했던 터라 처음부터 타살 의혹이 일었다. 의

문사진상규명위원회에서도 그의 죽음을 대표적 의문사로 규정하고 조사를 진행했으나 아직까지 실체가 규명되지는 않았다.

그의 죽음을 둘러싸고 제기된 의혹을 살펴보면, 계곡에서 추락사했다고 보기에는 시신이 너무 깨끗한 점, 뒤통수에 둔기로 맞은 것으로 보이는 함몰상이 있는 점, 몸에 주사 자국이 있는 점 등이다. 그 외에도 추락했다는 계곡이 등산객이 접근할 만한 곳이 아니라는 점, 사망 사실이 경찰에 신고되기도 전에 이미 장준하의 집으로 그의 죽음을 알리는 전화가 걸려 온 점, 중정 부장 김재규가 개인적으로 유족을 찾아와 "추락사한 것이 아니라 정권 차원에서 죽은 것이다"라고 말했다는 증언* 등 석연치 않은 점이 한두 가지가 아니다.

그렇다면 장준하가 타살당했다고 주장하는 근거는 무엇일까? 백기완 등 당시 장준하의 동지들 증언에 따르면, 8월 18일 장준하가 모종의 투쟁을 준비하고 있었다고 한다. 일부에서는 장준하가 쿠데타를 계획하고 있었다고도 하는데, 그보다는 박정희 정부에 큰 타격을 줄 만한 제2의 시국서명운동이나 대규모 시위를 계획했던 것으로 보인다. 장준하가 군대 인

1975년 10월, 49재를 맞이하여 열린 장준하 추모의 밤. 연단에 서서 강연하는 함석헌(장준하기념사업회).

---

* 장준하 사망 당시 중정부장은 신직수였다. 김재규는 신직수의 후임으로 장준하와 친분이 있었다고 한다. 그가 중정부장이 된 후 조사해 보지 않았을까 추측된다.

사들과 교류했던 것도, 대규모 항쟁이 일어났을 때 군대가 4·19 때처럼 중립을 지켜 줄 것을 기대하는 차원에서 했던 일로 추정된다.[*]

1975년, 점증하는 유신 독재의 위기가 이 세 번의 무리한 죽음을 불렀다. 사법살인, 의문사, 투쟁을 호소한 죽음. 극단의 정치는 그에 저항하는 사람들도 극한으로 몰고 간다. 유신은 이들의 죽음을 밟고 어렵게 어렵게 1976년으로 넘어가고 있었다.


## 유신체제는 어떻게 1979년까지 이어졌을까?

레닌은 20세기에는 군대의 지지가 있는 한 어떠한 정부도 민중의 힘으로 뒤집을 수 없다고 주장했다. 그래서 노동자 병사 소비에트를 사회주의 혁명의 기본 조직으로 생각했고, 러시아 혁명도 결국 붉은 군대의 힘으로 이루었다. 총기 소유가 자유로운 미국과 달리 오직 군대만 총기를 소유한 한국은, 군대가 정권의 수호신을 자임하는 한 정권을 몰아낼 방법이 없다. 차지철이 1979년 박정희에게 국민 2백만 명 정도 죽여도 정권은 끄떡 없다고 말한 것도 같은 이치다. 비무장의 일반 국민이 소총부터 전투기까지 압도적 무력을 소유한 군대와 싸워 이길 방법은 전무하다. 이는 5·18 광주에서 입증되었다. 군대가 국민이 아니라 정권에 충성하는 한, 민중의 봉기로 혁명을 이루는 것은 불가능하다. 만약 민중이 무장한다면 남미처럼 지루한 내전의 나락으로 빠지게 될 것이고, 우리가 그랬다면 남미나 아프리카와 같은 길을 걸었을 수 있다. 현재도 쿠데타와 내전으로 큰 고통을 겪고 있는 나라가 많다. 그런 의미에서 한국은 운이 좋았다고 할까, 국민이 슬기로웠다고 할까. 우리나라는 내전을 겪지 않고 민주주의를 이룩한 아주 드문 국가다. 군사독재 국가가 망하지 않고 민주주의와 경제성장을 이룬 경우는 전 세계적으로 매우 드물다는 것을 명심해야 한다.

---

[*] KBS 〈인물 현대사〉 '장준하 2부—거사와 죽음의 비밀'에서 전 베트남 주둔군 사령관이었던 채명신은 "(장준하가) 대통령에 출마했다면 맨발로 뛰어다니면서라도 운동하고 싶은…"이라고 했다. 장준하가 군부의 호감을 얻고 있었음을 알 수 있다.

# 백일몽으로 끝난 산유국의 꿈

## 영일만 석유 시추

> 석유파동으로 수출산업 중심으로 성장해 오던 우리 경제도 큰 타격을 입어 물가 급등, 수출 신장 둔화, 경기 후퇴 및 실업 증가 현상이 나타났다.

1976년 1월 15일, 16일 주요 일간지 1면 톱기사는 포항 영일만에서 석유가 발견되었다는 박정희 대통령의 발표 내용으로 도배되다시피 했다.

"영일 부근서 석유 발견―이달부터 본격 시추 조사, 박 대통령 연두기자 회견"―《동아일보》

"영일서 양질의 석유 발견―매장량은 4~5개월 후에 판명"―《경향신문》

"영일만 부근서 석유 발견―품질 매우 우수, 4~5개월 후 매장량 판명"―《매일경제》

"영일서 석유가 나왔다. 지하 1,500미터…성분 양질"―《조선일보》

### 뭐? 석유가 나왔다고!

온 나라가 우리도 산유국이 된다며 들썩였는데, 이런 분위기를 만드는 데 앞장선 것은 언론이었다.

지난해 12월 초 점화된 석유 발견의 풍문은 긴장과 흥분이 고조된 가운데 분명한 사실로 15일 박 대통령에 의해 확인되었다. … 한 경제부처 장관은 무릎을 치며 우리도 이제 살게 되었어 하면서 참모진에게 떨리는 목소리로 이 충격적 사실을 전했었다. —《경향신문》 1976년 1월 15일자

사실 연두 기자회견에서 포항 석유에 관해 박정희 대통령이 한 발언은 언론의 호들갑과 달리 신중한 편이었다.

"땅 밑에 있는 것이니 얼마만 한 양이 있는가 알 수 없는 것이고, 기술자들은 유망하다고 하나 실제 조사해 보기 전에는 알 수 없는 일이다."

하지만 알 수 없는 일이라 하면서도 연두 기자회견에서 직접 거론한 것은 박정희 역시 큰 기대를 걸고 있었음을 보여 준다. 그러니 이를 보도하는 언론 및 국민들의 기대는 오죽 컸겠는가. 필자는 당시 막 초등학교에 입학할 나이였는데, 비슷한 또래라면 대부분 이 이야기를 기억할 것이다. '포항에서 석유가 나왔다고 했는데 박정희가 거짓말한 거였다. 나오긴 나왔는데 한두 드럼 나오고 말았다. 아니다, 전두환 때 7광구 개발과 헷갈리는 것이다' 등 …. 지금도 설왕설래 이야깃거리가 되곤 한다.

결론을 말하자면, 포항에서는 석유가 나오지 않았다. 시추 과정에서 흘러들어간 기름을 석유로 오인한 것이었다. 일부 측근들이 박정희 대통령에게 기자회견에서 발표하지 말라고 만류했다고도 하는데, 어쨌든 기자들의 질문에 대통령이 대답하면서 일파만파로 커졌다.

이런 '웃픈' 해프닝이 일어난 것은, 1차 오일쇼크 이후 석유에 맺힌 한이

너무 컸기 때문이다.《조선일보》방
우영 회장의 회고에 따르면, 박정희
대통령이 신문사 사장들을 모아 놓
고 '그 석유'가 든 병을 돌리며 냄새
를 맡아 보라고 했단다. 방우영은 냄
새 맡는 데 그치지 않고 맛까지 보았
는데, 박정희 대통령이 매우 만족해
하며《조선일보》의 숙원 사업인 윤
전기 도입을 결재해 주더라고 했다.[*]
박정희 정권의 핵심 사업인 중화학
공업 육성이 오일쇼크로 큰 차질을

"석유가 나왔다."《경향신문》1976년 1월 15일
자 기사.

빚었으니 얼마나 석유에 한이 맺혔겠는가.

그러나 석유에 한이 맺힌 사람은 대통령만이 아니었다. 석유에 대한 열망
은 1974년부터 가혹한 물가 상승과 절약에 시달리던 국민들이 훨씬 더 컸
을 것이다. 당시 미취학 아동이었던 이들이 중년이 되도록 이 사건을 기억
할 만큼. 1976년 1월 17일자《매일경제》에 실린 '석유가 자급된다면'이라는
제목의 기사를 보자.

1인당 국민소득 500달러에서 80년대 1,500달러로, 인플레 부담 덜어 물가
안정, 재정 및 국제수지 흑자 전환, 중화학공업 중심 산업 발전, 복지국가
현실화 … 요람에서 무덤까지가 꿈이 아닌 현실화 … 신혼여행은 하와이

---

[*] 방우영,《조선일보와 45년》, 조선일보사, 1998.

로, 자동차의 홍수로 도시는 걷는 것이 빠를 것, 신문은 취업 공고로 가득 차고 졸업자들은 어느 직장을 선택할지 밤잠을 설칠 것 … 물질적 풍요로 마음도 순후해지고 이민 가는 사람은 없고 관광객으로 관광지는 발 붙일 곳이 없어질 것 ….

## 목이 터져라 7광구를 외쳤지만

하지만 포항 석유 이야기가 사실무근으로 밝혀지면서 갑자기 모두 입을 닫아 버렸다. 언론은 2월부터 침묵했고, 장관이 국회에서 시추 중이라고 말했다는 단편적 기사만 가끔 나올 뿐이었다. 그리고 다음 해인 1977년 연두 기자회견에서 박정희 대통령이 포항 석유 이야기는 쏙 빼고 대신 "석유값 인상에 따른 우리의 유일한 대비책은 물자, 에너지 절약뿐"이라고 말하면서 백일몽은 끝이 났다.

그래도 석유에 대한 꿈은 계속 이어져, 포항이 포함되어 있는 동해안 7광구에 다량의 석유가 매장되어 있으며, 이를 찾기 위해 계속 시추하고 있다는 소식이 잊을 만하면 한 번씩 나왔다. 그러다가 12·12 쿠데타가 일어난 1980년 연초부터 7광구에 이목이 집중되어 국민들의 기대를 부풀게 하더니, 가수 정난이가 발표한 노래 〈제7광구〉가 큰 인기를 끌었다.

나의 꿈이 출렁이는 바다 깊은 곳
흑진주 빛을 잃고 숨어 있는 곳
제7광구 검은 진주 제7광구 검은 진주

오매불망 7광구를 외쳤으나 잘 알다시피 고대하던 석유는 끝내 나오지 않았다. 이로써 산유국의 꿈은 완전히 물거품이 되었다. 하지만 지난 40여 년 동안 우리 국민들은 노력과 민주화를 통해 노다지를 캐냈다. 국민소득 1,500달러, 국제수지 흑자, 복지국가 현실화…, 모두 석유 없이 이루어 냈다. 사실 석유에 대한 갈망은, 정부의 능력을 믿고 함께 노력하면 경제 발전과 생활수준 향상 등의 장밋빛 미래를 이룰 수 있다는 기대가 불가능했기에 나온 것이었다. 사람의 힘으로 할 수 없으니 하늘에서라도 행운이 떨어지기를 기대한, 1천 년 전 신라인들이 이승의 삶에 대한 기대를 접고 내세에서나마 행복을 기원하며 불교에 귀의했던 것처럼, '알 수 없는 땅 밑'에 나라의 명운을 걸어 본 것이다.

70, 80년대 온 나라를 들썩이게 만든 산유국의 꿈에는 그런 쓸쓸한 현실의 그림자가 짙게 배어 있다.

# 국민이 나라를 섬기는 민주주의
## 반상회

박정희 정부는 유신헌법에 대해 우리나라에서는 서구식 민주주의가 부적당하다는 논리를 내세웠다. '한국적 민주주의'라는 이름 아래 민주주의가 아닌 독재 체제로 나아간 것이 유신체제였다.

1976년 4월 30일, 정부는 매달 말일을 '반상회의 날'로 정하고, 이날 모든 국민들이 반별로 모여 마을과 동네의 일을 직접 의논하고 추진하도록 했다. 이 지시에 따라 5월 30일 첫 반상회가 열린 이래로, 전국적으로 매달 말일이면 모든 국민들이 반장 집에 모여야만 했다. 하지만 이 자리에서 자유롭게 공동체의 일을 논의하는 것은 불가능했다. 긴급조치가 시퍼렇게 살아 있는데 경찰과 공무원이 총출동하는 자리에서 무슨 의논을 하고 결정을 하겠는가? 그것은 일방적인 정책 홍보 자리이자 국민 통제 수단이었다.

1976년 6월 30일 열린 제2회 반상회. 구자춘 서울시장이 참석하였다(서울시 사진 아카이브).

반상회의 강제력은 지역별로 차이가 있었다. 정부는 불참자에게 벌금을 물리거나 각종 불이익을 주겠다고 을러댔지만,

적어도 서울에서는 그렇게 하지 못해서 많은 이들이 불참했다. 반면 공동체 성격이 강한 농촌은 사정이 좀 달랐다. 이른바 '여촌야도', 선거 때마다 도시 는 야당을 찍고 농촌은 여당을 찍는 현상이 나타난 데는 반상회와 새마을회 의 위력이 컸다.

## 전국의 병영화, 국가의 군대화

그것이 한국적 민주주의였다. 북한식 사회주의가 주체사상이 된 것처럼 한국의 민주주의는 유신독재가 되었다. 국민이 주인이 되는 것이 아니라, 국민이 주인을 잘 섬기는 민주주의, 국민들이 매달 한 번씩 모여 지침을 시 달받고 일사불란하게 따르는 나라! 말 그대로 '전국의 병영화, 국가의 군대 화'였다. 1976년은 이러한 병영화·군대화가 제도적으로 강제된 해였고, 반 상회가 그 시작이었다.

반상회는 사실 오랜 역사를 가진 제도다. 일제강점기 대표적인 억압 제 도였고, 박정희 시대에 부활하여 이후에도 꽤 오랫동안 시행되었다. 다만 1976년 이전에는 의무나 강제가 아니었다. '전국민의 조직화'에 반상회가 이용된 것은 1976년 5월 30일 이후였고, 이에 대해 《동아일보》 6월 12일자 사설은 완곡한 우려를 내비쳤다.

자조 협동을 내세우는 모임에 출석부는 하등 필요가 없는 것이다. … 심 적인 압박감과 위축감마저 줄지도 모른다.

하지만 다른 언론은 대개 찬양 일색이었다. 당연한 일이겠지만.

평소 느끼던 것 속시원히 … 미루던 민원 즉석 해결 인기 … 이웃간의 해묵은 감정 씻은 흐뭇한 계기. – 《경향신문》 1976년 6월 9일자[*]

반상회로 시작된 군대화·병영화는 주민등록증 제도 강화로 이어졌다. 주민등록증 제도는 1975년 갑자기 강화되었고, 1976년 1977년을 거치면서 국민적 통제 장치로 발전하였다. 모든 국민은 반드시 주민등록증을 발급받아야 하고, 정부가 요구할 때 반드시 제시해야 하며, 이를 위반하는 자는 처벌받도록 한 것이다. 명분은 간첩 색출이지만, 간첩이 위조 주민등록증 없이 활동할 리 없으니 그야말로 명분에 불과했다.

우리는 주민등록증을 당연하게 여기지만 전 세계적으로 우리나라와 같은 주민등록증 제도가 있는 나라는 많지 않다. 미국의 경우 사회보장번호가 개인 식별 수단으로 활용되는데, 이 번호는 공공 서비스를 받을 수 있는 자격을 의미하는 것이다. 우리나라의 주민등록증 제도는 일제강점기 징병등록증에서 시작되었다. 즉, 조선인들을 전쟁에 동원하기 위해 인적 자원을 관리할 수단으로 만들었고, 해방 이후 한국전쟁 때 징병을 위한 등록제도로 이어졌으며 이것이 주민등록제도로 발전하였다. 공공 서비스

주민등록증을 교부받는 박정희 대통령. 1968년 11월 21일.

---

[*] 반상회는 선거 때 중요한 역할을 하기도 했다. 신민당이 거리로 나와 목청을 높이며 연설과 집회를 할 때, 정부와 여당은 반상회를 통해 지역 민원을 해결해 주며 선거운동을 했다.

제공이나 사회보장과는 상관없이 오직 신원 파악 및 동원을 위한 기록으로 만들어진 제도라는 점에서 세계적으로 유례를 찾아보기 힘들다.

## 저녁 6시, 그대로 멈춰라

군대화·병영화의 하이라이트는 1976년부터 시행된 국기 하기식이다. 저녁 6시가 되면 모든 관공서 스피커에서 애국가가 울려 퍼지고 전 국민이 멈춰 서서 국기에 대한 경례를 한다. 요즘 영화나 드라마에서 종종 당시의 이 광경이 재현되는데, 경험하지 못한 세대는 과장이려니 생각하기도 하는 모양이다.

> 높아진 국기에의 존엄성 … 하기식 때마다 삽시간 고요 속에 … 1분 멈춤, 거리의 조국애 … 이병도 학술원 회장은 태극기에 대한 국민들의 존엄성이 높아지고 있는 사실은 문화국민으로서의 수준이 높아지고 있기 때문 …. — 《경향신문》 1977년 10월 19일자

하긴 3,700만 전 국민이 어느 한 순간 딱 멈춰 선다는 발상 자체가 비정상이다. 그것이 가능한 것이 유신 시대였다. 위 기사는 "길 가던 미국인 부부도 멈춰 섰다"고 소개하고 있다. 그들은 속으로 얼마나 웃었을까. 88올림픽 당시 우리 선수가 금메달을 따고

1978년 6시 국기 하강식에 멈춰 선 시민들.

애국가가 울려 퍼지자 전 관중이 기립한 것을 보고 외국 관람객들이 "이것이 독재국가구나" 실감했다고 해서 그 뒤부터 부랴부랴 국기에 대한 경례가 완화되었다는 이야기가 떠오르지 않을 수 없다.

한국적 민주주의의 실체는 국가의 군대화, 병영화였다. 전 국민이 일사불란하게 움직이고, 생각하지 않은 채 오직 복종하는 사회. 지금도 혹자들은 "그때는 모두 단결해서 열심히 일했어"라고 말하는데, 생각 안 하고 복종만 하는 것은 노예근성의 다른 이름일 뿐이다. 단결은 자발적 참여와 동의 속에 이루어지는 것이고 그것은 민주주의에 의해서만 가능하다는 것이 18세기 토마스 홉스의 사회계약설 이래로 근현대 사상의 믿음이다. 군대는 군인의 세계이지 국민의 세계가 아니라는 상식이 이제는 일반화되어야 하지 않을까?

## 우 순경 사건

1982년 4월 경남 의령에서 경찰 우범곤이 애인과 다툰 후 홧김에 총기를 들고 3개 마을을 돌며 50여 명을 학살한 충격적인 사건이 벌어졌다. 독재 정권의 행정·안전 시스템이 얼마나 허술했는지 보여 준 대표적 사건이다. 특히 경찰의 미흡한 초동 대처로 인해 대형 참사로 이어졌는데, 그 이유가 허무하다. 당시 경찰들이 모두 반상회에 나가 있는 바람에 우범곤이 숙직 경찰을 죽이자 파출소 기능이 완전히 마비된 것이다. 밖에 나가 있던 경찰들은 파출소와 연락이 되지 않는 가운데 총성이 계속 울리자 북한 무장간첩들(당시에는 '공비'라고 했다)의 소행으로 보고 군부대에 연락하는 한편, 마을 외곽에서 차단 업무만 했다. 하지만 우범곤이 전화선을 끊어 연락이 원활하게 이루어지지 못한 데다가, 군부대 역시 우왕좌왕하느라 대간첩 부대인 기동타격대가 출동하기까지 최초 사건 발생에서 10시간 가까이 걸렸다. 그 사이 우범곤은 대학살극을 벌인 뒤 자살했다. 간첩 잡는 것이 아니라 내부 민주화 세력 잡는 데 골몰한 정부 밑에서 어떤 일이 일어날 수 있는지를 생생하게 보여 준 의령 경찰 난동 사건이었다.

# 33 둘만 낳아 잘 기르려니…
## 청소년 문화

1970년대 들어 청소년층이 본격적으로 대중문화의 주인공으로 등장하였다. 청소년을 대상으로 한 방송이 늘어나고 잡지가 생겨났다.

70년대 들어 청소년 문화가 성장하면서 어린이잡지도 활기를 띠었다. 1964년《새소년》에 이어, 1967년《어깨동무》(영부인 육영수가 설립한 육영재단에서 발간), 1969년《소년중앙》, 1975년 12월《소년생활》이 창간되었다. 70년대 중후반 전성기를 누린 어린이잡지는 80년대 들어 만화가 저질 문화로 지목되어 탄압받으면서 어려움을 겪다가, 90년대 초에는 대부분 사라졌다.

이 중 가장 인기를 끌었던 잡지를 꼽는다면《어깨동무》와《소년생활》이 아닐까. 두 잡지는 읽을거리와 만화들로 지면을 채웠는데, 특히《소년생활》에 〈강가딘〉, 〈철인 캉타우〉, 〈팔비당〉 등 전설적인 인기 만화가 많았다. 일본 만화를 표절한 것들도 섞여 있어서 1980년 신군부 집권과 함께 사회정화 대상으로 폐간당했지만, 이른바 7080세대에게는 어린 시절 추억과 함께 기억되는 이름일 것이다.

## 산아제한 정책이 가져온 뜻밖의 효과

70년대 중반에 접어들면서 한국 사회에는 두 가지 주목할 만한 변화가 서서히 일어나고 있었다. 하나는 어린이 인권, 또 하나는 여성 인권이 조금씩 성장하기 시작한 것이다. 이는 박정희 정권의 산아제한 정책의 영향이었다. 정부가 의도한 결과는 아니었겠지만.

박정희 정부는 집권 내내 꾸준히 산아제한 정책을 추진했다. "둘만 낳아 잘 기르자" "덮어 놓고 낳다 보면 거지 꼴을 못 면한다"는 지금도 유명한 표어다. 당시 산아제한 정책 추진 배경에는 정치적 의도가 자리 잡고 있었다. 박정희 경제성장은 수치와 속도가 중요했다. 구체적인 숫자가 빠르게 올라가는 양적 성장에 치중했고, 그러다 보니 투입되는 비용을 최소화하는 것이 급선무였다.

한국전쟁 이후 한국의 출산율은 높은 수준을 유지했다. 그런데 아이를 많이 낳으면 교육 비용이 들어간다. 학교를 지어야 하고, 선생님도 있어야 하고 각종 교육 재정이 필요하다. 이는 지출이므로 경제성장 통계에서는 마이너스 요인이다. 교육은 미래에 대한 투자이지만 당장은 비용으로 계산된다. 또 교육비가 많이 들면 부모들은 임금 상승을 원하게 되고, 저임금 구조를 지탱하기 어려워지면 또 마이너스 요인이 생긴다. 게다가 인구가 많을수록 1인당 국민소득 증가는 둔해진다. 1년에 100억 달러를 벌어도 인구가 3천만 명이면 1인당 국민소득은 330달러지만, 인구가 3,500만이면 285달러로 떨어진다. 80년대 1인당 국민소득 1천 달러를 목표로 뛰는 마당에 인구 증가는 목표치 미달을 조장하는 마이너스 요인이었다.

오늘날의 관점에서 보면 어이없는 생각이지만, 박정희 시대 산아제한은 분명 이런 고려 속에 이루어졌다. 비용을 최소화해서 통계 수치상 성장 폭을 높이는 양적 성장이 박정희 경제성장의 핵심이었다. 오늘날 우리는 유례없이 빠른 저출산 고령화 속에서 인구절벽을 경험하고 있다. 아직도 출산 관련 비용을 지출로만 생각하고 경제성장의 걸림돌로 생각하는 잔재가 남아 있는데 적극적인 출산 장려 대책이 나올 수 있을까?

아무튼 산아제한 정책 덕에 아이는 귀한 존재가 되었다. 60년대까지는 한 가정에서 평균 3~5명의 아이를 낳았지만, 70년대부터 2명 이하가 대세였다. 아이를 적게 출산하면서 부모들은 가능한 한 이것저것 많은 것을 해주려고 노력했다. 자기 먹을 것은 자기가 갖고 태어난다는 오랜 믿음은 구닥다리 옛말이 되었으나, 남아선호 사상은 강력하게 남아 특히 외아들인 경우 집안의 기대를 한몸에 받았다. 아이들은 내버려 두면 알아서 크는 집안의 노동력이 아니라, 애지중지 좋은 학교 보내고 잘 가르쳐야 할 하나밖에 혹은 둘밖에 없는 자식이 되었다. 참고서도 사 주고 대공원도 가고 심심할 때 보라고 잡지도 사 주고 친구들과 놀라고 공도 사 주고 용돈도 주었다. 아이들 관련, 특히 소년 관련 각종 산업이 발전할 토대가 마련된 것이다.

여성들의 인권도 높아졌다. 산아제한 정책이 남아선호 사상과 부딪치면서 나타난 결과였다. 실제로 남아선호는 산아제한 정책의 가장 큰 걸림돌이었다. 아들을 낳을 때까지 딸을 넷 다섯씩 낳는 집이 수두룩했다. 아들에 목을 맨 중요한 이유 중 하나는 법적·제도적 남녀차별이었다. 대를 잇는 것은 아들만 가능했고, 재산 상속

산아제한 계몽운동. 1977년 5월 11일 밀양.

도 각종 사회적 책임을 지는 것도 아들만 가능했다. 딸은 아무리 낳아도 결혼하면 남편에 속하니 부모로서는 손해였다. 딸 집의 재산이 사위한테는 갈 수 있어도 아들 집 재산이 처가로 올 수는 없었다. 정부는 민법상의 여성 차별적 요소를 가능한 한 시정하려 했다.

산아제한으로 출산의 부담을 던 것도 여성들에게는 큰 도움이 되었다. 50년대만 해도 5명 이상 10명을 출산하는 것이 드물지 않았고, 첫째와 막내의 나이 터울이 15년 20년씩 나기도 했다. 그렇게 무리하게 출산하면 당연히 몸이 망가질 수밖에 없다. 70년대만 해도 허리가 구부러진 '꼬부랑 할머니'가 많았는데 과중한 출산의 영향 때문이었으리라. 어쨌든, 이런 모습도 점차 사라져 갔다.

### 아름다운 추억 뒤에 가려진

하지만 우리가 기억해야 할 것이 있다. 어린이 및 여성 인권 상승의 혜택을 상대적으로 고학력 화이트칼라들이 주로 누렸다는 점이다. 경제성장의 기본 동력이었던 저학력의 미성년 여성은 가혹한 노동력 착취를 당했고, 이는 80년대까지 나아지지 않았다. 70년대 가족법 개정 중심의 여성운동에 대해 비판적인 목소리가 나오는 것도, 그것이 얼마나 '여성 보편의 혜택'으로 돌아갔는지에 대한 의문 때문이다.

고우영, 박수동, 김삼, 이두호, 윤승운 같은 한국 만화 1세대 작가들의 만화를 《소년생활》 등의 잡지를 통해 보던 시절이었다. 그 잡지들에서 우주를 여행한다면? 지진이 일어난다면? 천인공노할 북한의 만행! 공룡과 코끼리가 싸우면 누가 이길까? 같은 판타지 세계에 푹 빠졌다. 어떤 사회 변화와 정부 정책 속에서 이런 잡지들이 나오고 그것이 어떤 한계를 안고 있었는지

주택가 도로에서 축구하는 어린이들. 1973년 6월 8일.

몰랐지만, 그래도 그 시대를 살았던 사람들의 가슴속에 아름다운 추억으로 남아 있다.

하지만 그 아름다운 추억을 떠올리면서 한 번쯤은 이런 생각도 해 보면 좋겠다. 나는 어떻게 그것을 누릴 수 있었고, 그것을 누리지 못한 사람들은 왜 그랬을까를.

# 군軍사부 일체의 나라
## 박정희식 민족주의

좌우익의 이데올로기 대립과 한국전쟁을 거치면서 마르크스주의 사학자와 신민족주의 사학자들이 대부분 월북하거나 납북됨으로써 역사학의 다양성은 줄어들었다. 그 뒤 식민사학을 극복하고 민족적 관점에서 한국사의 체계를 다시 세우기 위해 역사 전반에 관한 실증적이고 구체적인 연구가 진행되었다.

1976년부터 새마을운동이 아니라 '새마음운동'이라는 말이 심심찮게 나오기 시작했다. 박정희 대통령의 영애(대통령 딸에 대한 존칭) 박근혜는 1976년 12월 KBS 송년회견과 1977년 1월 MBC 신년대담에 잇달아 출연해서, 새마을운동을 계승하여 국민의 정신을 순화하는 범국민적 새마음운동을 적극적으로 펼쳐 가자고 말했다. 이후 1979년까지 우리 국민들은 박근혜의 새마음운동이라는 정신운동을 어디서든 듣고 접하게 되었다.

그러나 사실 박근혜가 새마음운동을 펼치기 전부터, 박정희 정권은 국민 정신문화와 관련하여 기존의 정책을 전환해야 할 필요

'대통령 영애배 쟁탈 새마음 갖기 전국학생웅변대회'에 참석한 박정희 대통령의 큰 영애 박근혜. 1977년 11월 26일.

를 절실히 느끼고 있었다.

## 일본식 유교, 일본식 충효

긴급조치 선포 이후 박정희 정권은 유난히 민족주의를 강조하기 시작했다. 1974년 외래어 추방 및 한글 전용화를 강제하면서 바니걸즈가 토끼소녀가 되고 패티 김이 김혜자가 되는 등 연예인 예명은 물론 프로그램 이름까지 뒤집어지더니, 스포츠 용어도 코너킥은 구석차기, 농구 골대 바스켓은 바구니가 되는 등 한글화가 진행되었다.

이렇게 된 데에는 배경이 있었다. 미국과의 불편한 관계 때문이었다. 미국은 사사건건 박정희와 반목했다. 중화학공업 육성을 반대했고, 유신독재와 인권 탄압을 비판했다. 박정희는 태평양전쟁 시기 일본군 장교를 지낸 사람으로 그 시절 반미적 분위기의 영향 아래 놓여 있었다. 미국의 간섭이 커질수록 반미적 성향도 드러났을 텐데, 박정희가 '미제' 중에서 가장 싫어한 것이 민주주의였다.

반면, 박정희는 일본에게 배운 것은 적극 활용했다. 일본은 19세기 말 메이지유신을 추진하면서 성리학을 활용했다. 즉, 성리학적 명분론과 충효 원리를 바탕으로 덴노(천황) 독재 체제를 구축하고 이를 토대로 제국주의 국가로 성장했다. 20세기 일제 군국주의자들이 강조한 사무라이 정신에도 유교(성리학)의 존왕양이尊王攘夷(덴노를 숭배하고 오랑캐(서양)로부터 나라를 구하자)에 따른 충효관이 깊게 스며 있었다.

박정희는 이를 이어받아 메이지유신 이후 일본 유교를 한국의 전통 유교로 포장하여 적극 선전했다. 한국 유교가 박은식의 유교구신론儒敎求新論 이후 혁신을 이루지 못하고 점점 쇠퇴해 가는 가운데, 유신체제가 엉뚱하게 그 자리를 대신 차지하고 이를 정치적으로 활용한 것이다.* 이로써 한국 정신문화에 서양 문화 대신 일본 문화가 깊숙이 들어오게 되었다.

'군사부일체君師父一體'라는 말이 오랜 유교 이념으로 포장되어 대통령과 아버지와 교사는 하나라는 말이 진리인 양 퍼지고, 나라에 충성하는 것이 곧 부모에 효도하는 것이라는 충효 논리가 강조되었다. 원래 군사부일체는 스승이 임금이나 아버지만큼이나 중하다는 의미로 사용되었고,** 조선 유교는 충보다 효를 더 으뜸으로 여겼으니, 일본의 영향이라는 것이 명백했지만 아무도 이를 부정하지 못했다. 뭘 좀 아는 사람들은 그래서 군사부君師父일체가 아니라 군사부軍師父일체라며 비아냥대기도 했다.

### 썩은 정신을 개조하려면

박정희의 외래문화 추방은 미국 문화, 특히 미국 자유주의 문화를 겨냥했다. 앞서 살펴보았듯, 장발 및 미니스커트 단속과 대마초 금지 등은 히피 문화를 겨냥한 것이고, 외래어 금지도 영어에 집중되었으며, 미국의 록과 밴드의 노래도 탄압받았다. 그에 비해 일본 문화는 외래문화 추방의 적용 대상이 아니었다. 다마네기 같은 노골적인 일본말은 방송에서 제재를 받았지만, 일본식 한자 사용이나 일본 만화·일본 소설 등은 아무 제재도 받지 않았다. 70년대 유행한 요시카와 에이지吉川栄治의 소설《삼국지》가 정본처럼

---

* 유교를 종교로 삼는 신도는 1978년 400만 명에서 1985년 48만 명으로 격감하였다(《한겨레신문》1994년 10월 23일자. 종교별 교세 현황). 이는 유교를 종교로 여기던 세대가 노화하고, 그 다음 세대는 더 이상 유교를 종교로 여기지 않고 무교(종교 없음)로 기재하였기 때문이다.

** 《조선왕조실록》에 군사부일체는 겨우 4, 5차례 나오지만, 모두 스승이나 공자를 강조하는 의미로 사용되었다. "신이 젊어서 조식曺植을 섬겨 열어 주고 이끌어 주는 은혜를 중하게 입었으니 그를 섬김에 군사부君師父일체의 의리가 있고…" 《광해군일기》 3년 3월 26일 정인홍의 상소.

읽히고, 〈마징가〉와 〈들장미 소녀 캔디〉가 텔레비전을 점령하고, 《바벨2세》와 《황금박쥐》 만화가 서점을 장악해도, 일본식 한자로 버젓이 영화 제목을 '혹성탈출'이라고 번역하고 서울 시내 한복판에 간판을 올려도 아무런 제재를 받지 않았다. 이 때문에 일본 문화와 우리 전통문화를 혼동하는 사람들이 한둘이 아니었다.

민족을 강조한다며 일본 문화와 일본 군국주의 시대 가치관을 내세우는 시대에 한국의 역사학은 발전할 수 없었다. 역사학계는 '순수' 학문을 지향하며 실증주의적 연구에 매진하였다. 사학과 들어가면 데모한다고 어른들은 질색하기도 했지만, 정작 역사학자들은 정권의 반민족성을 비판하지 못했다. 고려대 강만길 교수 등 일부가 박정희 정권의 반민족성을 규탄했지만 그 세는 미미했고, 그 덕에 교과서 개정 때만 되면 친일이니 좌편향이니 양쪽에서 두들겨 맞는 동네북 신세가 되었다.

유신 시대 새마을운동과 새마음운동, 충효 교육과 민족 교육은 일제강점기 민족개조운동과 궤를 같이하는 것이었다. 한민족의 정신은 썩었으니 그 정신을 개조해야 하고, 따라서 국민은 얌전히 배워야 하고 정권은 가르치는 자이니 군사부일체 정신에 따라 복종해야 한다는 논리가 유신 독재의 논리였다. 그렇게 만들어진 70년대 권위주의 문화는 오래도록 위력을 발휘하고 있다.

〈국민교육헌장〉 선포식에 참석한 박정희 대통령. 1968년 12월 5일.

## 내 안의 독재

국민을 개조·계몽의 대상으로 보는 유신 시대 시각은 과연 오늘날 극복되었을까? 욕하면서 배운다고, 보수든 진보든 그 시대를 산 사람들은 국민을 어리석은 존재로 규정한다. 그래서 지금도 보수는 반대파를 북한의 선동에 놀아났다고 비판하고, 진보는 반대파를 보수 언론(조중동)의 선동에 넘어갔다고 비판한다. 상대를 선동에 넘어간 어리석은 사람으로 여기면, 상대의 주장을 분석하고 소통하고 대화로 풀어 나가는 것이 불가능하다. 선동에 넘어갔다는 것은 정상적인 논리나 이해가 없는 상태이니 아무리 대화하고 설득해도 변할 수 없기 때문이다. 이렇게 서로를 적대하고 개조 대상으로 보는데 어떻게 민주주의의 핵심인 사회적 합의가 가능하겠는가? 정말로 무서운 것은 독재의 시대를 산 사람들은, 독재에 저항한 사람들조차 독재의 논리에 익숙하다는 것이다. 7080세대로 불리는 40~50대라면 보수든 진보든 내 안에 독재의 논리가 남아 있지 않은지 성찰해 볼 필요가 있다.

# 35 하나님의 축복을 몽땅

## 조찬기도회

> 얼어붙은 저 하늘 얼어붙은 저 벌판 / 태양도 빛을 잃어 / 아 캄캄한 저 어둠의 거리 / 어디에서 왔나 얼굴 여윈 사람들 / 무얼 찾아 헤메이나 / 저 눈 저 메마른 손길 / 오 주여 이제는 여기에 _ 〈금관의 예수〉, 김지하 작사·김민기 작곡

교과서에 수록된 기독교 관련 내용은 대개 긍정적인 것들이다. 19세기 평등의 종교(김대건)로, 20세기 독립운동의 종교(주기철)로, 해방 이후 민주주의를 위한 종교(문익환)로. 하지만 그들은 매국노, 불령인不逞人, 빨갱이로 길거리에서 돌을 맞았던 기독교계의 일부였다. 그러면 또 다른 일부는 무엇을 했을까? 다수에 해당하는 그 '일부'는 가난과 고통에 시달리던 민중들이 "오주여 이제는 여기에"를 외칠 때 어디에 있었나? 탄압 속에서 교회를 지키기 위해 어쩔 수 없이 외면했을까? 그런 이들도 물론 있었을 것이다. 대단치 않은 삶을 사는 필자가 비판하기 어려운 또 다른 민초들이 많았을 것이다. 하지만 정말 죄 지은 이들도 있었다. 우상을 섬기고 이단과 함께한 자들이 있었다. 아주 '일부'겠지만, 분명히 반성해야 하는 자들.

### 정권의 친위대 구국선교단

1975년부터 구국선교단이라는 단체가 이른바 '구국기도회'라는 것을 시

작했다. 이 기도를 주최한 사람은 최태민이다. 그는 박근혜를 앞세웠다. 1975년 5월 12일 신문기사를 보자.

나라와 겨레의 통일을 위한 구국 기독 성도 대회가 11일 오후 5시부터 임진각에서 박근혜 양을 비롯한 각계 교파의 목사 신도 5천여 명이 참석한 가운데 열렸다. … 이 자리에서 구국선교단은 근혜 양을 명예총재에 추대하였다. — 《동아일보》 1975년 5월 12일자

이제는 다 알게 된 사실이지만, 최태민은 기독교 목사가 아니었다.[*] 그는 영생교(혹은 영세교)의 교주로서 불교, 기독교의 교리를 두루 섭렵하여 자신만의 신앙을 만든 '특수종교인'이었다. 그는 청와대, 특히 박근혜와 밀착했다. 그리고 육영수 여사가 죽고 박근혜가 실질적인 퍼스트레이디 역할을 할 때 새마음운동 등 정신운동과 종교 관련 정부 활동에 깊숙이 개입했다.

구국선교단 연합예배에 참석한 박정희 대통령 큰 영애 박근혜. 1975년 6월 1일.

그의 활동은 기독교를 정권의 친위대로 만들어야 할 필요에 의해 이루어졌다. 1975년 최태민이 구국

---

[*] "한국교회언론회가 '신학교도 제대로 나오지 않은 최태민 씨에게 목사 호칭을 붙이지 말라'고 촉구했다." 《조선일보》 2016년 10월 26일자.

선교단을 만든 것은 박정희의 의중에 따른 것으로 알려졌다. 구국선교단은 창립 직후 기독십자군을 만들었는데, 목사와 평신도를 망라한 20만 대원 조직화를 목표로 창립과 함께 기독교 10개 교단을 망라하여 선발한 목사 1백여 명에게 5019부대에서 2박 3일 동안 군사훈련을 받게 했다.

당시 최태민은 목사를 칭했고, 실체에 대한 논란은 있지만 대한예수교장로회 종합총회(예장종합총회) 교단의 총회장을 맡고 있었다. 그는 분명 목사로 활동했으며, 유신을 지지하는 기독교 세력을 결집시키는 역할을 했다. 그러면서 목사들에게 군사훈련을 시키고 각종 행사에 동원하였다. 박근혜의 격려사와 함께.

## 최태민을 따라다닌 목사들

일제강점기 신사참배 강요를 이기지 못해 목사들이 우상숭배에 나설 때 주기철 목사는 하나님을 두려워하라며 순교했다. 신사참배는 일본 덴노(천황)를 신으로 숭배하는 행위로 십계명(나 이외의 신을 섬기지 말라)을 어기는 행위였다. 일제는 덴노는 신이고 일본의 창조신화가 진짜라며 구약성서의 창조론을 거짓이라고 주장했다. 신사참배에 동원된 목사들은 이 주장을 수용했다. 목사들은 신년에 얼음물에 몸을 씻는 신도의 전통 의식을 수행하며 거짓 신앙을 참회하기도 했다. 그들은 교회를 지키기 위해서라며 주기철 목사의 꾸짖음에 귀를 막았다.

그로부터 40년 뒤 기독교 목사들은 또다시 정체불명의 특수종교인이 "이것이 진짜 신의 뜻"이라며 권력을 등에 업고 강요한 우상숭배를 묵묵히 따랐다. 군대에 가서 행군 훈련을 하고 사격 훈련을 하고, 집회에 나가 구호도 외치고 단체 헌혈도 하며 따라다녔다. 비록 최태민이 목사를 참칭했다 해

대통령 취임 축하 예배에 참석한 박정희 대통령 당선자.
1963년 12월 15일.

도, 그것이 하나님의 뜻과 같다고 생각했을까? 어차피 최태민이 나서지 않아도 누구라도 나서서 했을 일이라고 생각했을까? 유신 시대부터 1987년까지 국가를 위한 조찬기도회가 부쩍 잦아졌다. 박정희 대통령이 겨레와 민족을 잘 이끌어 주기를 기도하고 그를 보필하는 사람들에게도 하나님의 축복이 있기를 기도하는 모임이었다. 가장 성대하게 열린 것은 1969년부터 시작한 5월 1일의 연례기도회였는데, 호텔 같은 곳에서 국무총리 등 고위직 인사들과 목사·신도 등 5백~1천여 명이 참가했다. 물론 이런 기도회에서 독재와 억압에 대한 비판의 목소리는 없었다.

암울한 시절, 일부 종교인들은 권력과 결탁하여 부귀와 권세를 누렸다. 오늘날까지 그들이 참회했다는 이야기를 들은 적이 없다. 최태민은 목사가 아니니 목사라고 칭하지 말아 달라는 교계의 주장은, 2016년 최순실의 국정 농단 사태 이후에야 본격적으로 나왔다. 덮는다고 외면한다고 과거의 잘못이 사라지는 것이 아니다. 주기철 목사의 말처럼 모두를 속여도 하나님은 속일 수 없다. 70, 80년대 일부 종교인이 신 앞에 저지른 죄에 대한 참회가 있어야 할 것이다.

# 36 목숨 걸고 이겨라
## 양정모

(70~80년대) 스포츠 정책은 국제대회에서 메달을 딸 수 있는 소수의 엘리트 선수를 육성하는 데 중점이 두어졌다.

1976년 《경향신문》 독자들이 선정한 국내 10대 뉴스 1위는 양정모의 몬트리올 올림픽 금메달 획득이었다. 문화계 10대 뉴스가 아니라 국내 10대 뉴스 1위다. 참고로 2위는 북한 판문점 도끼 사건, 4위 신안 해저 보물 인양, 5위 신민당 내분 사태, 6위 2차 유정회 의원 선출, 7위 사상 최대 쌀 풍년, 9위 반상회였다. 국외 뉴스는 1위 미국 카터 대통령 당선, 2위 중국공산당 지도자 마오쩌둥 사망이었다. 북괴의 만행이나 국회의원 선출보다 올림픽 금메달이 더 중요하다니. 그게 왜 그렇게 중요했을까?

### 올림픽에서 벌어진 체제 경쟁

앞에서 언급했듯이 독재 정권일수록 국력과 국제대회 성적을 동일시하는 경향이 있다. 더군다나 경제성장을 어떤 식으로든 수치로 보여 줘야 직성이 풀리는 박정희 정권 입장에서, 올림픽 메달 개수는 정권의 업적을 포장할 너무나도 매혹적인 소재였다. 그래서 1976년 올림픽을 앞두고 박정희 대통령은 태릉선수촌을 직접 방문하여 선전을 당부하고, 배구선수 조혜정에게 "텔레비전에서 본 조 선수군. 잘 싸워라"라고 격려하는 등 세심한 배려를 아끼지 않았다.

태릉선수촌 개장 이후 한국 스포츠는 올림픽 메달권에 아주 가깝게 접근해 있었다. 1972년 독일 뮌헨올림픽에서는 유도, 레슬링, 복싱 등에서 좋은 성적을 기대했으나 복싱 출전 선수 6명이 모두 예선 탈락하는 등 의외로 높은 올림픽의 벽을 실감하였다. 유도에서 은메달을 하나 따고 여자 배구가 뜻밖에 4위에 오른 것이 성과라면 성과였다. 반면 북한은 사격에서 금메달을 따는 등 선전하여 '금 1, 은 1, 동 3'의 성적을 거두었다. 이때 북한 사격 금메달리스트가 표적을 적으로 생각하고 적개심에 불타 쏘았다고 인터뷰했다가 사과하는 촌극을 빚기도 했다.

1976년 몬트리올올림픽에는 소위 과학적 훈련법으로 단련한 국가대표들이 강한 의지를 품고 출전했다. 레슬링, 사격, 복싱, 유도 등이 주력이었고 여자 배구도 기대를 모았다. 하지만 역시 금메달은 어려웠다. 폐막을 하루 앞둔 8월 1일까지도 번번이 문턱을 넘지 못하고 주저앉았다. 유도에서 장은경이 결승에서 아깝게 패하면서 은메달을 따고, 여자 배구도 준결승에서 일본에 패해 결승 진출이 좌절되었다. 남은 것은 레슬링의 양정모뿐이었다. 북한도 공교롭게 복싱의 이병욱과 구용조만 결승에 진출하고, 전통적으로 강세를 보였던 사격, 여자 배구 등에서 모두 탈락했다.

결과는 남북한 공히 한 개씩의 금메달 획득이었다. 레슬링의 양정모가 결승에서 극적으로 몽골 선수를 물리치고 금메달을 땄고, 북한은 이병욱이 미국 선수를 꺾고 금메달을 땄다. 남북한 모두 스포츠를 체제 선전 도구로 적극 육성하던 터라 모두 기뻐했지만, 특히 종합순위에서 북한에 앞선 남한의 기쁨은 엄청났다. 이는 70년대부터 두드러지기 시작한 남북한 국력 격차를 상징하는 사건으로 받아들여졌다.

아무튼, 몬트리올올림픽을 기점으로 한국은 올림픽 종합순위에서 괄목할 만한 성장을 보인다. 1972년 뮌헨올림픽에서 종합순위 33위에 그쳤던 한국은, 1976년 몬트리올에서 19위, 1984년 LA올림픽에서 10위, 88년 서울올림픽에서 4위

제21회 몬트리올올림픽 한국 선수단 개선 환영대회에서 손을 흔드는 레슬링 금메달리스트 양정모 선수. 1976년 8월 3일.

를 차지했다. 금메달리스트가 점점 많아지면서 올림픽 때마다 온 나라가 만세 소리로 가득했다.

## 남한에 지면 아오지 간다지?

70년대 스포츠 육성 이면에 존재하는 체제 선전이란 곧 남북 대결을 의미했다. 몬트리올올림픽 출전 당시 뮌헨의 설욕을 드높이 외쳤듯, 한국이 꼭 이겨야 하는 상대는 첫째가 북한, 둘째가 일본이었다. 그래서 대규모 국제대회가 열리면 북한 성토가 꼭 이어졌다. 몬트리올올림픽 때에도 "북괴 축구팀 난동", "김일성 광고를 위해 막대한 외화 낭비" "기 죽은 북괴" 등의 기사가 신문을 장식했고, 선수들 역시 북한만 만나면 이기려고 필사적으로 싸웠다.

70년대 남북의 증오는 상상을 초월했다. 서로 상대 체제를 창피해했고, 특히 북한은 사회주의 국가로서 우월의식이 굉장해서 시상대에서 북한 선수들이 악수를 거부하는 모습이 종종 연출됐다. 뭐 묻은 개가 뭐 묻은 개 나무라는 격이기는 하지만 파시스트들과 악수할 수 없다, 우리가 진정한 진보적 사회주의자라는 우월의식은 남북관계를 더욱 악화시켰다. 남한에서는 북한 선수들이 남한 선수와의 시합에서 지면 아오지(강제수용소)에 갈 거라는 농담이 유행했다.

1978년 방콕 아시안게임 입장식이 텔레비전에서 중계되었다. 그때 북한 선수단이 입장하자 자막으로 그 모습을 가려 버렸다. 인공기를 가리기 위해서였을 텐데, 그것은 상대의 존재를 한 치도 인정할 수 없고 그들의 존재 자체가 수치스럽고 화가 난다는 표현과 다름이 없다. 그렇게 남북 스포츠는 체제 경쟁의 대리전이 되었고, 양쪽 모두 정말 목숨 걸고 싸웠다.

지금은 남북단일팀을 구성할 정도로 체제 경쟁으로부터 자유로워졌지만, 경기가 끝난 뒤 전해지는 비하인드 스토리를 들어 보면 아직도 그런 분위기가 남아 있는 듯하다. 언젠가 단일팀이 입장할 때 남북에서 한 명씩 기수를 뽑아 함께 단일기를 들게 되었는데, 남쪽 기수를 맡은 선수가 깃대 위를 잡아야 한다는 말을 들었단다. 그런데 막상 깃대를 잡으려 하니 북쪽에서 먼저 위를 잡으려 하기에 악착스레 자기가 위를 잡으려 해서 마침내 이겼다고 한다. 승부욕에 불타는 운동선수들이니 남북 갈등으로부터 완전히 자유로울 수 있겠는가?

올림픽이 체제와 국력을 선전하는 장이 되고, 또 상업주의에 지나치게 물들었다는 비판이 많다. 70년대 우리도 그런 지적으로부터 자유로울 수 없었다. 더군다나 남북 체제 경쟁이 가중되는 상황에서 엘리트 스포츠를 집중 육성하고, 1등만 기억되는, 은메달을 따도 죄인이 되는 이상한 스포츠의 세계에서 살았다. 스포츠는 그 자체만으로도 아름답고 훌륭하지만, 선수들의 의도와는 상관없이 정치에 얼룩진 것이 또 당시 스포츠 세계의 모습이었다.

# 미국을 흔든 초대형 스캔들
## 코리아 게이트

인권 탄압으로 국제적인 여론이 좋지 않자, 미국과 일본 등도 점차 박정희 정권과 거리를 두었다.

1976년 10월 25일 《워싱턴포스트》에 한국과 관련된 장문의 기사가 실렸다. 박정희 대통령과 한국 정부가 로비스트를 동원하여 미국의 정관계 주요 인물들에게 50~100만 달러씩 거액의 정치자금이나 이에 상당하는 선물을 주었다는 내용이었다. '코리아 게이트'로 불린 이 초대형 스캔들은 이후 김형욱의 청문회 증언과 실종으로 이어지며 한미 간 갈등을 최고조로 증폭시켰다.

### 주한미군 철수를 막아라

베트남전 패배 이후 미국은 독재국가와의 외교 관계를 재정립하고 주둔 미군 감축 및 철수를 추진했다. 주한미군은 북한의 남침을 막는 절대적 억지력이었으므로, 미군 철수는 박정희 정권의 최대 위기였다. 박 정권은 자다가도 외칠 정도로 반공을 부르짖었지만, 정작 북한과 싸워 이길 자신은 별로 없었다. 그렇다고 미국의 요구대로 민주주의를 할 생각도 없으니 할 수 있는 방법은 국민들이 피땀 흘려 번 돈을 뇌물로 바쳐 미군 주둔을 애걸하는 것뿐이었다. 이 일에 나선 사람이 박동선이었다.

박동선은 한국전쟁 이후 미국으로 유학 갔다가 아예 미국 국적을 취득한 재미교포였다. 60년대부터 각종 사업을 벌이고 70년대에 한남체인이라는 기업을 경영했던 그는 또 하나의 직업을 갖고 있었다. 바로 로비스트였다. 미국에서는 의회에 이익단체의 입장을 대변하고 설득하는 로비스트들이 많다. 박동선은 2000년대까지 로비스트로 왕성하게 활동하였고, 이라크 관련 로비가 문제가 되어 2007년 징역 5년형을 선고받기도 했다.

그는 한국에 미륭물산 사무실을 차리고 쌀 무역을 통해 많은 돈을 벌었다. 미국의 저가 쌀을 들여와 한국에서 비싸게 팔면서 한국 정치인들에게 정치자금을 건네고, 또 한국 정부의 부탁을 받아 미국에서 로비를 하고 그 대가를 받았던 것으로 보인다. 당연히 한국에서도 활발하게 활동을 펼쳐, 빙상연맹 회장으로 1976년 오스트리아 인스부르크 동계올림픽 한국선수단 단장을 맡기도 했다.[*] 박동선은 이후 미륭물산의 한남체인 합병으로 한동안 신문에 오르내리더니, 반년 뒤 코리아 게이트로 세상을 놀라게 했다.

## 정권 최대 위기는 넘겼으나

《워싱턴포스트》의 기사가 나오자, 정부는 국내 언론 보도를 금지시키는 한편 기사 내용을 전면 부인했다. 그러자 《워싱턴포스트》는 미국 CIA가 청와대를 도청해서 알아낸 사실이라고 보도했다. 청와대 도청은 명백한 주권

---

[*] "단장으로 간 박동선 빙상협회 회장이 개회식 직후 행방을 감췄다는 현지 소식에 따라 문교부에서 진상 조사를 지시하는 등 임원진의 자세가 한국 빙상의 후진성을 탈피하지 못하는 요인으로 지적되고 있다."《경향신문》1976년 2월 14일자.

코리아 게이트 사건으로 2차 심문을 받으러 검찰청에 출두하는 박동선. 1978년 1월 13일.

침해이므로 박정희 대통령도 격노했다. 박정희 대통령은 도청에 항의하는 한편, 코리아 게이트가 오해이자 모략이라고 적극적으로 해명했다. 또 국내 여론을 일으키고자 적극적인 보도를 주문했다. 이로써 언론에서도 코리아 게이트를 대대적으로 보도하기 시작했다.

《워싱턴포스트》의 최초 폭로가 있었던 1976년 10월 25일로부터 9일이 지난 11월 3일, 미국 대통령선거에서 공화당의 포드 대통령이 패배하고 민주당의 카터가 당선되었다. 인권을 강조하는 진보적 성향의 민주당 카터 행정부가 들어선 것은 박정희 정권에게 최악의 상황이었다. 이후 코리아 게이트는 2년을 끌며 한미 간 최대 쟁점이 되었다. 게다가 이 사건을 계기로 미국에 망명한 김형욱이 청문회에 출석하여 박정희 정부의 독재정치와 인권유린을 폭로하면서 한국 정부의 위상은 땅으로 떨어지고 국제사회에서 인권탄압국으로 제재를 받을 위기에 처할 정도로 궁지에 몰렸다.

박정희 정권을 살린 것은 70년대 말부터 불어온 신냉전 기류였다. 신냉전은 1979년 12월 소련의 아프가니스탄 침공으로 표면화되어 80년대 전반기까지 전 세계를 핵전쟁의 공포에 몰아넣었다. 카터 행정부는 결국 한·미·일 안보동맹을 강화해야 한다는 내부 목소리에 코리아 게이트를 흐지부지 덮어 버릴 수밖에 없었다. 그러나 코리아 게이트가 공식 종료된 1979년 8월로부터 2개월 후 10·26 사건으로 박정희 정권은 비극적인 최후를 맞게 된다.

코리아 게이트는 70년대 후반 한미 갈등의 정점에 있었던 사건이다. 여느 독재 정권이 그러하듯 박정희 정권도 인권에 대한 국제사회의 압력에 부당한 내정간섭이라며 저항했다. 하지만 그것은 불행한 말로를 재촉하는 길일 뿐이었다.

# 38 미루나무 한 그루가 빚은 참극
## 판문점 도끼 사건

박정희 정부는 북한에게 남북한 유엔 동시 가입과 호혜평등의 원칙에 따라 모든 국가에 대해 문호를 개방하자고 제안하였다(1973). 이듬해에도 남북한 상호불가침협정 체결을 제의하였고, 평화통일 3대 원칙을 발표하기도 하였다.

1976년 8월 18일, 미군 10명과 노동자 5명이 판문점 공동경비구역 안에 있는 미루나무를 제거하는 작업을 시작했다. 그러자 북한군 30여 명이 몰려와 미군과 노동자들을 폭행하기 시작했고, 이 중 몇 명이 노동자들의 도끼를 빼앗아 미군에게 휘둘렀다. 이 과정에서 미군 장교 2명이 사망하고 병사 4명이 중상을 입었다. 이를 '8·18 판문점 도끼 만행 사건'이라 한다.

### 통일 원칙 합의 후 이어진 극한 대립

유신의 배경에는 1972년 7·4 남북공동성명이 있었다. 1972년 남측의 이후락과 북측의 박성철이 합의한 7·4 성명은 평화통일 3대 원칙에 따라 남북조절위원회에서 남북통일 방안을 함께 논의하자는 역사적인 남북 합의였다. 그 엄청난 내용만큼 양측에 끼친 영향도 매우 컸다. 박정희 대통령은 통일정부에 사회주의가 침투하는 것을 막으려면 남한 국민이 똘똘 뭉쳐야 한다며 유신헌법을 통과시켰다. 즉, 명분상으로 유신헌법은 통일을 대비한 비상 헌법 체제였다. 북측도 주체사상에 입각한 김일성 유일 독재 체제를 완성시켰다.

7·4 성명이 구실이었든 진심이었든, 자기 체제로 상대를 흡수통일하려는 의도를 명백히 하는 계기가 되면서 이후 남북 대화는 파탄뿐이었다. 박정희 정부가 사회주의권 국가들과 외교 관계를 맺겠다는 6·23 선언을 발표하자, 북한은 이를 빌미 삼아 남북 대화를 깨 버렸다. 이후 박정희 정부가 남북 불가침협정을 제안했지만, 북한은 주한미군 철수를 주장하며 거부했다.* 그리고 양측 모두 점점 극단적 대립의 길로 나아가기 시작했다.

1975년 베트남 패망과 주한미군 철수 움직임으로 남북 긴장은 더욱 고조되었다. 이런 가운데 휴전선에서도 크고 작은 충돌이 이어졌다. 1976년 6월 최초로 실시된 한미연합 군사훈련인 '팀스피리트 훈련'은 불에 기름을 끼얹은 격이었다. 남북 간 전면전을 염두에 두고 실시하는 군사훈련은 북한이 보기에는 북침 훈련이었다. 특히 상륙 훈련은 김일성에게 인천상륙작전의 악몽을 일깨우기에 충분했다.

### 긴장으로 이득을 보는 사람이 있는 한

이런 상황에서 8·18 사건이 일어났다. 판문점 공동경비구역 남측 3초소와 5초소 사이에 있는 미루나무가 초소 간 시야를 가리자 이를 해결하기 위해 미루나무를 제거하기로 했다. 공동경비구역 내부에서 이루어지는 작업은 서로 양해를 구하는 것이 일반적이었다. '공동경비'구역이니까. 그런데

---

* 북측의 주장은 이렇다. 남북 불가침협정을 체결했는데 주한미군이 북한을 공격할 경우, 북한은 일방적으로 당하기만 할 뿐 반격할 수 없다. 따라서 주한미군이 철수하거나 남측에서 주한미군이 북한을 공격하지 못하도록 보장하라고 요구했다. 그러나 한국은 미군의 작전권에 간섭할 권리가 없었다.

이번에는 북측이 양해를 해 주지 않았다. 긴장이 고조되고 서로 감정이 악화된 상태에서 북측이 꼬인 속내를 드러낸 것이다. 미군은 이를 무시하고 18일 제거 작업을 강행했고, 그리고 사건이 터졌다.

미군 장교가 작전 중 사망했으니 전사로 볼 수도 있었다. 더군다나 당시 미국은 공화당 포드 대통령

판문점 도끼 만행 사건의 빌미가 된 미루나무 제거 작업. 1976년 8월 20일.

이 대선을 치르고 있었다. 미국은 벌에 쏘인 사자처럼 격노해서 항공모함 등 최대한의 전력을 모아 동해에 배치하고 북한을 윽박질렀다. 그리고 21일 미루나무를 제거했다. 북한이 미루나무가 잘리는 것을 지켜본 후 사과하면서 사건은 마무리되었다.

판문점 도끼 사건은 그 명칭의 살벌함만큼이나 대표적인 남북 충돌 사건이었다. 휴전선과 NLL(북방한계선) 등에서 여러 차례 군사적 충돌이 있었지만, 이 사건만큼 충격과 공포를 불러일으킨 사건은 없었다. 땅굴과 함께 70년대 반북 의식을 조장한 대표적인 사건이었다.

이 사건은 남과 북의 독재 정권이 정권 유지를 위해 억압 체제를 구축하면서 필연적으로 군사적 긴장을 계속 지속시킬 수밖에 없는 현실을 보여 주었다. 국민들이 내부의 문제로 눈을 돌릴 만하면 다시 외부로 관심을 돌리

는 식으로 항상 긴장 상태를 유지함으로써 권력을 보호한 것이다. 과거 북풍이니 총풍이니 하는, 남북한 양측이 짜고 긴장을 조성해서 선거에 유리한 상황을 만들려 한다는 의혹이 있었는데, 그 배경에 이때의 피해의식이 자리 잡고 있다고 할 수 있다.

판문점 도끼 사건은 미국 입장에서는 며칠 만에 해결된 간단한 사건이지만, 남북 정권 모두 이를 두고두고 울궈 먹었다. 북한은 판문점 사건으로 선포한 준전시 상태를 해제하지 않고 계속 유지함으로써 1974년부터 본격화된 김정일 세습체제 안정화와 전시경제를 위한 각종 국민 동원에 활용하였고, 박정희 정권 역시 1974년 제1땅굴, 1975년 제2땅굴, 1976년 판문점 도끼 사건, 1978년 제3땅굴 등 북한의 도발을 최대한 활용해 정권의 위기를 모면하는 데 이용하였다.

여기서 우리가 얻을 수 있는 교훈은 남북 긴장과 갈등이 자유와 민주 세

판문점 도끼 만행 사건 규탄 시민궐기대회, 1976년 8월 23일.

력에게 하등의 도움이 되지 않는다는 것이다. 갈등이 고조되면 충돌이 일어나게 되어 있고, 그때마다 국민들은 국가 안보를 걱정하고 긴장하지 않을 수 없다. 항시적 긴장 국면인 남북 분단 상황이 극복되지 않는 한, 남북 모두 자유와 민주는 불완전할 수밖에 없다. 이것이 80,90년대 통일운동의 배경이었으며, 이는 지금도 마찬가지다.

# 한국 자동차 수출 1호

## 포니 자동차

> 정부의 중화학공업화 정책에 힘입어 경공업 생산품의 수출에 의존하던 경제 구조에
> 중공업이 중요한 비중을 차지하는 혁신이 일어났다.

1976년 11월 현대자동차가 자체 브랜드인 '포니'를 에콰도르로 수출하면서 한국 자동차 수출 시대가 열렸다. 자체 브랜드 제품을 외국에 수출한 것은 아시아에서는 일본에 이어 두 번째로, 박정희의 중화학공업화 정책의 대표적 업적으로 평가받는다. '포니 신화'는 한국의 경제와 사회에 큰 영향을 미쳤다.

### '노가다' 현대의 노하우

한국 자동차산업은 외국 기술을 들여와 조립하는 수준이었고, 박정희 정권의 중화학공업 육성 정책에 따라 여러 회사들이 난립하는 중복 투자 상태였다. 이 중복 투자가 시정되지 않고 이어지다가 결국 1997년 IMF 사태 때 폭발하여 삼성자동차, 대우자동차, 기아자동차, 쌍용자동차 등이 도산하고 말았다. 이후 삼성은 프랑스 르노, 대우는 미국 GM, 쌍용은 중국 상하이자동차, 기아는 현대자동차에 매각되었다. 현재는 현대기아차가 사실상 한국

유일의 자동차회사로 군림하고 있다.

하지만 1997년 '폭망'하기 전까지 한국 자동차는 20년 정도 나름 잘나갔다. 세계 자동차 생산 6대 국가 중 하나였고, 국내 산업 분야 중 생산 능력과 고용 능력에서 최고 수준이었다. '대마불사'라고 하여, 한국 자동차산업은 국가경제에 미치는 영향이 너무 커서 국가가 관리하므로 절대 망하지 않는다는 속설이 있었고, 이 때문에 삼성이 무리하게 자동차 사업에 뛰어들었다는 것은 다들 아는 이야기다.

한국 자동차산업을 주도한 회사는 현대자동차였다. 현대도 처음에는 외국 기술을 수입해서 조립하는 수준이었지만 70년대부터 자체 기술 개발 및 브랜드 개발에 나섰다. 현대는 기술 이전에 인색한 서양 자동차회사 대신 일본 자동차회사와 기술 제휴를 해서 조금씩 개발을 진척시켰다. 현대의 자체 기술 개발은 90년대까지 외국과의 무역 분쟁 요인 중 하나였다. 어느 나라도 장차 라이벌 회사를 키우려 하지 않기 때문이다.

현대는 건설로 큰 '노가다' 회사였다. 정주영 회장을 '왕회장'이라 불렀고, 회장님이 화가 나면 계열사 사장들을 골프채로 두들겨 팬다는 소문이 돌 정도였다. 회장이 그러니 당연히 회사 문화도 거칠었다. 신입사원 연수 때 씨름 대회를 열고 극기훈련을 시키는 등 군대문화를 주입했고, 사내에서도 상하관계가 엄격해서 상사에게 구타를 당했다는 이야기도 많이 떠돌았다. 90년대 격렬한 노사 충돌의 원인으로 그런 문화가 지적되곤 했다.

하지만 노동자들 사이에는 같이 기름밥 먹는 처지로서 끈끈한 우정과 단결의 기풍이 강해서, 목표가 주어지면 함께 투쟁하고 일도 열심히 했다. 그런 것이 기술 개발에 적극적인 문화로 이어졌다. 자동차 같은 종합적이고 복잡한 기계 조립은 각 라인을 담당하는 숙련 노동자들의 창의력이 매우 중요하다. 대표적 사례로서 일본은 연구소의 기술 개발과 현장의 기술 개발이 4대 6 정도의 비율이라고 한다. 자동차 자체 기술 개발은 연구소의 힘으로만 이루어지는 것은 아닌 것이다.

## 포니가 열어젖힌 마이카 시대

하지만 현대의 기술로 세계 최고의 자동차 시장인 미국을 뚫는 것은 무리였다. 그래서 처음에는 남미와 동남아 등에 주로 수출했다. 1977년에 수출 1만 대를 돌파하고, 1983년 캐나다 시장에 이어 1986년 비로소 미국 시장에 진출했다. 미국 시장을 겨냥하여 야심차게 개발한 '엑셀'의 부진으로 처음에는 우여곡절을 겪었지만, 90년대 소나타가 돌풍을 일으키며 마침내 세계시장에서 현대의 깃발이 휘날리게 되었다. 이제는 미국 고속도로에서도 현대 자동차를 심심치 않게 볼 수 있다.

자동차 수출은 자가용 자동차에 목말라 있던 한국인들에게 대환영을 받았다. 박정희 정권이 무역수지 적자를 막고 한국 자동차산업 보호를 위해 외제차 수입을 엄격히 제한했기 때문에 돈 많은 상류층들도 자가용 타기가 쉽지 않았다. 정주영 회장의 장남이 현대자동차를 타고 가다 교통사고로 죽고, 삼성그룹 회장 아들이 푸조를 타고 가다 교통사고가 났는데 살았다는 이야기는 한국차에 대한 불신을 보여 주는 대표적 일화였다. 그래도 외국 시장에서 호평받는 자동차가 국내에서 생산된다니 희소식 중의 희소식이었다.

1976년까지 한국에서 가장 많이 팔린 자동차는 기아가 일본 기술을 들여와 만든 '브리사'였다. 기아는 일본 마쓰다와 기술 제휴하여 승용차 브리사와 승합차 '봉고'를 만들어 큰 성공을 거두는 등 높은 기술력을 자랑했다. 그러나 자체 기술 개발이 늦어지는 바람에 부품 국산화에서 좋은 업적을

국산 '포니'차 수출 선적. 1978년 4월 27일 경북 포항.

이룩했음에도 현대의 포니에 뒤처졌고, 1981년 전두환 정권의 구조조정 때 승용차 사업이 폐쇄되고 말았다.

아무튼 1977년부터 포니와 브리사 등이 자가용 자동차에 목말라 하던 중상류층의 수요를 충족시키며 점점 자가 운전자들이 늘어나기 시작했다. 1978년 포니는 4만 4천여 대(수출 포함)나 팔렸고, 기아 브리사는 1만 5천여 대, 새한 제미니는 6,790대가 팔렸다. 포니는 전년도 대비 119퍼센트의 신장률을 기록했다.

품질과 국산화, 기술 개발 수준에 대한 논쟁이 한동안 이어졌지만, 1976년 포니 신화는 한국 자동차산업에 한 획을 그은 사건이었다. 한국의 주력 수출 상품이 완성되었고 이를 토대로 국내 차 수요와 호응하여 90년대 마이카 시대, 레저의 시대로 나아갈 원동력이 만들어졌다. 또, 현대차 노조는 한국 노동운동의 메카로서 이후 노사문화에 중요한 족적을 남겼다. 이 모든 것은 기술 개발을 위해 노력한 모든 현대 노동자들과 한국 자동차를 사랑해 준 국민의 성원 덕이었다. 정부가 자동차산업의 발전을 박정희와 정주영의 공으로 돌릴 때, 노동자들은 현장에서 기술을 축적하고 성실히 일하며 풍요의 시대를 만들어 가고 있었다. 박정희가 죽고 정주영이 없어도 현대자동차가 굴지의 자동차기업으로 성장한 것은 당연한 결과였다.

# 40 유신 시대 만세선언
## 3·1 명동선언

1976년 재야 인사들이 명동성당에 모여 유신체제를 정면으로 비판하는 3·1 민주 구국선언을 발표하였다.

우리는 1919년 3월 1일 전 세계에 울려 퍼지던 이 민족의 함성, 자주독립을 부르짖던 그 아우성이 쟁쟁히 울려 와서 이대로 앉아 있는 것은 구국 선열들의 피를 땅에 묻어 버리는 죄가 되는 것 같아 우리의 뜻을 모아 민주구국선언을 국내외에 선포하고자 한다.

① 이 나라는 민주주의의 기반에 서야 한다. … 그러므로 긴급조치를 철폐하고 … 투옥된 민주인사를 석방하고 … 집회 출판의 자유를 국민에게 돌리라고 요구한다.

② 우리는 유신헌법으로 허울만 남은 의회정치가 회복되어야 한다고 주장한다.

③ 우리는 사법부의 독립을 촉구한다.

## 차라리 감옥에 들어가야

긴급조치 9호 선포 이후 1년 가까이 민주화 세력은 가혹한 탄압에 움츠러들었다. 9호 선포 직후 서울대생들이 반대시위에 나섰으나 총장이 교체되는 등 탄압이 가중되자 주춤했다. 장준하가 유신 반대운동을 기획하고 있었지만 1975년 8월에 의문의 죽음을 당하면서 이 또한 중단되었다. 야당인 신민당은 김영삼이 박정희와의 회담 이후 타협적 자세를 보인 데다 반김영삼 세력이 유신과의 협조를 주장하면서 야당다운 모습을 보이지 못했다.

그러나 1976년 들어 침묵은 깨졌다. 긴급조치 9호는 최소한의 지성과 양심이 있는 사회 지도자에게는 참을 수 없는 모욕이었다. 그들은 3월 1일 명동성당에서 민주구국선언을 발표하고 민주주의의 목소리를 높이 외치기로 결의했다. 마침내 문익환이 쓰고[*] 국내 주요 민주 인사들이 서명한 선언문이 3·1절 기념미사에서 낭독되었다. 그것은 선언문에서 밝혔듯이 일제의 억압에 맞선 3·1운동을 계승한 유신 시대의 만세선언이었다.

선언에 참가한 사람들은 당대 민주 인사를 대표하는 사람들이었다. 전 대통령 윤보선, 1971년 대통령 후보 김대중, 전 국회의장 정일형, 한국 지식인을 대표하는 함석헌, 장준하 이후 새롭게 재야 지도자로 나선 문익환 목사, 한국 최초 여성 변호사이자 여성운동의 신화였던 이태영, 천주교를 대표하는 문정현·함세웅·김승훈 신부, 기독교를 대표하는 문동환·이해동 목사, 학계를 대표하는 이문영·이우정·안병무 교수 등이 참여하였다.

---

[*] 김대중도 3·1 선언문을 준비하고 있었다. 김대중은 김수환 추기경에게 자신이 투옥됨으로써 국민들에게 새로운 전기를 마련해 주고 싶다고 말했다. 그러나 윤보선이 김대중의 선언문 대신 문익환의 선언문에 동의하는 바람에 문익환의 선언문이 중심이 되었다. 이 과정에서 김대중의 선언문과 절충했다는 주장도 있다(이유나, 《문익환의 삶과 분단극복론》, 선인, 2014).

비록 소수지만 정치·종교·여성·학문을 아우르는 대표자들의 선언은 국내외에 큰 반향을 일으켰고, 그만큼 정권은 큰 타격을 입었다. 박정희는 선언 주동자들을 모두 잡아들이라고 지시하는 한편, 정부 발표 외에는 어떠한 내용도 보도하지 말라고 했다. 김대중이 이 선언을 준비하며 자신이 감옥에 감으로써 새로운 전기가 마련되지 않겠느냐는 말을 했다는데, 과연 그 바람대로(?) 김대중은 끌려가서 아주 흉악한 죄인 취급을 받았다.

## 정부 전복, 정권 탈취를 달리 말하면

3월 10일 검찰은 "일부 재야 인사들의 정부 전복 기도 사건"을 발표했다. 그래서 이 사건은 '3·1 민주구국선언 투쟁'이 아니라 '3·1 명동사건'으로 더 많이 불린다. 서울지검 서정각 검사장은 "3·1절 기념 미사 행사장에서 민주 회복이라는 명목 아래 이른바 민주구국선언을 발표, 청중을 선동하여 시위를 촉발함으로써 민중봉기로 유도 확산시켜 사회를 혼란에 빠뜨리고 이를 이용하여 현 정부를 전복, 정권을 탈취할 것을 계획"한 사건이라고 발표했다.

어쩌면 이 발표 내용이 맞는 말일지도 모른다. 전 국민의 항쟁을 통해 독재 정권을 무너뜨리고 민주 정부를 수립하는 것이 목적이니 말이다. 단지 국민의 항쟁을 민중봉기와 사회 혼란으로, 독재 정권 타도를 정부 전복으로, 민주 정부 수립을 정권 탈취로 표현한 것으로 볼 수도 있다. 그러나 이는 단순한 표현의 문제가 아니다. 그것은 시대적 정의의 문제였다. 정당하지 못한 정부를 타도하는 것은 맹자의 역성혁명론에서부터 미국 독립선언까지 일관되게 관철되는 정의의 문제이다. 물론 우리는 역성혁명이나 미국의 독립 과정을 사회 혼란 조장, 정부 전복, 정권 탈취라고 표현하지 않는다. 시대적 정의와 부정의를 객관적이고 냉정하게 판단한 역사적 평가

민주구국선언문을 발표한 후 명동성당 앞에서 촛불시위를 하는 김대중. 1976년 3월 1일.

를 근거로 하기 때문이다. 마찬가지로 우리는 이를 바탕으로 당시의 검찰 발표를 비판할 수 있다. 저들의 표현일 뿐이라는 태도는, 역사가로서는 냉소적이고 바람직하지 않은 태도이니까.

박정희 정권은 자신에 대한 모든 도전을 반역으로 간주하고 엄벌에 처했다. 명동사건 관련자들도 중형을 면치 못했다. 1심에서 김대중·윤보선·함석헌·문익환 징역 8년, 정일형·이태영 등 9명에 징역 5년을 선고했고, 2심에서 8년형은 5년, 5년형은 3년으로 감형되었지만 실형을 면치 못했다.

명동사건은 김대중 등 해외에서도 인지도가 있는 유력 인사들의 민주화 요구 선언이라는 점에서 내외의 많은 주목을 받았고 여러모로 파장이 컸다. 유신 반대에 한동안 소극적이던 신민당 내 김영삼 세력이 다시 전열을 가다듬고 투쟁성을 회복하였으며, 노동운동과 학생운동 등 반유신 투쟁 진영의 활동도 점차 활기를 띠기 시작했다. 명동사건에 대한 가혹한 탄압으로 국제사회가 박정희 정권의 반민주적·반인권적 태도에 주목하면서 박동선 사건과 코리아 게이트 청문회 등 국제적 압력도 강화되기 시작했다.

탱크와 전투기로 무장한 군대의 서슬에 국민들이 움츠러든 1976년이지만, 그래도 3·1 명동사건 이후 조금씩 박정희 정권을 압박하는 분위기가 조성되었다. 그런 의미에서 이 사건은 긴급조치 9호 시대 가장 강력한 도전으로 평가할 수 있을 것이다.

## 41 땅 짚고 재벌 되기
### 럭키치약

> 경제성장 과정에서 재벌은 정부의 적극적인 지원을 받아 경제성장에 기여하였다. 그러나 이 과정에서 정경유착의 문제점이 나타났고, 재벌의 무리한 사업 확장으로 인해 부실기업이 생기기도 하였다.

70년대 태어난 사람은 어린 시절 유난히 쓴맛이 강했던 치약을 기억할 것이다. 착한 아이들은 그래도 꿋꿋이 이를 닦았지만 필자 같은 투정쟁이들은 소금을 고집하거나 이를 닦지 않고 버티기도 했을 것이다. 어머니는 그 치약을 정말 알뜰하게 써서, 치약을 다 쓰면 튜브를 가위로 오려 안에 묻어 있는 치약으로 이를 닦았다. 그 시절 치약에 얽힌 기억은 조금씩 달라도 사람들의 머릿속에 남아 있는 치약 이름은 한 가지뿐이다. 바로 럭키치약, 이유가 뭘까?

### 치약이 쓰고 비쌌던 이유

박정희 시대 경제성장은 기업 간 자유로운 경쟁도 규제하였다. 목표 수치를 달성하는 것 외에 다른 것은 생각할 수 없는 시대였다. 또 중화학공업 중심으로 육성하다 보니 소비재 산업이 위축되어 독점이 나타나기 쉬운 구조였다. 실제로 이런저런 이유로 소비재 산업에서 심각한 독점 구조가 발전하

1968년 락희화학공업사 럭키치약 150그램 광고.

였다.

70년대 1개 기업이 100퍼센트 독점하는 대표적 상품이 럭키치약이었다. 치약이 하나밖에 없다 보니 치약이 곧

럭키이고, 럭키가 곧 치약이었다. 그래서 럭키치약이 강렬하게 기억 속에 남은 것이다. 문제는 독점 구조니까 굳이 상품을 개발할 필요가 없었다는 점이다. 그 시절 치약이 약처럼 쓴맛이 강했던 것은 소비자의 기호보다 기능성에 치중했기 때문이다. 가격도 만만치 않았다. 1977년 당시 럭키 불소치약 150그램이 175원 정도였는데,[*] 요즘 국산 치약 150그램을 인터넷에서 400~500원 정도에 구입할 수 있으니 엄청난 가격임을 알 수 있다. 자장면 한 그릇이 500원, 강남 땅값이 평당(3.3㎡) 15만 원 수준[**]이었으니 어머니들이 왜 그토록 치약을 아꼈는지 알 수 있다(치약 1천 개로 강남 땅 1평을 살 수 있었던 것인데, 지금은 치약 1천 개 값으로 시골 땅 1평 사는 것도 만만치 않다).

독점기업은 정부와 결탁하여 가격과 공급을 마음대로 했다. 1개 사 독점으로 큰돈을 번 회사는 식용유의 동방유량, 커피의 동서식품, 자양강장제 동아제약(박카스), 간장의 샘표, 오토바이의 기아모터, 시멘트의 쌍용양회 등이 대표적이고, 2개 사가 100퍼센트 독점하는 품목은 분유(동서, 남양), 라면(삼양, 농심), 영양크림(태평양화학, 한국화장품), 조미료(미원, 제일제당), 설

* 〈부가세 시행 후 적용될 가격 변동 품목〉, 《매일경제》 1977년 6월 29일자.
** 〈서초동 기준 가격, '강남 부동산 붐 다시 일어'〉, 《매일경제》 1977년 10월 7일자.

탕(제일제당, 삼양) 등이 대표적이었다. 3개 사 독점은 가전제품, 껌, 맥주 등이었는데, 독점 품목이 가장 많은 기업은 럭키와 삼성이었다.

## 역시 국산은 안 돼

독점시장은 기업 입장에서 황금알을 낳는 거위였다. 덕분에 독점기업들은 굴지의 대재벌로 성장하고 그 지위를 유지할 수 있었다. 삼성,[***] 럭키(현 LG), 현대, 금성(현 GS) 등 현재 한국 대표 기업들이 모두 이 시절 소비재 독점판매로 막대한 이윤을 벌어들였다. 국산 제품에 대한 소비자들의 강한 불신도 이 시대에 형성되었다고 볼 수 있다. 현대자동차의 국산 차가 외국 수출품에 비해 품질이 떨어지고 AS도 형편없다는 의혹, 가전제품이 수출품에 비해 성능이 떨어진다는 의혹, 음식물이 선진국 기준과 비교할 때 유해 성분이 더 많다는 의혹 등이 끊이지 않는 것도 독점의 폐해를 겪은 기성세대의 뇌리 속에 강하게 박혀 있는 불신 때문일 것이다.

재벌들은 정부의 특혜와 독점에 따른 안정적 이윤으로 문어발식 팽창을 거듭하였다. 재벌들의 계열사는 계속 늘어나서 1979년 대우 25개, 삼성 23개, 현대 22개, 국제상사 22개, 럭키금성 20개, 효성 20개, 코오롱 18개, 선경 16개, 한국화약 15개, 한진 14개, 두산 14개, 롯데 13개[****] 등이었다. 재벌의 팽창은 전두환 정부 시절에도 계속되어 럭키금성 54개, 현대 31개, 삼성 31개, 대우 28개, 롯데 26개 등으로 계열사가 늘어났고, 이러한 무리한 확장

---

[***] 제일제당, 삼성전자, 동방생명(보험), 전주제지(신문용지) 등이 대표적인 독점 계열사였다. 훗날 제일제당은 CJ그룹으로 분리되었다.

[****] 〈한국의 재벌기업 계열회사군의 현주소〉, 《경향신문》 1979년 9월 4일자.

은 기업 부실로 연결되어 한국 경제의 큰 위험 요소가 되었다. 1985년 당시 재계 4위였던 국제상사가 해체되면서 경제에 큰 충격을 주었고, 1997년 한보에 이어 대우그룹이 부도가 나면서 나라가 IMF의 나락으로 떨어졌다. 무리한 팽창이 화근이 되어 나라 전체가 엄청난 구조조정의 고통을 겪게 되었고, 그 고통을 가장 앞에서 짊어진 사람들은 정리해고를 당해 길거리로 쫓겨난 노동자들이었다.

독점과 재벌의 팽창은 70년대 한국 경제의 특징 중 하나였다. 이러한 팽창은 국민에게는 생활경제의 어려움으로, 국가적으로는 특정 기업에 나라 경제가 의존하면서 리스크가 확대되는 것으로 나타났다. 이 모든 것이 쌓여 1997년 IMF 사태가 발생했으며, 아직도 우리는 청년실업과 비정규직 확대 등의 후유증 속에 어려움을 겪고 있다. 우리가 70년대 '경제성장'을 냉정하게 평가해야 하는 이유다.

# 가난 끝, 행복 시작?

## 수출 100억 달러 달성

> 3·4차 경제개발 5개년 계획의 결과, 중화학공업 생산액은 경공업 생산액을 크게 넘었고, 2차 산업의 비중이 1차 산업을 능가하게 되었다. 점차 수출도 증가하여 1977년에는 수출액이 100억 달러를 넘어섰고, 연평균 8.9퍼센트에 달하는 경제성장을 이루었다.

1977년 한국은 대망의 100억 달러 수출 목표를 달성했다. 12월 22일 정부는 장충체육관에서 100억 달러 수출 목표 달성 기념 수출의 날 행사를 갖고 현대조선 등 12개 업체에 '수출 1억불 탑'을 수여하는 등 총 886개 업체 및 유공자들에게 시상하였다.

수출 100억 불 달성 수출의 날 기념식에서 표창하는 박정희 대통령. 1977년 12월 22일.

박정희 대통령이 이날 치사에서 기업인은 종업원의 처우 개선과 복지 향상에 더 많은 관심을 기울일 것을 촉구했다. 한마디로 "가난 끝, 행복 시작"의 분위기였다. 그러나 그것은 박정희 정권의 종말을 예고하는 신호탄이기도 했다.

## 100억 불만 달성하면…

1972년 유신체제 출범과 함께 박정희 정부는 3 · 4차 경제개발 5개년계획이 마무리되는 1981년부터 한국은 선진국이 되어 복지국가로 접어들 것이라고 선전했다. 이때 제시한 목표가 바로 수출 100억 달러였다. 당시 기대했던 수출 100억 달러가 달성된 80년대의 모습은 어땠을까?

80년대 한국—복지가 약속된 10년 뒤 우리 살림
풍족한 국민소득 1인당 1천 달러, 이탈리아나 일본 같은 수준으로 여유있는 생활을 즐기게 된다. … 무역수지는 흑자 전환, 일부 후진국에 대한 개발 원조 … 전 국민이 자가용으로 고속도로를 이용 … 고속전철로 서울 부산 2시간 30분 만에 … 가정 경제는 먹고사는 데 쫓기는 생활 탈피 … 주2일 휴일로 레저 생활 급증… ─《경향신문》 1973년 1월 1일자

억압도 억압이지만 많은 국민들이 수출 100억 달러 이후의 번영을 믿고 (믿지 않을 수도 없었지만), 유신체제에서 정말 열심히 시키는 대로 일했다. 수출 100억 달러만 되면 이제 새로운 세상이 열린다는데 누가 마다하겠는가?

"번영에의 길 수출 100억 불"─《동아일보》 1972년 12월 14일자 국제실업 광고
"번영하는 조국과 함께 80년대 100억 불 수출 목표 달성에 주도적 역할을 담당할 철강공업"─《경향신문》 1973년 8월 14일자 동국제강 광고
"수출은 국력의 총화! 100억 불 수출 목표를 향하여 총진군!─《매일경제》 1974년 3월 16일자 동명목재상사 광고
"저희 한진그룹은 1977년도 100억 불 수출 목표 달성을 위한 수송작전에

총력을 기울이고 있습니다." — 《경향신문》 1977년 1월 1일자 한진그룹 광고

군사작전 구호를 방불케 하는 수출 100억 불 달성을 외치는 아우성이 터져 나왔다. 온통 100억 불 100억 불이었다. 그리고 마침내 1977년 100억불 수출을 '초과달성'하였다. 그렇다면 1978년, 이제 우리는 주5일 근무에 여유로운 레저를 즐기는 선진국 라이프 스타일을 누릴 수 있을 것인가? 하지만 박정희 대통령이 먼저 초를 쳤다.

### 그래도 허리띠를 졸라 매라고?

1978년 연두 기자회견에서 박정희 대통령은 지속적인 경제성장을 위한 투자 확대, 국제경쟁력 강화, 중소기업 육성, 저축 증대에 힘을 쏟겠다고 밝혔다. 의료보험제도를 제외하고 국민복지에 관한 이야기는 전혀 없었다. 노동시간 단축, 노동 환경 개선, 임금 인상, 고용 안정, 물가 안정, 독점 폐지 등 국민생활과 밀접한 경제 관련 정책도 없었다. '이전처럼 계속 해 나갈 것이니, 국민들도 이전처럼 계속 허리띠를 졸라 매라' 이것뿐이었다. 그리고 '희망찬 80년대'라는 구호가 수출 100억 불만 빠진 채 여전히 앵무새처럼 되풀이되고 있었다.

1978년 《동아일보》는 당시 분위기에서 이례적으로 정부의 경제정책을 비판하였다. 그 내용을 들여다보자.

금융기관 총대출의 30퍼센트가 중소기업에 돌아갔다. 하지만 요정도 중소기업인가? 그런 곳까지 들어간 돈을 합쳐 30퍼센트라고 하는 것이 의미가 있는가? … 경제란 계량으로 해결되는 것이 아니다. 국민들이 정부

의 정책을 믿으려 하지 않는다. … 목표 수치를 잡아 놓고 현실을 무시하고 목표 달성에 집착하다 보면 그 수치는 자칫 허구화되기 쉽다. … 지난 6월 수출 실적만 해도 그렇다. 6월 들어 29일까지 하루 평균 수출 실적은 3,150만 달러에 불과했다, 목표에 미달되리라는 것은 분명한 사실로 보였다. … 그러나 기적이 일어났다. 30일 하룻동안 1억 4800만 달러나 수출됐기 때문이다. … 상공부가 업체를 독려, 물품 통관과 은행 결제를 앞당기도록 채찍질했기 때문이다. … 1인당 GNP도 물가상승 때문에 이뤄진 측면이 더 큰 것이다. … 워낙 많이 속아 왔기 때문에 국민들은 좀처럼 정책을 믿으려 하지 않는다. —《동아일보》 1978년 7월 28일자

정부의 군사작전식 경제정책 추진, 숫자놀음식 경제성장에 대한 강력한 비판이 가해졌다. 그 비판의 근원에는 지켜지지 않은 약속에 대한 불만들이 있었다. 수출 100억 달러, 1인당 국민소득 1천 달러가 달성되었어도 나아지지 않는 생활경제가 국민들을 자극한 것이다. 2016년 아무리 한국이 세계 10대 경제대국이어도 청년실업, 비정규직, 저출산 고령화 어느 문제 하나 해결 못하는 무능력한 정부에 분노가 폭발해 끝내 대통령이 탄핵된 것처럼, 국민이 원하는 경제성장은 생활경제 개선과 삶의 질 개선이지 숫자놀음이 아닌 것이다.

박정희식 경제성장이 국민들의 생활경제 향상과 동떨어진 숫자놀음에 머무르면서 정권은 궁지에 몰릴 수밖에 없었다. 그것이 1978년 2차 오일쇼크와 1979년 경제불황으로 이어지면서 10·26의 비극으로까지 내달리게 된다. 이 역사를 정확히 이해했다면 그 딸이 또다시 아버지에 이어 비정상적으로 대통령직을 마치지는 않았을 텐데.

# 43 콩나물 교실의 추억
## 도시화와 인구 집중

> 산업화가 급속히 진행되면서 … 사람들은 일자리가 줄어든 농촌을 떠나 도시로 몰려들었다. 특히 1970년대 이후 정부가 경제개발의 거점으로 삼았던 수도권과 영남 공업지역의 인구가 크게 증가하였다.

필자가 다녔던 광진구 군자동 장안초등학교(당시는 성동구 군자동 장안국민학교)는 한 교실에 학생이 80명이나 되었다. 남자 40명 여자 40명이 한 교실에서 바글거렸다. 그나마 5,6학년은 1부제였지만, 1학년부터 4학년은 2부제였다. 2부제란 오전반과 오후반으로 나누어 학급을 운영하는 것이다. 학생은 많은데 교실이 부족하니까 한 교실을 오전에는 1반부터 5반이 쓰고, 오후에는 6반부터 10반이 쓰는 식이었다.

좁은 교실에 많은 학생을 수용하다 보니 책상도 1인용이 아닌 2인용이어서 가운데 금을 그어 놓고 짝이 선을 넘어오면 다툼이 벌어지고, 책상과 책상 사이가 좁아서 뒷자리 학생이 앞으로 나오려면 책상을 밀어 공간을 만들어 주느라 부산했다. 발표수업을 하려 해도 발표할 학생이 앞으로 나가기가 어려웠다. 이를 일컬어 '콩나물 교실'이라고 했다. 2부제 수업과 콩나물 교실을 한국인들의 높은 교육열로 설명하는 사람들이 있다. 하지만 당시 농촌 교실은 비어 가고 있었다. 그것은 교육열이 아니라 농촌 파괴의 결과였다.

1976년 6월 24일 경복초등학교 교실의 수업 모습.

## 서울과 영남의 인구 폭발

해방 이후 서울 인구는 가히 폭발적으로 증가했다. 1940년대 70만 명 수준이던 서울 인구는 1949년 140만 명, 1960년 245만 명, 1970년에는 540만 명, 1980년에는 840만 명으로 늘었다. 80년대부터 서울 인구 억제정책이 추진되어 증가세가 둔해졌지만 1987년 1천만을 넘어섰고, 현재까지 그 수준을 유지하고 있다.

서울의 인구 증가는 출산에 따른 자연 증가가 아니라 이주의 결과였다. 한국전쟁 직후에는 월남민 정착이 인구 증가의 주된 요인이었고, 60년대 이후에는 공업화 때문이었다. 농촌에서 도시로의 탈출은 새마을운동이 시작된 70년대 이후 더 심해졌다. 정부의 중화학공업 집중 투자로 일자리가 도시, 그중에서도 수도권과 영남에 집중되면서 농촌이 소외됐기 때문이다.

부산은 1963년 130만 명, 1970년에 180만 명이었는데, 1980년 310만 명으로 늘었다. 대구는 1960년 67만 명, 1970년 106만 명, 1980년 160만 명으로 증가했다. 울산의 경우 1960년 21만 명, 1970년 27만 명이던 인구가 1980년 53만 명, 1990년 80만 명으로 폭발적으로 증가했다. 반면 호남의 광주는 1960년 40만 명, 1970년 60만 명, 1980년 85만 명으로 소폭 증가했고, 큰 도시가 없는 전라북도는 1960년 240만 명, 1970년 243만 명이던 인구가 1980년 오히려 228만명으로 감소했다. 같은 기간 경상남도는 부산과 울산을 제외하고도 인구가 1960년 290만 명*에서 1970년 312만 명, 1980년에는 332만 명으로 소폭 상승했다.

서울과 영남의 인구 폭발 및 호남의 인구 감소는 이미 예고된 일이었다. 박정희 정권이 경부고속도로 건설 계획을 발표했을 때, 국회에서는 경부선 라인에서 소외된 지역이 낙후될 거라는 경고를 여러 차례 했다. 그러나 박정희 정권은 반대를 위한 반대라며 일축했다. 당시 정권은 불균형 개발과 빈부격차 등으로 인한 사회적 비용 발생을 고려하지 않았다. 오직 기업의 매출 증가=경제성장이라는 도식에만 얽매여 최대한의 효율성만 고려해 정책을 밀어붙였다.

### 새마을운동도 못 살린 농촌을 떠나

중화학공업 육성을 위한 저임금 노동력 확보 정책으로 새마을운동도 실패할 수밖에 없었다. 저임금 체제를 유지하려면 저곡가가 필수였기 때문이다. 농촌에서는 생산비도 건지기 힘든 저곡가에 파산하는 농민이 속출했고,

---

* 1960년까지 경상남도 인구는 부산을 포함하여 420만 명 정도로 발표하였다. 〈밝혀진 우리나라 총인구〉, 《경향신문》 1961년 4월 29일자.

가난의 굴레를 벗어날 수 없는 처지를 한탄한 농촌 젊은이들이 도시로 몰려가 노동력 공급 과잉 상태를 만들었다. 그들은 저임금이라도 받으며 노동해야 했고, 그 저임금으로 살려면 곡물값이 낮아야 했기 때문에 저곡가 정책을 환영했다. 악순환의 수렁이었다. 새마을운동은 농촌 살리기에 실패하면서 물질적 개선 운동이 아니라 정신적 개조운동으로 변질될 수밖에 없었다.

결국 중화학공업 육성 위주의 3·4차 경제개발 계획이 경부고속도로 건설에 따라 수도권과 영남 지역에 집중되면서 지역 불균형과 농촌 파괴 및 급속한 도시화로 이어졌다. 이로써 80년대 전체 인구 4천만 중 25퍼센트인 1천만 명이 서울에 몰렸고, 1999년에는 4,700만 인구의 절반에 가까운 45퍼센트의 인구(2,100만 명)가 수도권에 몰리는 대인구 집중이 일어났다.

콩나물 교실과 2부제 수업은 한국의 교육열이 아니라 경제성장을 속도전으로 밀어붙인 정책의 부산물이었다. 그 시절 학생들은 숨 쉬기도 어려운 좁은 교실에서 통제를 목적으로 오직 질서만 외치는 선생님들의 몽둥이에 시달리며 소년 시절을 보냈다.

필자가 1998년 처음 부임했을 때 한 교실에 60명이 수업을 받았다. 지금 그 교실에서 35명이 수업을 받고 있고, 조만간 25명 이하로 줄 것이라 한다. 저출산에 따른 급속한 인구절벽으로 교실당 학생 수가 OECD 평균 이하로 떨어질 것이라고 한다. 한국 학교도 이제 선진국 수준이 되었다고 기뻐해야 할까, 아니면 저출산의 늪에 빠진 것을 우려해야 할까? 교실은 사회의 축소판이며, 아이들은 어른들의 욕망에 가장 직접적인 영향을 받는 존재들이다. 사회의 문제가 무엇인지 알고 싶을 때 교실을 들여다봐야 하는 이유다.

# 미국 초능력자 대인기

## 〈600만 불의 사나이〉

1970년대 급속히 보급된 텔레비전은 대중문화의 총아가 되었다.

1977년 봄 TBC는 월요일 밤 10시에 〈600만 불의 사나이〉를 방영하고, MBC는 금요일 밤 10시에 〈특수공작원 소머즈〉를 방송했다. 〈600만 불의 사나이〉는 사고로 팔 다리를 잃은 주인공 스티브가 인공 눈, 인공 팔과 다리로 초인적 힘을 얻어 정의를 위해 싸우는 드라마였고, 〈특수공작원 소머즈〉도 소머즈가 사고로 팔 다리를 잃은 뒤 인공 귀, 인공 팔 다리를 얻어 초인적 힘을 내 정의를 위해 싸우는 드라마였다. 70년대 수많은 어린이들을 '뚜뚜뚜뚜뚜' 입으로 기계음을 흉내 내며 장독대에서 뛰어내리게 만든 이 미국 드라마는 70년대 한국 풍경의 한 편을 차지했다.

### "나중에 원더우먼이 될래요"

아무리 박정희 대통령이 박동선 사건으로 미국과 불편한 관계에 놓이고 외래 퇴폐문화 추방을 외쳐도 한국은 미국에 의존하는 나라였다. 1972년 한국 수출의 46.8퍼센트를 미국 수출이 차지했고, 주한미군 2개 사단이 한국 국방력에서 절대적 지위를 차지하고 있었다. 무엇보다 한국이 모델로 삼은 잘사는 선진국이 미국이었다. 입으로 자주국방을 외치고 자립경제를 내세워도 미군이 철수하거나 미국이 물건을 안 사 주면 단 하루도 살아갈 수 없는 구조였다. 박동선의 코리아 게이트도 주한미군 철수를 막아 보려 한 로비 활동이 아니었던가.*

대중문화의 총아인 텔레비전은 이러한 현실을 대표적으로 보여 주고 있었다. 패티김을 김혜자로 부르고 알파벳 간판을 철거해도 텔레비전의 인기 드라마는 대부분 미국 드라마, 요즘말로 '미드'였다. 1977년에 방영한 인기 미드 〈600만 불의 사나이〉, 〈특수공작원 소머즈〉, 〈날으는 원더우먼〉(TBC), 〈초원의 집〉(MBC), 〈전투〉(TBC), 〈얼굴 없는 사나이〉(MBC), 〈월튼네 사람들〉(KBS), 〈내 사랑 지니〉(MBC) 등이 평일 10시, 주말 5시에 고정 편성되었다.

〈600만 불의 사나이〉 오프닝 화면.

그중에서도 특히 인기를 끈 드라마는 초능력자 이야기였다. 〈얼굴 없는 사나이〉나 〈투명인간〉은 눈에 보이지 않는 능력을 갖고 있는 인간 이야기였고, 원더우먼은 지금도 인기

---

* 박정희가 미국의 압력에 분노해 핵 개발에 나섰다는 말들이 많지만 현실적으로 불가능한 이야기다. 핵이 누구를 위한 억제력인가의 문제 때문이다. 미군이 주둔하고 있고 앞으로도 계속 미군이 주둔하기를 원하는 나라에서 미국이 반대하는 핵을 보유한다는 것이 과연 타당한 논리일까? 또 평양과 서울이 겨우 200킬로미터밖에 떨어지지 않은 상태에서 핵이 남침 억제력일 수 있을까? 박정희 핵 개발 주장은 어디까지나 주한미군 철수를 막기 위한 것이었고, 그래서 주한미군 철수 논의가 수그러진 80년대에 핵 개발 논의는 자연스레 사라질 수밖에 없었다.

있는 아마존 초능력자 이야기다. 이 드라마들이 얼마나 인기가 많았는지를 보여 주는 조사가 있다. 1977년 12월 서울 시내 초등학생 600여 명을 대상으로 가장 좋아하는, 부러운, 인기 있는 사람을 뽑으라고 하자, 남자 어린이는 차범근과 600만 불의 사나이를, 여자 어린이는 혜은이(가수), 원더우먼, 이에리사 순으로 꼽았다.** 아이들이 드라마 주인공들을 흉내 내다 사고를 일으키는 일도 심심찮게 일어났다. 다섯 살짜리 남자아이가 600만 불의 사나이를 흉내 내며 5.8미터 아래로 뛰어내려 사망했고(9월), 네 살 여자아이가 원더우먼 흉내를 내며 6미터 아래로 뛰어내려 중상을 입고 중환자실에 입원하기도 했다(12월). 물론 그렇다고 해서 해당 드라마가 방영 중지되지는 않았다.

## 미국이 싫은, 그러나 필요한

초능력자도 다 같은 초능력자가 아니었다. 원더우먼이나 투명인간, 램프의 요정 지니는 판타지일 뿐 현실적이지 않았다. 그러나 〈600만 불의 사나이〉의 스티브나 소머즈는 기계 팔과 다리를 통해 과학적으로 능력이 부여되었기 때문에 현실적으로 보였다. 아이들은 그것을 현실이라 생각했고, 어른들도 머지 않은 미래에 가능할 법한 일로 생각했다. 그 저변에 깔린 생각은 미국에 대한 숭배 의식이었다. 미국은 과학기술이 세계에서 가장 발달한 나라이고, 그 수준이 굉장하다고 여겼기에 스티브나 소머즈의 현실성에 공감할 수 있었던 것이다.

이런 인식의 일단을 살펴볼 수 있는 사례가 있다. 당시 한국의 미래소설

---

** 〈어린이들의 우상은 누구…〉, 《동아일보》 1977년 12월 29일자.

을 보면, 미래 세계를 지배하는 것은 여전히 미국이고 국제적 팀을 만들면 팀장은 대부분 미국인이 맡았다. 앞에서 살펴본 아이디어회관의 SF소설들에서도 우주선 선장이 미국 소설에서는 미국인, 일본 소설에서는 일본인인데 유독 한국에서는 선장이 미국인인 경우가 종종 있었다. 한국 작가가 쓴 SF소설 자체가 많지 않아서 일반화시킬 수는 없지만, 한국 우주선에 한국 선장과 다국적 선원(미국인 포함) 구성이 등장하는 경우는 매우 드물었다.[*]

미국에 대한 동경은 민주주의나 생활수준뿐만 아니라 과학기술에 대해서도 절대적이었다. 그래서 미드, 그중에서도 시간적 배경은 현대지만 첨단 과학기술이 핵심인 〈600만 불의 사나이〉, 〈전격제트작전〉(말하는 자동차 키트), 〈에어울프〉(최강의 전투 헬기) 등이 큰 인기를 누린 것이 아닐까 싶다. 그런 동경은 박정희 정권으로서도 어쩔 수 없는 것이었고, 그런 의미에서 국방과 무역을 미국에 의존하는 박 정권의 반미적 자세는 모순 그 자체였다. 민족주의를 앞세웠던 박정희 정권이지만 자립경제와 자주국방 없는 민족주의는 허구일 수밖에 없었고, 현대 자본주의사회에서 민주와 복지를 외면한 정권이 자립과 자주를 실현한 사례는 전무하다. 그래서 국민들은 미국을 동경하고 영어를 배우고 미국 유학을 꿈꾸었고, 여전히 박정희 추종자들은 민족의 선구자 박정희를 외치면서 성조기를 들고 거리로 나가고 있는 것이 아닐까?

---

[*] 보그트가 쓴 〈비이글호의 모험〉이라는 SF소설에는 미국인 선장에 일본인 과학자와 한국인 장 박사 등 다양한 인종이 등장한다. 미국에서 가장 유명한 드라마 시리즈 〈스타트랙〉도 미국인 선장 밑에 외계인, 영국인, 흑인, 러시아인, 일본인 선원들의 모험 이야기로 시작되었다. 한국에서는 이런 인물 구성이 드물다.

# 45 명화극장과 〈영자의 전성시대〉

영화

> 1970년대에는 텔레비전이 보급되며 〈여로〉와 같은 텔레비전 드라마가 크게 인기를
> 얻은 반면 영화의 위상은 많이 떨어졌다. 당시에는 정부가 개입하여 반공 계몽 영화
> 들이 많이 제작되었고, 〈별들의 고향〉처럼 시골에서 올라와 술집에서 일하게 되는
> 여성들을 그린 영화가 유행하였다.

짠 짠 짜자자자자짜자잔 짜 짠~.

글로는 표현하기 어려운 선율, 일요일 밤 9시 50분이면 온 가족이 텔레비전 앞에 모여 앉아 들었던 KBS '명화극장'의 오프닝 음악. 영화 〈바람과 함께 사라지다〉의 OST 〈타라의 테마Tara's Theme〉는 70년대 가난한 국민들이 누렸던 가장 호사스러운 문화생활을 상징하는 시그널 멜로디였다. 이와 함께 토요일 MBC '주말의 명화'의 오프닝(〈엑소더스〉 OST) 음악을 들으면서 많은 사람들이 주말 밤마다 영화의 세계에 빠져 고단한 일상을 잠시 잊곤 했다.

### 안방에서 옛날 영화를 보다

70년대 영화계는 최악의 상황이었다. 검열로 인해 자유로운 창작이 불가능해지면서 사람들의 관심을 끌 만한 영화 소재가 절대적으로 부족했다. 한국전쟁을 다룬 영화를 만들다 북한군을 미화했다고 잡혀가고, 빈민의 생활을 묘사했다가 한국을 비하하고 북한 체제를 찬양했다고 잡혀갔으니, 이런

나라에서 어떤 영화를 만들 수 있었겠는가?

그래서 영화들은 하나같이 밋밋하고 스토리도 천편일률적이었다. 60년대 홍콩 영화와 함께 아시아를 주름잡던 한국 영화는 70년대 들어 한국인조차 보지 않는 3류로 전락했다. 궁여지책으로 제작된 것들이 〈고교 얄개〉같은 청춘영화와 베스트셀러를 영화화한 작품(〈별들의 고향〉, 〈겨울여자〉) 정도였다. 김기영 감독의 〈하녀〉(1960), 〈충녀〉(1972) 같은 문제작은 더 이상나올 수 없는 분위기였다.

박정희 정권의 달러 유출 금지 정책 때문에 외국 영화를 자유롭게 수입할수도 없었다. 영화관에서는 〈벤허〉 등 흘러간 옛 영화들이 재개봉되기도 했다.[*] 비싼 최신 흥행 영화를 수입하기 어려워 1977년 전 세계를 강타한 〈스타워즈 4: 새로운 희망〉과 1975년 스필버그 감독의 대표작 〈죠스〉는 1978년 여름에야 겨우 한국에서 개봉할 수 있었다.

그러다 보니 약간 흘러간 명작 영화를 엄선해서 보여 주는 '명화극장'과'주말의 명화'는 훌륭한 작품들을 즐길 수 있는 좋은 기회였다. 온 가족이 둘러앉아 '아이스케키'나 구운 떡 조각을 하나씩 우물거리며 로렌스 올리비에의 〈햄릿〉이나 엔리오 모리코네 음악의 〈석양의 무법자〉를 보고 있노라면(비록 흑백이지만) 편안하고 행복했다. 혹자는 텔레비전 영화는 편집된 부분이 많았다고 불평할지 모르지만, 80년대까지는 개봉관 영화도 잘려 나간부분들이 많아서 큰 차이가 없었다. 또 명화극장과 주말의 명화는 모두 한국인 성우가 더빙해서 대사를 들려주었기 때문에 독특한 영화의 맛을 즐길

---

[*] "요즘 들어 서울의 몇몇 개봉 극장들이 이미 개봉해 몇 차례 상영했던 대작 영화들을 다시 되돌리고 있다. 〈바람과 함께 사라지다〉는 네 번째, 〈대부〉는 세 번째, 〈벤허〉는 72년 재수입한 뒤 세 번째⋯." 《동아일보》 1977년 5월 28일자.

수 있었다. 배우의 대사 연기를 들을 수 없다는 점이 좀 아쉬웠지만, 그 대신 자막으로 느낄 수 없는 독특한 매력이 있었다.**

## 시대의 아픔 품은 '호스티스 영화'

이런 상황에서 주목할 만한 한국 영화의 흐름이 등장한다. 〈영자의 전성시대〉가 대표적인 영화이다. 〈영자의 전성시대〉는 김호선 감독이 1975년 만든 작품으로, 1974년 〈별들의 고향〉으로 촉발된 이른바 '호스티스 영화'의 연장선에 놓여 있었다. 호스티스 영화란 술집 여자를 주인공으로 한 성인물 영화를 뜻하는데, 〈영자의 전성시대〉의 주인공 영자는 당시로서는 상당히 도발적인 캐릭터였다.

'영자'라는 이름에서 드러나듯, 그녀는 시골에서 무작정 상경한 이른바 '촌년'이었다. 부잣집 식모로 들어갔으나 주인집 아들에게 강간당한 뒤 쫓겨났고, 공장에 취직하지만 노동 착취에 시달리다 쫓겨나 술집 여자가 된다. 그곳에서도 나와 버스안내양이 되지만 또 쫓겨나고 마침내 창녀로 전락하고 만다. 〈별들의 고향〉과 마찬가지로 술집 여자 이야기지만, 〈별들의 고향〉의 경아가 진흙 속의 진주 같

영화 〈영자의 전성시대〉 포스터.

---

** 자막은 읽는 속도 때문에 대사를 많이 압축하는 문제가 있다. 특히 우디 앨런 영화와 같은 속사포 대사를 자막으로 담는 데는 한계가 있다. 하지만 당시에는 성우가 인기 직종이어서 아주 우수한 성우들이 많았다.

은 순진무구한 캐릭터라면, 영자는 70년대 도시 하층 여성들이 겪던 사회적 고통을 모두 뒤집어쓴 아픔의 캐릭터였다.

이때부터 제한된 환경 속에서 최소한의 사회고발적 성격을 갖는, 에로와 사회를 적당히 섞은 형태의 호스티스 영화가 종종 등장하였고, 1987년 이후 사회고발적 에로영화들(〈서울무지개〉 등)로 발전하는 배경이 되었다. 이제는 더 이상 이런 애매한 장르가 필요 없게 되었지만, 통제와 검열로 창작의 자유를 잃은 시대에는 소중한 작품이었다.

# 46 독재 정권에 보낸 비상경고
## 이리역 폭발사고

> 비행기 추락사고, 삼풍백화점 붕괴, 한보 부정사건, 법안의 날치기 통과, 영웅이 된 쿠데타 주역, 재벌의 탐욕, … 한국적 위험사회의 이러한 징후를 한상진 교수는 돌진적 근대화의 부작용이라고 분석한다. _ 〈위험사회론 한국 비상벨은 울렸건만〉, 《동아일보》 1997년 12월 21일자

1977년 11월 11일 저녁 9시 15분경, 전라북도 이리역(현재 익산시)에서 엄청난 폭발이 일어났다. 40톤의 고성능 폭약이 폭발하며 일으킨 충격파가 반경 4킬로미터를 휩쓸었다. 반경 500미터 이내 건물들이 모두 파괴되고 충격파 안에 있던 건물들이 부분적으로 파손되었으며, 폭음이 반경 8킬로미터까지 퍼졌다. 이리시의 모든 전기가 나가 도시가 암흑에 빠진 채 곳곳에서 솟아오른 불길과 살려달라는 비명이 뒤엉키는 지옥도가 펼쳐졌다. 이 사고로 59명이 죽고 1,300여 명이 중경상을 입었으며 9,500여 채의 건물이 파손되었다. 이 엄청난 사고는 폭약을 실은 기차 화물칸에 켜 놓은 촛불 하나 때문에 일어났다.

### 자장면 한 그릇 값의 급행료 때문에

원래 폭약을 실은 기차는 역 구내에 정차할 수 없고 기차역을 그대로 통과해 가야 한다. 그러나 당시 화약을 실은 화물 기차(화차)는 이리역 구내에

폭발 사고 직후 이리역 주변(익산문화관광재단).

서 22시간을 대기했다. 왜? 급행료를 주지 않았기 때문에.

당시에는 이른바 '급행료'라는 것이 만연해 있었다. 일을 처리해 달라고 주는 일종의 뇌물로서, 관공서의 고질적 비리 관행이었다. 동사무소에서 주민등록등본을 떼려 해도 급행료를 직원에게 쥐어 주지 않으면 "대기자가 많습니다" 따위의 말을 들으며 하루 종일 기다려야 했고, 청소부에게도 돈을 쥐어 주지 않으면 쓰레기를 치워 가지 않았다. 국민들은 분통을 터뜨렸지만 공무원의 복종과 협조가 절대적으로 필요했던 독재 정부는 이를 눈감아 주었다. 그래서 독재와 부패는 쌍둥이인 것이다.

이리역 화차가 지불해야 할 급행료는 5백 원 정도로 그리 큰돈은 아니었다. 그런데 이 돈을 주지 않아 대기하고 있는 사이 연달아 5개 화차가 먼저 역을 통과해 갔고, 화차 담당인 호송원이 단단히 화가 나서 술을 마시고 들어가 초를 켜 놓고 잠이 들었다. 화약 근처에서는 절대 불을 켜서는 안 되지만 호송원은 안전교육을 받은 경험이 전무했다. 담당 회사인 한화는 직원에게 안전교육을 시키거나 전문 지식을 갖춘 직원을 채용할 필요를 느끼지 못했던 것 같다.* 오직 돈만 벌면 그만이고, 저임금으로 간단히 부려먹을 뿐이었다.

초가 넘어지면서 불이 화약 상자에 붙었다. 호송원은 침낭으로 불을 끄려 했는데, 이는 오히려 인화 물질을 휘두른 셈이었다. 불이 붙은 화약 상자를 밖으로 집어던지기만 했어도 대참사는 면할 수 있었을 텐데 그는 그런 지식이 전혀 없었다. 불이 번지자 화차에서 도망치며 "불이야!"라고 외쳤고, 이 말을 들은 이리역 역무원들도 대피하면서 화차가 폭발하고 말았다.

이리역, 지금의 익산역 일대는 원래 시의 중심가였다. 1973년 영등동 일대에 이리 자유무역단지가 설치되어 인구 유입이 늘어나고 시 경제가 번창하면서 활기가 넘쳤다. 그날도 역 근처 삼남극장에서 하춘화 공연이 열리는 등 다양한 문화 행사가 개최되었다. 그런 금요일 밤 9시에 대참사가 일어난 것이다.

## 돌진적 근대화가 낳은 위험사회

정부는 사태 수습을 위해 급하게 움직였다. 12일 오전 박정희 대통령이 헬기를 타고 현장을 둘러본 뒤 사고 수습을 지시하고 파괴된 역사와 인근 주택을 최대한 빨리 복구하라고 지시를 내렸다. 이리 복구는 군사작전식으로 일사불란하게 진행되어 불과 1년 만인 1978년 11월 10일 새로운 역사가

---

* "그동안 한국화약이 면허도 없는 경비원, 청원경찰들을 호송원으로 부리고 법에 정한 안전조항의 운반, 적재 방법을 모두 어기며 … (안전관리에) 한화의 경우 거의 이 방면에 백지상태였다는 분석이 분명해졌다." 《경향신문》 1977년 11월 16일자.

준공되는 등 빠르게 상처를 회복하는 듯 보였다.

하지만 정권은 이리역 참사의 진정한 의미를 읽지 못했다. 군대작전식 돌진적 근대화는 숱한 부작용을 일으켰다. 복종에 길들여진 공무원 조직은 무사안일에 빠져 부패해 갔고, 목표치를 향한 전투적 경제성장은 부실을 막을 안전장치에 대한 최소한의 주의마저 무시해 버렸다. 사회는 점점 위험에 대한 경고 사인을 보냈지만, 지도자는 무시했고 관료들은 외면했다. 바로 한국적 위험사회였다.

1978년으로 갈수록 한국의 총체적 부실은 점점 심화되어 갔다. 기초가 부실한 탑은 쌓을수록 붕괴 위험이 높아지듯, 부실한 한국 경제는 성장할수록 더 큰 붕괴를 예고하고 있었다. 과도한 중화학공업 투자, 정경유착에 따른 과잉 중복투자, 독재정치 심화에 따른 다양한 여론의 부재, 관료와 국민 전체의 수동성 증가, 이 모든 것이 박정희 정권과 한국 사회에 위험 신호를 보내고 있었고, 그 일단이 이리역 폭발사고로 터진 것이다. 자장면 한 그릇 값의 급행료 관행만 없었어도, 자격증 있는 직원만 채용했어도, 화차에 소화기 하나만 비치했어도 막을 수 있는 참사였다. 길을 걷다 잠시 서서 생각해 봐도 충분히 막을 수 있을 정도의 일이었지만, 한국 사회는 그럴 수 없는 막다른 길로 폭주하는 기관차였다. 오히려 박정희 정권은 더욱더 돌진적으로 이 참사를 덮으려 했다.

하늘은 항상 경고하지만 그것을 듣는 것은 인간의 몫이다. 하늘이 무심하다고들 하지만 무심한 것은 하늘이 아니라 사람이다. 성수대교와 삼풍백화점의 경고를 무시하고 IMF를 겪은 것처럼, 이리역의 경고를 무시하고 박정희는 비운에 갔다. 오늘날 우리는 그 전철을 밟지 않고 경고를 듣고 있는가?

## 47 4전 5기 신화
### 홍수환

스포츠가 체육의 한 방법으로서 중요시되는 것은, 그것이 곧 모든 일에 전심전력하는 인간을 만드는 수단이 되기 때문이다. _《학생대백과사전》(중앙문화사, 1974)

1977년 11월 27일 정오가 넘은 시각, 일요일 낮 온 가족이 텔레비전 앞에 모여 앉았다. 파나마에서 열리는 프로복싱 WBA 주니어 페더급 챔피언 결정전을 보기 위해서였다. 출전 선수는 전 WBA 밴텀급 챔피언 랭킹 2위 한국의 홍수환과 '지옥에서 온 악마' 랭킹 3위 파나마의 카라스키야였다. 홍수환은 챔피언을 지냈던 27세의 백전노장이고, 카라스키야는 홍수환보다 열 살 어리지만 11승 11 KO승의 전적을 자랑하는 가공할 펀치의 신예였다. 경기가 열린 곳은 카라스키야의 홈인 파나마로, 열대의 무더위 속에 흥분한 관중들이 허공에 총을 발사하는 살벌한 곳이었다.

경기가 시작되고 2라운드, 카라스키야의 묵직한 주먹이 홍수환의 턱에 작렬했다. 쓰러지는 홍수환. 당시 우리나라 선수들은 적지에 가서 이긴 적이 없었다. 1976년 도쿄에서 유제두 방어 실패, 1977년 산후안(푸에르토리코)에서 염동균 방어 실패, 김태호가 푸에르토리코에서 도전 실패 등 나가기만 하면 졌다. 홍수환이 힘겹게 일어났지만 또 쓰러지는 모습을 보며 텔레비전을 꺼 버리는 사람들이 속출했다. 그 뒤로는 맞은 것 같지도 않은데 카라스키야와 엉키기만 하면 홍수환이 쓰러졌다. 네 번의 다운. 파나마 하늘에 총성이 가득했다.

이어지는 3라운드, 홍수환이 또다시 덤벼들었다. 보는 이들이 혀를 차는데 카라스키야에게 한 방이 적중했다. 휘청거리는 카라스키야와 풍차처럼 주먹을 휘두르는 홍수환, 드디어 큰 주먹이 작렬하고 카라스키야가 로프에 몸을 기댔다. 그리고 마지막 한 방. 카라스키야는 일어나지 못했다. 4전 5기의 신화가 탄생하는 순간이었다.

### "엄마, 나 참피언 먹었어"

가난한 나라에서 운동으로 큰돈을 버는 방법은 프로복싱뿐이었다. 세계타이틀전 대전료 1만 달러는 당시 환율로 거의 5백만 원이었는데, 이는 잠실에서 조그만 집(13평 아파트)을 살 수 있는 돈이었다. 수많은 가난한 집 남자아이들이 권투 도장에서 굶주리며 샌드백을 두들겼다. 그래서인지 유독 한국인은 프로복싱에 관심이 많았고 그들의 경기에 울고 웃었다.

큰돈이 걸린 경기는 세계타이틀전뿐이었다. 국내에서는 든든한 대전료를 줄 여력이 없었기에 선수들은 기를 쓰고 세계 정상의 자리에 도전했고, 국민들도 인생역전 드라마를 기대하며 이들을 지켜보았다. 그러나 세계 정상의 벽은 높았다. 배곯아 가며 무작정 샌드백을 두드리는 한국 선수들이 과학적 영양 관리와 체계적 훈련을 받는 외국 선수들을 당해 내기 어려웠다.

최초의 도전자는 1965년 서강일, 최초의 챔피언은 1966년 김기수였다. 김기수는 1968년까지 챔피언 자리를 지켰다. 한동안 감감무소식이던 챔피언 소식은 6년이 지난 1974년 홍수환의 승리로 찾아왔다. 그가 남아공 현지에서 전화로 "엄마, 나 참피언 먹었어"라고 외치자 그의 어머니는 "그래 대한국민 만세다"라고 대답했고, 이는 대한민국 스포츠 사상 가장 유명한 유행어가 되었다. 홍수환은 1년 뒤 타이틀을 잃었다. 그러나 1975년 다시 유제두가 타이틀을 획득했고, 1976년에는 염동균이 타이틀을 획득했다. 그때까지 우리나라에는 항상 챔피언이 한 명뿐이었다. 한 선수가 챔피언을 잃으면 다른 선수가 챔피언이 되고, 그가 잃으면 또 다른 선수가 챔피언이 되고, 마치 대통령처럼 챔피언은 항상 한 명이었다.

염동균이 타이틀을 잃어 또 챔피언이 부재할 때, 홍수환이 타이틀 도전에 나섰다. 첫 번째 성공, 두 번째 실패에 이은 세 번째 도전이었다. 사람들은 '2전 3기 오뚜기 홍수환'을 외치는 가운데 홍수환은 거짓말같이 4전 5기의 신화를 만들며 챔피언이 되었다.

## 전쟁 같은 시대, 거짓말 같은 한 방

1977년 그 암울한 시절 홍수환의 통쾌한 역전극은 이상하리만치 큰 울림으로 다가왔다. 아무리 스포츠가 혹세무민용이라지만, 그의 경기는 정말 불가능한 일도 가능할 것 같은 생각이 들게 만들었다. 그것은 선수도 정권도 의도하지 않았던 국민들만의 정서였다. 그것은 이리역 사고와는 다른 1977년의 색다른 마무리였다.

프로복싱은 80년대까지 큰 인기를 끌었다. 1978년 김성준에 이어 김상현, 박찬희가 타이틀을 획득하며 처음으로 다관왕의 시대가 열렸다. 1980년대에는 장정구와 유명우가 10차 이상 방어하며 롱런 챔피언이 등장했다. 올림픽의 영웅 문성길, 김광선 등이 세계챔피언에 올라 영광을 이어 갔다.

프로복싱 WBC 슈퍼밴텀급 챔피언 홍수환 선수 개선환
영 카퍼레이드. 1977년 12월 5일.

그러나 90년대부터 더 이상 맞아 가며 돈을 버는 사람들은 사라져 갔다. 오늘날 복싱은 건강과 호신을 위한 스포츠로 새로운 시대를 맞이하고 있다.

요즘은 스포츠의 의미가 많이 변했다. 고등학교 체육 교과서를 보면 스포츠를 통해 체력을 증진하고 심신을 단련하며 경쟁을 통해 배려와 조화를 구현한다고 서술하고 있다. 70년대처럼 모든 일에 전력하는 인간을 키운다는 살벌한 표현은 없다. 또 복싱 같은 격렬한 투기종목은 더 이상 교과서에 실리지 않는다.

가난과 전쟁하듯 살았던 그 시절, 우리는 운동도 전쟁하듯이 했고 필살 격파의 의지로 상대와 싸웠다. 4전 5기의 신화와 피투성이 프로복싱의 세계에 열광했던 것은 사람들의 심성이 잔인해서가 아니라 시대 자체가 전쟁이었기 때문이다. 선수에 대한 응원이 곧 자신에 대한 응원이었고, 승리에 대한 갈망은 행복에 대한 갈망이었다. 그것이 그 시절, 80년대의 3S와는 다른 스포츠의 모습이었다.

# 아닌 밤중에 야간공습

## 등화관제 훈련

> 박정희 정부는 '선 건설 후 통일'을 내세워 경제 발전에 주력하였으며 강력한 반공정
> 책을 추진하였다. … 남북 간의 긴장 상황이 고조되었다.

"민방위의 밤 등화관제 대공사격 훈련, 명과 암의 질서" ─ 《동아일보》 1977년 12
월 3일자

1977년 12월 2일, 유례 없는 야간 등화관제 훈련이 실시되었다. 야간 등
화관제 훈련은 1976년까지는 북한에서나 하는 일이었다. 적군의 야간공습
에 대비하는 야간 등화관제 훈련을 한국에서 할 이유가 전혀 없었다. 상식
적으로 북한 공군이 주한미군의 방공망을 뚫고 서울을 폭격하는 것은 불가
능했다. 그런데 1976년 말 박정희 대통령의 지시가 있은 후 1977년부터 몇
몇 도시에서 시범적으로 하더니 이날 전면적으로 시행한 것이다.

### 9시 40분 일제히 꺼진 불빛

훈련은 밤 9시 40분 경계경보 사이렌으로 시작되었다. 사이렌 소리와 함
께 모든 가정과 관공서, 가게 등은 일제히 문을 닫고 커튼을 쳐서 빛이 새 나

가는 것을 차단해야 했다. 극장도 영화 상영을 중단하는 등 모든 활동을 중지했다. 거리의 차도 멈춰 서서 시동을 끄고 칠흑 같은 어둠 속에 대기해야 했다.

이어서 10시에 공습경보 사이렌이 울렸다. 곳곳의 탐조등이 가상 적기를 찾기 위해 하늘을 비추는 한편, 대공포 훈련 사격으로 폭음이 서울 하늘에 진동했다. 박정희 대통령은 남산 타워에 올라가 망원경으로 모든 훈련 상황을 내려다보았다. 국민들은 폭음이 진동하는 칠흑 같은 어둠 속에서 10시 50분까지 무려 1시간 이상 숨죽이며 두더쥐처럼 웅크리고 있었다.

우리는 이렇게 1977년부터 80년대까지 종종 캄캄한 밤하늘의 서치라이트 불빛을 보며 멍하니 시간을 보내곤 했다. 가끔 "불 꺼! 불 끄라구!" 외치는 고함과 문 두드리는 소리를 들으며, 누가 멍청하게 불을 켰나 아니면 애들이 장난치나 하며 웃기도 했다. 한번은 누군가 우리 집 문을 두드리며 불 끄라고 소리를 질렀다. 엄마가 부엌에서 석유 곤로에 개죽을 끓이셨던 것이다. 우리는 부엌 불빛이 밖에까지 새 나가는 것에 놀랐다.

예나 지금이나 민방위훈련은 '쇼'다. 선진국에서는 정기적으로 화재 등 위험 상황에 대비하는 훈련을 '실제'처럼 한다. 종종 영화에서 소방대원과 학교 교사들이 아이들을 모아 놓고 실전처럼 대피시키는 장면을 볼 수 있다. 이와 달리 우리는 언

서울시청 옥상에서 제6차 방공소방훈련을 참관하는 박정희 대통령. 1972년 6월 26일.

제나 쇼였다. 사이렌과 함께 "가상 적기가 나타났다"는 방송이 나오면, 집 안이나 교실 안에서 멍하니 앉아 훈련이 끝나기만 기다릴 뿐이었다. 이러다 폭탄 떨어지면 다 죽는 거지 하며 킥킥대기도 했다. 우리 국민들은 평생한 달에 한 번씩 민방위훈련을 했어도 정작 자기 동네 대피소나 방공호가 어디 있는지 모른다. 2017년 포항 지진 때도 2016년 경주 지진 때도 그랬다. 지금도 학교에서 민방위훈련 때 화재나 지진 대피 훈련을 하면, 학생과 교사들은 어슬렁어슬렁 운동장에 한 번 나갔다가 시간만 때우고 교실로 돌아온다.

## 대국민 겁주기용 난리법 '쇼'

그런 뻔한 요식 행위를 전 국민이 참 열심히도 했다. 훈련 시범기관으로 지정되면 실전처럼 보이려고 무던히도 애를 썼다. 초등학교 2학년 때 교실에서 그 장면을 구경하려고 창가에서 기웃거리다가 담임 선생님에게 맞기도 했다. 연막탄을 터뜨리고 들것에 사람들이 실려 가고 학교 어디에 있었는지 모를 탈출 슬라이드로 3층, 4층에서 지상으로 탈출하는 시범은 항상 인기가 있었다. 종종 잘못 떨어져서 다치는 아이도 나오곤 했다. 어쨌든 그 훈련은 항상 몇 년에 한 번뿐이고, 시찰 나온 윗사람들 관람용이었다. 우리는 또다시 민방위훈련 때마다 교실 안에서 지루하게 시간을 보냈다.

그런 민방위훈련을 왜 했을까? 체제 선전 목적이었다. 북의 침략 위협과 그로부터 우리를 지켜 주는 국군과 대통령을 잊지 말라는 것이 핵심이었다. 정말 전쟁이 날 것 같으면 대피소와 방공호를 짓고 대피 훈련을 해야 하지만, 그러려면 돈이 들고 경제성장에 차질이 생기니까 요식 행위만 하며 겁을 주는 것이 민방위훈련이었다.

그러니 국민들이 '고마움을 모르면' 민방위훈련도 세게 해야 하는 것이다. 밤 10시 야심한 시각, 9시에 애들은 자야 한다고 텔레비전 방송으로 자장가까지 틀어 주고서는 하늘에 대공포를 쏘아 대며 난리법석을 떨었다. 그렇게 대통령과 군대의 위력을 국민들에게 보여 주어야 직성이 풀리는 것이 박정희 정권이었다.

불을 모두 끄면 별이 보인다지만 서치라이트 때문에 별은 보이지 않고, 반달만 덩그러니 떠 있는 영하 6도의 추운 날씨에 난방도 하지 못하고 오들오들 떨며 이불 뒤집어 쓰고 온몸으로 '6·25 체험'을 했던 1977년 12월 밤. 우리들은 아직 우리가 50년대 한반도에서 벗어나지 못했음을 절감했다.

# 49 지식인이란 무엇인가
### 리영희

민주화를 요구하는 목소리는 사회 각계각층으로 퍼져 나갔다. 이들은 여러 조직을 만들어 민주화운동을 벌이고, 긴급조치 철폐와 박정희 정권의 퇴진을 주장하였다.

"우리의 일그러진 서구 여러 나라에서 유일한 반론 세력은 학생들로 이루어져 있다. 우리는 그들에게 충고를 할 수 없다. 우리는 비록 일생 동안 항거를 해 왔다 해도 많든 적든 이 사회에 연루되어 있기 때문이다."

샤르트르는 68혁명 당시 학생들의 시위를 비난하는 기성세대를 향해 이렇게 말했다. 그는 기존의 좌익과 우익을 뛰어넘은 새로운 세상을 향한 학생들의 투쟁을 지지했고, 그래서 당시 매우 드물게 학생들에게 존경받는 지식인이었다. 진정한 지식인은 이상과 정의를 말하는 것에 그치지 않고 새로운 세상을 상상하는 청년들에게 자극을 주고 그들의 행동을 지지하는 자임을 보여 주었기 때문이다.

### 우물 안 청년들의 눈을 틔운

60년대 한국 대학생들에게 영감을 준 것이 장준하의 월간 《사상계》였다

면, 70년대 청년들에게 가장 큰 영향을 미친 책은 리영희의《우상과 이성》
이다.

"나는 언제나 내 앞에 던져진 현실 상황을 묵인하거나 회피하거나 또는
상황과의 관계 설정을 기권으로 얼버무리는 태도를 지식인의 배신으로
경멸하고 경계했다."

리영희는 그의 자서전적 대담집《대화》서문에서 이렇게 밝혔다. 한국 보
수적 지식인의 전형적 코스를 밟은 인물임에도 진보적인 투사 지식인이 될
수 있었던 것은 바로 이러한 신념 때문이었을 것이다.

평안도 출신인 그는 영어에 능통해 미군 통역장교로 한국전쟁에 참전했
다. 장교 생활에 환멸을 느끼고 소령으로 예편한 뒤 합동통신 특파원으로
맹활약하여《조선일보》로 스카웃되었다. 가감 없이 진실한 그의 보도 태
도는 박정희 정권에 큰 부담이었다. 베트남전쟁이나 한미 관계, 한일 관계
의 진실이 국민들에게 알려지면 정권 유지를 기대하기 어려웠기 때문이다.
1964년 11월 유명한 극우 논객인《조선일보》선우휘 편집국장과 함께 리영
희 기자는 반공법으로 구속되었고, 신문 6만여 부가 모두 압수당했다. 선우
휘 국장이야 당연히 무혐의 석방되었지만, 리영희는 집행유예를 선고받았
다. 하지만 이후에도 그의 직필이 사사건건 문제가 되어 결국 1971년 유신
전야에 리영희는 조선일보사에서 쫓겨났다.

실직한 가장 리영희를 받아 준 곳은 한양대학교였다. 당시 한양대학교 총
장 김연준은 정치 활동을 하고 있었다. 그러나 리영희의 교수 시절도 오래
가지 못해 얼마 후 해직당했다. 박정희 정권은 지식인들을 길들이기 위해

교수 재임용 제도를 만들어 정부에 비판적인 교수들을 모두 해임했고, 리영희도 유신 시대 내내 강단으로 돌아올 수 없었다. 이 때문에 정부 비판을 이유로 해직당한 교수가 한 사람도 없다는 정부 발표가 70년대 유명한 거짓말들 중 하나로 꼽히기도 했다.

하지만 해직과 경제적 고통은 그의 집필욕을 자극했다. 그는 자신의 지식과 지혜를 모아 책을 썼다. 그 결과물이 바로 《전환시대의 논리》,《우상과 이성》,《10억인과의 대화》였다. 정보와 지식이 차단된 채 한반도 안에 갇힌 우물 안 개구리 청년들의 머리를 열어 준 이 책들 때문에 리영희는 또 감옥에 가게 된다.

리영희의 책들은 당시 베트남전쟁과 중국, 일본 등 동북아 정세 변화에 대한 새로운 시각을 제공하였다. 베트남전쟁이 단순히 공산 침략을 막는 전쟁이 아니며, 그래서 한국전쟁과는 성격이 다르고 미국이 질 수밖에 없는 전쟁이라는 것, 중국공산당 승리의 의미와 그것이 중국과 동북아 정세에 끼치는 영향, 한일 관계의 변화와 그 의미 등이 외신 기자로서 직접 취재하고 연구하고 확인한 내용들을 토대로 생생하게 전달되었다. 오늘날에는 상식처럼 널리 알려진 내용이지만, 당시에는 리영희가 투옥될 만큼 충격적 사실이었다.

### 유신 없는 세상을 말하다

지식인의 역할은 끊임없이 공부하고 연구하고 혁신하는 것 아닐까? 시간적으로 인류문명사를 아우르고 공간적으로 전 세계를 품고서 새로운 세상을 전망하고 선도하는 것이 지식인의 임무라 할 때, 리영희는 이를 수행하는 데 주저하거나 타협하지 않았다. 리영희에 대한 지인들의 회고는 일관되

1977년 11월 반공법 위반 혐의로 구속되었다가 1980년 1월 만기 출옥해 기자들과 만나고 있는 리영희.

게 깐깐하고 고집스럽다는 점을 지적하고 있다. 그는 결코 포근하거나 너그럽거나 부드러운 사람이 아니었다. 한 월간지 기자는 리영희를 인터뷰할 때 무슨 말을 들을지 몰라 긴장하는 마음으로 취재했다고 했다. 수지청즉무어水至淸則無魚, 물이 너무 맑으면 물고기가 없다는 말에 어울리는 사람이었으나, 그의 능력과 헌신은 높이 평가받았고 많은 이들이 그를 존경하였다. 가까이는 사람들이 없을지 몰라도 시대의 청년들이 그를 우러러보았다. 그리고 그에게는 언론이 바로 서고 지식인이 바로 서기를 원하는 동지들이 곁에 있었다. 그런 의미에서 보면 물이 맑아 물고기가 없다는 말은 틀린 말이다.

리영희는 기자 중의 기자였고 지식인 중의 지식인이었다. 리영희 같은 지식인들이야말로 유신 시대 암흑 속의 빛이었다. 리영희 외에도 많은 지식인들이 자유와 민주를 말하다 감옥에 가거나 해직당하고 생활고에 시달렸다. 반면 권력과 재산을 탐하는 지식인도 많았다. 유정회 국회의원에 참여한 지식인들, 정부기관에 참여하여 감투를 쓰고 부귀영화를 누리며 진실에 침묵했던 지식인들, 강준만은 그의 저서에서 박정희가 이런 지식인들을 멸시하고 업신여겼음을 여러 차례 지적했다.

샤르트르가 위대한 지식인이었던 것은 그가 시대의 한계를 넘어서려 했기 때문이다. 60년대 유럽에서 진보는 곧 좌파를 의미했다. 그 좌파들이 친소적 입장에서 '프라하의 봄'을 비판하고 소련의 진압을 두둔했으며, 자유와 일탈을 주장하는 유럽 청년들을 타락했다고 비난했다. 그때 샤르트르는 '상상력을 권좌로'라고 말하며 기존의 좌와 우를 초월하는 새로운 진보를 주장하는 청년들이 진정한 좌파라고 옹호했다.

지식인은 대개 책상물림이어서 근력이 약하고 육체적 능력도 떨어진다. "한 주먹감"도 되지 않는 나약한 존재이다. 그래서 나약한 지식인은 힘을 가진 자의 하인으로서 그들을 위한 글을 쓰고 지식인보다 약한 민초들 위에 엘리트라는 이름으로 군림하며 살아간다. 그래서 '쁘띠 브루주아'라고 비판받는 것이다. 그러나 진정한 지식인은 권력 위에 군림하고 민중의 존경을 받으며 살아간다. 지식인은 민중들에게는 없는 새로운 세상을 보는 혜안이 있기 때문이다.

리영희를 비롯한 유신 시대 지식인들은 유신을 비판하고 유신 이후의 세상을 제시하는 역할을 했다. 유신 없는 세상을 이야기하고 유신에 대한 대안을 제시하는 것은 유신체제에 대한 가장 강력한 위협이었다. 그 역할을 한 지식인들이 있었기에 유신체제에 대한 진정한 비판이 가능했다. 우리가 그 지식인들을 기억하는 이유이다.

# "오직 하나님만 두려워하라"

### 김수환·문익환

> 1970년대 들어 일부 종교 지도자들은 사회 문제에 관심을 가지고 민주화운동에 앞
> 장서거나 노동운동이나 농민운동, 통일운동 등을 지원하였다.

친애하는 권 양에게, 무어라 인사와 위로의 말을 하면 좋을지 모르겠습니다. 양심과 인간성 회복을 위해 용감히 서 있는 권 양을 주님이 은총으로 보살펴 주시리라 믿고 기도합니다. 아무쪼록 용기를 잃지 말고 진리이신 하느님께 모든 것을 맡기고 건강하기를 빕니다.

1986년 7월 18일 김수환 추기경[*]

서슬 퍼런 5공 시절 한 여성이 공권력에 성고문을 당했지만 정권은 오히려 "성모욕 행위를 날조하여 혁명투쟁을 확산시키고 공권력을 무력화시키려는 음모"라고 뒤집어씌었다(1986년 7월 16일 검찰 기자회견). 뭐든지 빨갱이라고 몰면 산천초목도 숨죽이던 시절, 한국 가톨릭의 지도자 김수환 추기경이 피해자 권인숙에게 주님께서 보살펴 주실 것이라며 격려의 편지를 보

---

[*] KBS 〈인물현대사〉 조영래 편.

냈다.

　일제가 신사참배를 통해 목사들에게 우상숭배를 강요할 때 오직 하나님만을 두려워하라며 저항하다 순교한 주기철 목사처럼, 박정희 전두환 독재정권 시대 오직 하나님만을 두려워하며 맞서 싸웠던 많은 종교인들이 있었다. 그들 중 대표라 할 만한 분이 바로 가톨릭의 김수환 추기경과 기독교의 문익환 목사였다.

## 젊은 추기경, 김수환

　김수환은 해방 이후 성신대학(지금의 가톨릭대)에서 신학을 공부하고 졸업 후 사제 서품을 받았다. 60년대까지 안동과 대구, 마산 등 영남 지방에서 사제 활동을 하다가 1969년 추기경에 서임되었다. 당시 전 세계 추기경들 중에서 김수환이 가장 젊었다.

　당시 가톨릭은 세계적으로 혁신의 바람이 일고 있었다. 제2차 세계대전 때 히틀러와 무솔리니에 저항하지 않고 사실상 협력한 죄를 지음으로써 유럽에서 급격히 교세가 약화되었고, 60년대 베트남과 남미에서 독재 정권의 지지 세력으로서 엄청난 비판을 받았다. 16세기 루터의 종교개혁 이후 '보수적 가톨릭과 진보적 개신교'라는 성격 규정도 가톨릭이 설 땅을 점점 좁게 만들었다. 이런 상황에서 70, 80년대 가톨릭은 인권과 평화의 신앙으로 전환하려는 모습을 보인다. 그 결실이 바로 교황 요한 바오로 2세의 고향인 폴란드의 민주화, 로메로 주교의 남미 민주화 투쟁, 노벨평화상을 받은 벨로 주교 등의 동티모르 독립운동이었다.

　그런 흐름 속에 김수환 추기경이 한국 가톨릭의 지도자로 부임하였다. 그의 앞에는 유신 독재와 인권 탄압, 극심한 가난과 잔인한 노동이 버티고 있

사제 서품을 받은 뒤 어머니와 함께한 김수환.

었다. 보수적 성향의 가톨릭 교회에서 김수환 추기경의 역할은 매우 중요했고, 그는 자신의 역할을 충실하고 성실하게 행했다.

1973년 장준하가 개헌청원서명을 받을 때 그 성공 여부를 장담할 수 없었다. 그래서 가장 먼저 찾아간 사람 중 하나가 김수환 추기경이었다. 그가 서명에 동참한다면, 아무리 무서운 세상이라도 사람들이 용기를 내지 않을까. 과연 김 추기경은 흔쾌히 서명에 응해 주었고, 이후 다른 이들도 안심하고 동참하였다. 아무리 어렵고 힘든 일도 영적 지도자가 앞장선다면 사람들은 더 큰 힘과 용기를 낼 수 있다.

70년대 유신 반대투쟁에서 천주교는 많은 공헌을 했다. 천주교 정의구현사제단은 지금까지도 항상 불의와 부정을 향해 정의의 목소리를 내는 데 주저하지 않고 있다. 지학순 주교, 문정현 신부 등 많은 사제들이 온몸으로 맞섰고, 정치인 김대중과 저항시인 김지하도 항상 김수환 추기경, 지학순 주교와 함께하였다.

### 늦깎이 투사, 문익환

개신교에는 문익환 목사가 있었다. 사실 문익환은 다른 개신교 목사들에 비해 늦깎이 투사였다. 만주에서 윤동주와 함께 공부하며 투철한 민족의식을 갖고 있었지만, 해방 이후 신학 공부를 하고 목사 서품을 받은 후 한신대 교수를 하며 학문에 몰두했다. 기독교계의 가장 큰 사업이었던 공동성서 번역 사업에 참가하여 구약 성서 번역 책임자로 활약했다. 기독교 신학의 권위자 중 한 사람으로 누구도 범접하기 어려운 독실한 신앙인이었다.

문익환 목사.

70년대 유신 반대운동과 인권 노동운동에 앞장선 목사들이 많았다. 전태일 분신 사건을 계기로 그동안 노동자 선교 등 소극적 활동에 머무르던 도시산업선교회가 김진홍·이해학·인명진 목사 등을 주축으로 노동운동 단체로 탈바꿈하며 정권과 맞서 싸웠다. 문익환 목사의 동생 문동환 목사도 이미 재야에서 민주화 투쟁에 나섰다가 1975년 한신대 교수에서 해직당했다.

신학자이던 문익환을 거리의 투사로 내몬 것은 장준하의 죽음이었다. 1975년 8월 장준하가 포천 약사봉에서 의문의 죽음을 당하자, 문익환은 그의 유지를 잇겠다며 재야 지도자의 길에 나섰다. 이후 재야의 지도자라고 하면 으레 문익환이었다. 1976년 명동선언으로 투옥된 후 그는 생애 대부분을 감옥에서 보냈다. 그만큼 그의 투쟁은 비타협적이고 열정적이었다.

1976년 3·1 민주구국선언 초안자였고, 1980년 이른바 김대중 내란음모 사건 당시 김대중에 이어 두 번째로 중형을 선고받았으며, 1985년 민통련 의장, 1989년 전민련 상임고문, 1991년 범민련 남측준비위원장 등 재야 연합단체의 사령탑은 늘 그의 몫이었다. 여러 열사들의 장례위원장이었고, 노동·학생·빈민투쟁 현장의 지휘자였다. 그는 명실상부한 한국 재야의 지도자이자 정권의 적이었다. 그러나 목사로서는 아무런 영광이나 재산도 없었다. 누구처럼 대통령이 되지도 못했고, 크고 멋진 집의 주인도 되지 못했다. 그저 하나님을 두려워한 하나님의 종으로 살다 부름을 받고 올라갔을 뿐이다.

## 오직 종으로 살았던 큰사람들

유신에 저항한 재야와 정치권 인사들은 민주화 이후 많은 변화를 겪었다. 김영삼과 김대중은 대통령이 되었고, 김상현과 최형우 등은 국회의원이나 장관이 되었다. 김동길 같은 학자들은 교수로서 평탄하고 유복한 삶을 살았다. 그러나 유신에 저항한 성직자들의 삶은 민주화 이후에도 큰 변화가 없었다. 성직자로서 권력이나 부귀와 거리가 먼 삶을 살았기 때문이다.

1997년 빈민들을 위해 헌신했던 김홍겸 전도사 장례식을 도운 적이 있다. 연세대 신학대를 나와 빈민들과 함께 투쟁하며 '민중의 아버지'라는 유명한 민중가요를 작곡하기도 했던 그는, 1996년 거우 36세의 젊은 나이에 암으로 사망했다. 그를 추모하는 행사에 안치환과 윤도현 등 당시 민중가수들이 와서 노래를 불러 주고 많은 이들이 그의 삶을 기렸지만, 그가 떠난 후 남긴 재산이 하나도 없어 동문들이 유족들의 생계를 걱정했던 기억이 있다.

모든 영광을 신에게 돌리고 자신은 오직 그 종으로 한평생을 실천하며 살다 간 이들이 많다. 그들이 유신 시대 양심대로 살았던 것, 그 발자취가 바로 반독재 민주화운동이었다. 양심과 신앙이라는 것에 대해 이토록 많은 생각을 던져 주고 간 큰사람들의 삶, 이것이야말로 진정한 역사의 가르침이 아닐까?

# 51 내 고향 대표선수
## 고교야구

> 정치가들은 스포츠를 통해서 외교 문제를 해결하기도 하고, 긴장을 해소하여 정치적인 한계를 극복하고 사회를 통합하기도 한다. _ 고등학교 《스포츠 생활》 교과서(비상교육)

1972년 7월 19일 서울운동장(현 동대문역사문화공원) 야구장에서는 야간 경기로 황금사자기 쟁탈 전국야구대회 결승전이 열렸다. KBS와 TBC가 동시에 텔레비전으로 생중계를 한 이 경기에서 군산상고는 8회 초 3점을 빼앗겨 4대 1로 뒤진 상태에서 9회 말 마지막 공격 기회만 남겨 두었다. 하위 타순인 6번부터 시작하는 데다 상대 투수는 초고교급 에이스 편기철 선수. 그러나 중압감에 투수가 난조를 보이며 흔들렸고, 결국 군산상고 타자 김준환의 적시타로 5대 4의 대역전극이 일어났다. 이때부터 사람들은 군산상고를 '역전의 명수'라고 부르기 시작했고 그 별명은 지금까지도 40년 이상 이어지고 있다.

## 역전의 명수 군산상고

70년대는 고교야구의 전성기였다. 지금의 동대문역사문화공원 자리에 있던 서울운동장 야구장 관중석(3만 명)은 항상 만원이었고, 결승전은 아침부터 줄을 서야 겨우 표를 구할 수 있었다. 표를 구하지 못한 팬들이 야구장 앞 광장을 가득 메워 교통 혼잡이 일어나고 암표상과 행상이 뒤섞여 늘 난리법석이었다. 텔레비전은 종종 그날의 전 경기를 중계했고, 당시 공중파 3개 채널이 모두 고교야구 대회를 정규 편성하기도 했다.

국민들의 관심과 사랑이 쏠린 만큼 전설적인 스타들도 등장했다. 1972년 김봉연(군산상고) · 김재박(대광고), 1975년 최동원(경남고), 1977년 양상문(부산고), 1979년 박노준(선린상고), 1980년 선동렬(광주일고)은 지금까지도 레전드로 언급되며 연예인 부럽지 않은 인기를 누렸다. 게임 도중 부상당한 박노준을 위로하기 위해 여학생 팬들이 보낸 선물과 편지가 산을 이룰 정도였다.

그런데 유난히 고교야구에 국민의 관심과 사랑이 집중된 이유는 무엇일까? 독재 정권 시대 3S정책에 따라 스포츠가 국민의 관심을 정치 외에 다른 곳으로 돌리는 도구로 이용되었다는 사실은 요즘 상식으로 통하지만, 왜 축구도 아니고 성인 야구도 아닌 고교야구였을까? 그 단서는 서두에서 언급한 '역전의 명수 군산상고'에 있다.

70년대 야구 명문은 대부분 지역 학교였다. 영남의 부산고 · 경남고 · 경북고, 호남의 광주제일고 · 군산상고, 충청의 천안북일고, 인천의 인천고 등이 지역을 대표하는 강팀이었고 모두 학교 이름에 지역명을 내세웠다. 서울의 강팀들만이 선린상고, 충암고, 신일고, 경동고 등 지역명을 내세우지 않았다. 그러다 보니 고교 야구는 지역을 대표하는 팀 간의 경쟁이자 지역 간 갈등과 화합을 상징하는 스포츠가 되었다.*

---

* 자세한 내용은 정준영 · 최민규, 〈프로야구에 열광하다〉, 《한국현대생활문화사: 1980년대》, 창비,

## 선동렬은 해태로, 최동원은 롯데로

70년대 서울은 8도 사람이 모두 모인 복합도시였다. 토박이는 한 줌밖에 안 되고, 대부분 타향살이 신세인 데다 고단한 노동과 저임금에 시달렸다. 삶이 팍팍하고 소위 '빽'이라는 연줄을 이용한 부정부패가 만연하다 보니 출신 지역 중심으로 뭉치려는 심리와 고향에 대한 향수가 강할 수밖에 없었다. 이런 상황에서 서울운동장에 고향의 어린 야구선수들이 와서 타 지역 선수들과 경쟁한다는데 어찌 무관심할 수 있겠는가?

또한 야구는 운동경기 중 유일하게 집(홈)으로 돌아오는 경기다. 집 나간 선수들이 집으로 많이 돌아올수록 이긴다. 미국에서 야구가 인기 스포츠인 이유도 개척을 떠나 집을 짓고 정착하거나 외국으로 전쟁을 나갔다 집으로 돌아온 그들의 역사적 배경 때문이라고 한다. 고향에 대한 향수와 집에 대한 애착이 경기 규칙 속에 녹아 있으니 타향살이하는 사람들에게 애틋한 경기일 수밖에 없었다.

봉황기 쟁탈 제2회 전국 고등학교야구 결승대회, 1972년 8월 20일.

고된 노동에 지친 서울 시민들은 서울운동장에 모

2016. 참조

여 고향의 노래를 부르고 고향 팀을 응원하며 스트레스를 날리고 그리움을 풀었다. 본 적 없는 사람들이지만 같은 사투리를 쓰고 같은 팀을 응원하면서 고향의 끈끈한 정을 느꼈다. 그렇게 경상도 강속구 최동원, 전라도 홈런왕 김봉연, 인천의 짠물 야구 최계훈 투수, 충청도 느린 야구 이상군 투수를 응원하며 웃고 울었다.

80년대 프로야구는 70년대 고교야구의 지역 대표성을 그대로 가져와 대성공을 거두었다. 서울의 MBC(현 LG), 부산의 롯데, 광주의 해태, 대구의 삼성, 인천의 삼미와 대전의 OB[*]는 자기 지역 고교 출신(대학이 아니라) 선수들을 주축으로 팀을 구성하여 고교야구의 지역성을 최대한 살렸다. 서울 고려대 출신 선동렬은 광주 해태에 입단하고, 서울 연세대 출신 최동원은 부산의 롯데에 입단한 것이다. 프로야구는 대성공을 거둘 수밖에 없었다.

70년대 고교야구의 인기는 박정희 정권의 경제 개발에 따른 농촌 파괴와 도시 집중, 즉 이촌향도로 빚어진 또 하나의 문화적 모습이었다. 가난해서 프로구단 창단은 엄두도 내지 못하고 오직 아마추어 스포츠만 존재하던 시절, 서울로 몰려온 사람들의 향수를 달래고, 또 한편으로 수도권-영남 편중의 지역 불균형 성장에 대한 불만을 무마하는 수단으로 고교야구는 전성기를 누렸다. 그리고 80년대 프로야구가 그 자리를 대신하자, 이제는 그 역할을 다하고 텅 빈 경기장에서 그들만의 시합을 계속하고 있다.

아름다운 아마추어 스포츠에도 정치와 사회가 녹아 있었다. 아무것도 모르는 선수들과 아무것도 모르는 관중들의 이야기에도.

---

[*] OB는 1983년부터 서울로 연고를 옮겼다. 대전 연고 팀은 한동안 공석이었다가 빙그레(지금의 한화)가 창단되었다.

## 박스컵 축구 대회

1978년 9월 21일 서울운동장 축구장에서 야간경기로 제8회 박대통령배(박스컵) 국제축구대회 결승전이 열렸다. 이날 한국 대표팀 1진 화랑은 미국을 맞아 소나기골을 터뜨려 6대 2로 대승을 거두고 우승을 차지했다. 오랜만의 국제경기 대승에 관중과 시청자들은 열광했다.

1971년 국위 선양과 정권 흥보를 위해 창설된 박스컵 국제축구대회는 한국의 독재국가 이미지와 예산 부족 때문에 참가국 확보에 애를 먹었다. 그래서 비슷한 아시아 독재국가의 축구팀이나 외국 2류 프로팀이 와서 경기를 치렀다. 초반에는 버마와 한국, 인도네시아 등이 주도했고, 후반에는 브라질과 미국의 2류 프로팀이 참가했다. 1978년 결승전 상대인 미국의 디플로매츠라는 팀도 한국을 이기기에는 역부족이었다.

이처럼 안방 잔치에만 익숙한 한국 축구는 올림픽이나 월드컵 예선에 나갈 힘을 키우지 못했다. 야구와 함께 국민들에게 큰 사랑을 받고 세계에서 가장 인기 높은 스포츠가 축구였지만, 그렇기에 국제 무대에서 항상 고전했던 종목이 축구였다. 한국 축구가 기를 펴기 시작한 것은 1987년 이후였다.

# 52 까치 설날, 우리 설날
## 설 풍속

우리 문화는 전통문화를 계승하고 서구 문화를 받아들여 발전하였지만, 그 과정에서
전통적 사회질서가 흔들렸고 가치관의 혼란을 겪기도 하였다.

1978년 2월 7일 화요일은 음력 정월 초하루(1월 1일), 즉 설날이었다. 그
날 수많은 한국의 가정에서는 새벽같이 일어나 차례상을 차리느라 식구들
이 부산을 떨었다. 아이들은 방을 치우는 아버지와 어머니의 손에 떠밀려
졸린 눈을 비비며 이리저리 굴러다니고, 어른들은 한숨을 쉬며 찡그린 얼굴
로 고기를 굽고 과일을 깎았다.

그리고 아침 6시 즈음, 향이 피어오르고 차례가 시작되었다. 밖은 캄캄한
어둠이어서 제사를 지내는지 차례를 지내는지 구분도 못 할 지경이고, 겨
울방학 중인 아이들은 늦잠을 자던 버릇 탓에 절을 하면서도 고개가 뚝뚝
떨어졌다. 그리고 차례가 마무리된 7시 즈음, 아버지는 허겁지겁 떡국을 드
시고는 바삐 가방을 챙겨 출근길에 나섰고, 아이들은 떡국이고 뭐고 다시
잠자리에 들었다. 어머니는 텅 빈 집에서 산더미처럼 쌓인 차례 음식을 보
며 한숨을 짓고.

## 천덕꾸러기 음력 설

　1895년 을미개혁으로 양력이 공식 도입된 이후 한국은 양력과 음력의 이중 달력을 쓰게 되었다. 지구 공전 주기를 기준으로 하는 (태)양력이 정확한 규칙성과 표준성, 계절 변화 파악이 비교적 정확하다는 것이 장점이라면, 달의 공전 주기를 기준으로 하는 (태)음력은 지역적 특수성이 반영되고 달의 모양을 통해 날짜를 가늠할 수 있다는 장점이 있다. 우리는 오랜 세월 동안 음력을 기준으로 계절을 반영한 달력을 사용해 왔다.

　그런데 양력을 공식 도입한 뒤 민간에서는 계속 음력을 사용하면서 1년의 시작이 두 번이라는 문제가 생겼다. 이를 '이중과세二重過歲'라 한다. 이중과세에 대한 문제 제기는 일본에서 시작됐다. 일본은 근대화를 곧 서양화로 생각했기 때문에 음력 1월 1일을 쇠지 않고 양력 1월 1일만 강조했고, 일제 강점기에는 우리의 음력 설 풍속을 막지는 않았지만 공휴일로 지정하지 않는 등 인정하는 모습도 보이지 않았다. 1932년 《동아일보》에는 설날이어서 시장에 조선인 손님들이 없어 한산하다는 기사가 실리기도 했다.

　해방 이후에도 음력 설은 복원되지 않았다. 오히려 설날 차례를 지내거나 놀이를 하는 것을 규제했다. 이승만도 서양화를 곧 근대화로 생각했기 때문이니, 그 뒤 친일파 장면과 박정희 정권 때는 말할 것도 없었다. 차례와 세배를 양

구정(음력 설) 고향으로 향하는 귀성객. 1970년.

력 1월 1일에 하라고 강조하고, 양력 1월 1일을 설날이라 부르라고 홍보하기도 했다. 양력 1월 1일은 신정, 음력 1월 1일은 구정으로 부르고 구정은 꼭 '음력 설'이라고 해서 신정 설날과 구분했다. 그러다 보니 〈설날〉 노래가 상당히 중의적으로 해석되기도 했다.

"까치 까치 설날은 어저께고요, 우리 우리 설날은 오늘이래요."

이 노래에 대해 일부에서는 까치 설날은 신정, 우리 설날은 구정이라고 생각했고, 또 일부에서는 까치 설날은 구정(즉 버려야 할 구습), 우리 설날은 신정(새로운 문화)이라고 생각했다. 정권에서도 방송에서도 민간에서도 신정에도 구정에도 울려 퍼진 윤극영의 노래 〈설날〉은 서로 동상이몽 속에서 자기 편의대로 해석되며 애창되었다.[*]

설날을 금한 것이 공휴일을 하루라도 줄이기 위한 방편이라는 견해도 있었지만, 그렇게 보기에는 신정 연휴가 이례적으로 길었다. 신정 연휴는 박정희 시대 내내 3일이었다. 추석도 단 하루 놀던 시대에 신정만 3일씩이나 공휴일로 지정했다는 것은 음력 설을 없애고 양력 설을 정착시키기 위한 고육책이었다고밖에 볼 수 없다.

### 신정에만 3일 연휴

왜 그토록 음력 설을 없애고 싶어 했을까? 서양화＝근대화라는 공식이 강하게 작용했고, 이 공식 이면에는 서구 문화를 독점한 정권 엘리트들의 기득권 수호 의식이 있었다. 서양 문화＝근대화, 전통문화＝봉건 폐습으로 규정한 가운데 소수 엘리트가 미국과의 연계를 독점한 사회에서 일반 국민

---

[*] 어원상 '까치 설날은 아치 설날로, 작은 설 혹은 설 전날이라는 뜻이라고 한다.

은 당연히 무지몽매한 계몽의 대상이 될 수밖에 없었다.

70년대까지 한국은 지금처럼 해외여행은 물론이고 어학연수나 유학도 자유로운 사회가 아니었다. SNS나 이메일로 자유롭게 외국인과 대화를 주고받거나 외국의 정보를 습득할 수도 없었다. 해외여행을 가려 해도 까다로운 신원 조회를 거쳐야 했고, 유학이나 취업은 확실한 신원 보증이 없으면 불가능했다. 오직 편지로만 외국인과 연락할 수 있었는데, 그마저도 검열을 통해 걸러 냈다. 심지어 《타임》지 같은 외국 잡지도 검열을 거쳐 한국 정권을 비판하는 기사는 오려진 채 반입되었다.

이런 상황에서 미국은 이런다더라, 프랑스는 이런다더라 등의 말을 할 수 있는 사람은 굉장한 권위를 가졌다. 지금 많은 노인 세대들이 이른바 '외국물' 좀 먹은 교수나 정치인들의 말을 맹목적으로 믿는 것도 그런 영향일 것이다. '선진국처럼'의 구호는 당시 한국인들의 생활과 정신문화를 강력하게 지배하는 장치였다. 한국의 전통문화는 너무나도 쉽게 미신과 악습으로 치부되었다. 단오도 칠석도 심지어 설날도 우리 머릿속에서 사라져야 할 아련한 조선시대 풍습일 뿐이고, 우리는 그저 포크로 고기 먹고 나이프로 잼 발라 빵 먹는 생활을 하며 빨리 조국 근대화를 이룩해야 한다고 세뇌되었다.

하지만 풍속과 문화는 계몽이 아니라 자연스럽게 생활이 변하면서 바뀌는 것이다. 우리 아버지들은 새벽 4시에 일어나 6시에 차례 지내고 7시에 출근하면서 악착같이 설날을 지켰다. 결국 1985년 전두환 정부가 유화 정책의 일환으로 '민속의 날'이라는 이름으로 설날을 부활시키면서 이중과세의 지난한 싸움은 끝이 났다.

21세기 한국의 생활문화는 큰 변화를 겪고 있다. 특히 대가족제도의 실종으로 설날 모습도 점차 달라져 가고 있다. '며느리 사표'로 상징되는 젊은 부부들의 차례 거부로 이제 설날은 차례를 지내고 세배를 받는 것이 아니라, 여행을 가는 등 휴식을 취하는 직장인들의 장기 휴가 시즌으로 점차 바뀌고 있다. 그토록 차례를 지키고 싶어 했던 아버지들은 지하에서 땅을 치겠지만, 그것이 진정한 변화의 모습이 아닐까? 그렇게 자연스럽게 변하는 것이 바로 전통의 계승과 발전이며, 인위적으로 수정하려 할 때 오히려 전통이 파괴되고 왜곡될 수 있다는 교훈을 현대사에서 얻을 수 있다.

## 강제 도시락 검사
### 혼분식 장려

타인은 물론 생태계를 고려하는 음식 문화의 형성에 적극적으로 동참해야 한다. 이를 위해 음식물 쓰레기 줄이기, 로컬 푸드 운동이나 슬로푸드 운동에 동참하기, 육류 소비 절제하기 등을 실천해야 한다. _ 고등학교 《생활과 윤리》 교과서(미래엔)

"학교 도시락 혼분식 과잉 단속—성적에 반영, 처벌까지—학부모 불러 각서받기도, 일부 학교선 돈 걷어 빵 단체 구입" —《동아일보》 1976년 6월 12일자

점심시간 아이들이 도시락 뚜껑을 열고 자리에 앉아 대기하고 있으면, 담임이 교실을 돌며 도시락을 검사한다. 일정 이상 보리가 섞여 있으면 통과, 그렇지 않으면 도시락을 압수당해 점심을 굶는다. 혼분식 장려 운동이 벌어지던 교실 풍경이다. 이 쌀밥 먹기 금지 운동 때문에 보리밥을 하느라 아침저녁 어머니들의 고생이 더해졌다.

### 쌀밥을 싸 오면 처벌?

혼분식 장려는 한국의 슬픈 역사와 관련이 있다. 50년대 한국은 미국의 경제원조를 받았는데 이때 미국의 잉여 농산물이 대량으로 들어왔다. 저가의 미국 농산물이 도입되자, 농촌이 파괴되고 심각한 식량 부족 상태에 빠

졌다.* 쌀 폭동이 일어날 위험을 모면하려면 식생활 자체를 쌀 중심에서 원조 곡물인 밀 중심으로 바꾸어야 했다. 그렇게 해서 나온 것이 바로 혼분식 장려운동이다.

"왜 밥을 달라고 하나. 빵을 먹으면 되지 않는가. 왜 고기를 먹지 않는가." 미군정청 관리가 해방 직후 이런 말을 하여 큰 반발을 불러일으킬 만큼, 한국인에게 식생활 변화는 민족문화의 변질로 여겨지는 중대 사안이었다. 벼 농사 기반의 수도작水稻作 문화를 바탕으로 민족적 정체성을 형성했기 때문이다. 그러나 일제강점기를 거치고 해방 후에도 친일파가 요직을 차지하면서 민족문화 자체를 거추장스러운 것으로 생각하는 풍조에서 수도작 문화운운은 사치스러운 말이었다.

혼분식 장려는 70년대 경제성장과 관련하여 더욱 강화되었다. 노동자의 저임금을 유지하려면 생계비를 줄여야 하고, 그러려면 값싼 외국산 농작물을 먹도록 해야 했다. 이는 심각한 빈부격차 속에서 엄청난 위화감을 조성할 수 있는 일이었다. 유신 시대는 무상급식이나 생활보조 같은 복지제도는 꿈도 꾸지 못하던 시절이었다. 서울 변두리 지역만 해도 점심을 싸 오지 못해 점심시간이면 운동장을 배회하는 학생들이 부지기수였다. 이런 상황에서 저임금 유지를 위한 혼분식 장려는 빈부격차를 더욱 두드러지게 할 수 있었다. 학교에서라도 강제 혼분식을 시켜야 했던 것이다. 각 학교에서 도시락을 검사해 잡곡밥이 아니면 먹지 못하게 하고 미국산 밀로 만든 빵으로 단체급식을 하기도 했다.

---

* 쌀 생산이 어려워서 굶주렸다고 생각하는 경우가 있지만, 식량 부족은 생산보다 유통과 정책의 문제인 경우가 많다. 50년대 저가 미국산 수입으로 생산가보다 낮은 곡물이 보급되면서 농가는 식량 생산을 포기하고 도시로 이주했고, 이것이 식량 부족의 원인이었다.

당시 우리 집은 항상 보리밥을 먹었기 때문에 혼분식 장려와 도시락 검사가 큰 걱정거리가 아니었다. 다만 제사 때는 제사상에 올릴 쌀밥을 지어 먹었는데, 도시락 때문에 따로 보리밥을 지어야 하니 골치였다. 1년에 제사가 열 번이 넘고 냉장고가 아직 사치품이던 시절이라 대개는 저녁에 한 제삿밥을 다음 날 중으로 먹어야 했다. 그런데 보리밥 도시락을 싸면 제삿밥이 그대로 남아 상해 버릴 수 있었다. 제사 때나 쌀밥을 먹는 형편에 그럴 수는 없으니 배가 터지더라도 제삿날 저녁에 다 먹어 치우는 수밖에. 그래서 제삿밥과 소화제는 항상 따라다녔다.

## 권하는 정부 vs 외면하는 국민

그런데 정부가 적극적 아니 강제적으로 시행하던 혼분식 장려 운동이 우습게도 1978년을 전후해 갑자기 사라졌다. 도시락 검사도 없어지고 분식 강조도 잦아들었다. 왜 그랬을까? 혼분식 장려와 같은 이유였다. 쌀 생산량이 늘어 수요를 넘어서게 되고, 수입산 농산물 가격이 올라 외화 유출 요인이 된 것이다. 심각한 무역적자와 쌀의 초과생산으로 다시 쌀밥 소비 장려로 정책을 전환한 것이다. 마침 단체급식용 빵이 변질돼 식중독 사건이 일어난 것도 좋은 핑곗거리였다.

분식 장려가 뜸해지고 갑자기 쌀 소비 증대 운운하자 국민들은 어리둥절할 수밖에 없었다. 그동안 정권은 혼분식 장려를 위해 쌀밥보다 빵이나 잡곡밥이 훨씬 영양가가 높다고, 그래서 특히 성장기 아이들은 혼분식을 해야 한다고 선전했는데 이제 와서 쌀도 영양가가 높다고 말이 바뀌었으니 말이다. 몇몇 어른들은 경제성장 덕에 마음 놓고 쌀밥을 먹을 수 있게 됐다고 박정희를 찬양하기도 했지만.

분식 장려 운동에 동참한 농림부 직원들. 1963년 4월 1일.

먹을 때는 개도 건드리지 않는다고 했건만, 역대 독재 정권은 이렇게 저렇게 항상 국민들의 먹거리에 간섭을 했다. 하루는 국수를 먹으라 하고 또 하루는 빵을 먹으라 하고 또 하루는 밥을 먹으라 하고, 전두환 정부 때는 식당에 밑반찬도 그냥 주지 말고 일일이 돈을 받고 팔라고 하고, 미국산 썩은 쇠고기를 먹으라 해서 물의를 빚기도 했다. 얼마 전인 2008년에도 미국산 쇠고기 수입을 놓고 대립하다 전국적으로 100만 명이 시위를 벌이기도 했다.

50년대부터 21세기까지 항상 정부의 먹거리 정책 배경에는 경제성장이 있었다. 어떻게 하면 싼 먹거리를 들여와 저임금을 유지하고 생산성을 높일까? 그 속에서 국민의 건강과 안전은 항상 뒤로 밀려났다. 교과서에서는 건강을 위해 로컬 푸드를 먹으라고 권하지만, 건국 이래 60년 동안 수입산 먹거리를 둘러싼 논쟁이 끊이지 않고 권하는 정부와 외면하는 국민 간의 대립이 이어지고 있다.

수입산을 먹이려고 도시락 검사를 하고 성적에 반영까지 한 정권, 그 정권에 충성을 다했던 2008년의 대통령, 그 모든 것이 서로 연결되어 있었던 것 아닐까? 우리 머릿속에도 그런 생각이 여전히 자리하고 있는 것 아닐까? "싸고 맛있는 미국산 쇠고기 배 터지게 먹어 보자"와 "영양가 만점인 빵이 밥보다 좋다"는 목소리가 암울했던 도시락 검사의 풍경과 오버랩되는 것은 필자만의 생각일까?

# 54 박정희 작사, 박정희 작곡
## 〈나의 조국〉

방송에서는 반공의식을 고취하거나 정부 정책을 홍보하는 프로그램을 방영하도록 하였다. 당시 극장에서는 영화 관람 전에 애국가와 정부 홍보용 〈대한뉴스〉를 반드시 상영하였다.

유신 시대 텔레비전은 저녁 6시에 시작했다. 1차 오일쇼크 이후 방송 시간이 하루 6시간(6시~12시)으로 줄어든 탓이다. 6시 첫 프로는 대개 만화영화였다. 아이들이 설렘 가득한 눈망울로 텔레비전 앞에 모여들고, 마침내 6시가 되면 화면조정 시간이 끝나고 애국가가 울려 퍼지며 방송 시작을 알렸다. 그런데 애국가가 끝나면 또 다른 노래가 흘러나왔다. 한국의 산하를 배경으로 '박정희 작사, 박정희 작곡'이라고 선명하게 씌어진 자막과 함께 나온 노래 〈나의 조국〉이었다.

백두산의 푸른 정기 이 땅을 수호하고
한라산의 높은 기상 이 겨레 지켜 왔네
무궁화꽃 피고 져도 유구한 우리 역사
굳세게도 살아 왔네 슬기로운 우리 겨레

이 노래를 3절까지 다 들어야 만화영화 〈딱따구리〉와 〈캔디〉를 볼 수 있었다. 그렇게 유신 시대 어린이들은 박정희가 창작한 일본 군가풍 노래를 학교에서 배우고, 텔레비전에서 듣고, 심심하면 부르며 어린 시절을 보냈다.

### 이 노래 모르면 간첩

'박정희 작사, 박정희 작곡' 노래는 지금도 길거리에서 들을 수 있다. '새마을 식당'이라는 프랜차이즈 식당에서 홍보용으로 트는 〈새마을 노래〉가 바로 '박정희 작사, 박정희 작곡' 노래다. 이상하게 일본 군가풍 노래가 들린다 싶으면 박정희 작사·작곡이라고 생각해도 될 것이다.

70년대를 살았던 사람에게 〈새마을 노래〉와 〈나의 조국〉은 선명하게 머릿속에 남아 있다. 그럴 수밖에 없는 것이 학교에서 배우고, 직장에서 배우고, 방송에서 틀고, 행사 때도 틀고, 심지어 동사무소 스피커에서도 흘러나와 그야말로 '귀에 못이 박힐 정도로' 들은 탓이다. 히틀러 시대 선전상 괴벨스가 말하기를 자꾸 반복해서 들려주면 자신도 모르게 세뇌된다고 했던가. 세뇌까지는 아니더도 현재 40대 이상 한국인 중 이 노래가 기억 나지 않는다면 간첩으로 봐도 무방할 것이다. 필자도 〈애국가〉 2절은 몰라도 〈나의 조국〉 2절은 알았고, 〈아리랑〉은 다 못 불러도 〈나의 조국〉 1절은 술술 불렀다.

독재 정권은 필연적으로 독재자 자신

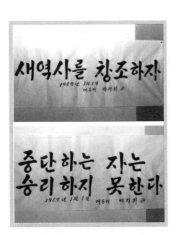

박정희 대통령 휘호. 1969년 1월 1일.

이 전면에 나서야 한다. 독재란 것이 생각은 오직 한 사람만 하고 나머지는 모두 따라가는 정치체제이므로 당연한 결과였다. 그래서 시찰도 하고, 연설도 하고, 노래도 만들고, 그림도 그려야 했다. 문화재 현판과 주요 기념물 곳곳에 박정희 글씨가 남아 있고, 온천에 가든 방조제에 가든 박정희가 다녀간 곳이란 팻말이 붙어 있고, 그가 만든 노래를 전 국민이 애창해야만 했던 것이다.

"언제나 조국과 민족을 생각하는 박정희 대통령은 〈나의 조국〉이란 노래 속에 그 마음을 담았습니다." — 〈대한뉴스〉

"매일 상오 6시, 우렁찬 애국가가 잠든 마을을 깨운데 이어 '안녕하십니까, 이장 00입니다. 오늘은 대청소일이오니…'란 방송이 계속된다. 이어 〈새마을 노래〉, 〈잘살아 보세〉, 〈나의 조국〉 등이 1시간 동안 울려퍼진다."

— 〈농촌의 새 풍속도 — 앰프 시설, 마을의 하루를 깨우는 전령〉, 《경향신문》 1977년 6월 23일자.

## 〈상록수〉의 낮지만 긴 울림

이처럼 온 나라에서 박정희 노래가 울려퍼지고 대중가요가 대마초 벼락을 맞고 숨죽이던 시절, 시골로 도망친 김민기가 조용히 노래 하나를 만들었다. 유신 초기 〈아침이슬〉을 작곡했다가 졸지에 김일성 찬양 노래로 찍혀 날벼락을 맞은 뒤 공장에서 노동자로 일하며 그들과 아픔을 함께하다 노래극 〈공장의 불빛〉을 세상에 내놓고 시골로 들어간 후 만든 노래였다.

저 들에 푸르른 솔잎을 보라

돌보는 사람도 하나 없는데

비바람 맞고 눈보라 쳐도

온 누리 끝까지 맘껏 푸르다

아름다운 서정의 노래도 현실을 고발하는 노래도 정권을 비판하는 노래도 서슬 퍼런 유신의 칼날 앞에 이슬처럼 사위어 가던 시절, 그는 차라리 희망을 노래하기로 마음 먹었다.

우리 가진 것 비록 적어도

손에 손 맞잡고 눈물 흘리니

우리 나갈 길 멀고 험해도

깨치고 나아가 끝내 이기리라

깨치고 나아가 끝내 이기리라

10·26 전야. 그의 노래가 낮은 읊조림으로 서서히 광야에 울려퍼지고 있었다. 씩씩한 군가풍의 〈나의 조국〉이 온 누리를 뒤덮을 때, 저 푸르른 들판에는 새로운 세상에 대한 염원과 비원이 낮게 낮게 퍼져 나가고 있었다. 〈나의 조국〉은 박정희의 죽음과 함께 사라졌지만, 김민기의 노래 〈상록수〉는 지금까지도 널리 애창되고 있다. 유신 말기를 적신 두 노래의 운명과 주인공의 운명. 그것이 노래가 가진 운명의 힘이라면 너무 기막히지 않은가?

# 55 독재자도 이룰 수 없었던
## 수도 이전 계획

> 도시화 과정에서 교통난, 주택난, 공해 문제, 빈곤과 실업 문제 등 다양한 문제가 발생하였다.

70년대 말, 서울운동장(현 동대문역사문화공원) 앞에서 버스를 타고 화양리까지 가는 데 1시간씩 걸렸다. 서울운동장 앞에서 신당—왕십리—한양대를 지나는 길이 항상 차로 가득했기 때문이다. 1978년 당시 서울 인구는 782만 명, 이 중 5백만 명이 강북에 밀집해 있었다.

### 행정수도 건설을 위한 백지계획

70년대 중반부터 박정희 대통령은 수도 이전을 심각하게 검토하기 시작했다. 당시 서울 집중은 커다란 사회 문제였다. 인구의 21퍼센트, 제조업체의 27퍼센트, 법인기업의 70퍼센트, 금융기관 예금 및 대출의 64퍼센트, 소득신고액의 62퍼센트, 내국세의 58퍼센트, 대학생의 56퍼센트, 개업 의사의 41퍼센트, 약국의 44퍼센트, 승용차의 57퍼센트가 서울에 몰려 있았다.[*]

---

[*] 〈제조업체 26퍼센트가 서울에 집중〉, 《매일경제》 1978년 2월 11일자.

물론 이 모든 것이 강북에 집중되어 있었다.

서울 집중의 가장 큰 문제는 국방이었다. 만약 전쟁이 일어난다면 북한 장사정포의 사정거리 안에 있는 서울은 큰 타격을 입을 것이고, 6·25 때처럼 서울을 빼앗긴다면 나라의 절반을 점령당하는 것이나 마찬가지였다. 게다가 당시 한강을 연결하는 다리는 5~6개 정도여서 남쪽으로 피난 갈 방법도 없었다. 항상 남침의 위험을 강조하는 정권이 정작 남침에 대비하지 않고 한강 이북에 국력을 마냥 축적해 놓는 것은 모순이었다.

그래서 박정희 대통령은 수도 이전을 계획하기 시작했다. 수백 명의 전문가와 공무원이 동원되어 도시 설계부터 지질까지 광범위하게 조사 연구한 끝에 마침내 방대한 분량의 행정수도 이전 계획을 수립하였다. 이것이 현재 전해 오는 '행정수도 건설을 위한 백지계획' 보고서(26권)이다.

이 보고서에 따르면, 총 건설 기간은 1982년부터 1996년까지 15년, 인구는 50~100만 명 규모로 중앙 행정지구, 동부와 서부의 상업지구, 다양한 주택지구가 계획되었다. 시민들을 위한 공원, 주택, 전철, 상하수도, 지하 전신 및 케이블망 구축까지 완벽하게 정리되었다. 중앙 행정지구는 중앙광장을 중심으로 북쪽에 중앙청(행정), 서쪽에 대법원(사법), 동쪽에 국회(입법), 남쪽에는 시청을 두었으며 중앙청 북쪽에 대통령 관저를 배치하였다. 대통령 관저는 영빈관, 공관, 집무실, 비서실 등이 있고 서울 청와대보다 14배나 큰 면적으로 설계되었다.

박정희가 행정수도로 적합하다고 여긴 조건은 휴전선에서 평양까지 거리 정도에 해당하는 남쪽 지역으로, 서울에서 기차나 전철로 2시간 이내 거리이며 지진 기록이 없고 농토가 적고 적당한 구릉과 야산이 있는 등의 조건을 만족하는 곳이었다. 이런 조건을 만족하는 충청도의 7~10개 지역을 조사하여 후보지를 천원 (구 천안군), 논산, 장기 지구(현 충남 공주시 장기면 일대)로 압축하고 그중 장기 지구를 가상 입지로 해서 행정수도 건설 구상을 추진하였다.

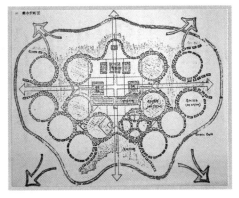

〈행정수도 건설을 위한 백지계획〉에 수록된 도시 계획도.

## 수도 이전 대신 강남 개발로

하지만 야심찬 수도 이전 계획은 실행되지 못했다. 표면적인 이유는 예산 문제였다. 당시 화폐가치로 5조 3천억 원*의 막대한 금액과 연인원 2억 명의 노동력이 투입돼야 할 것으로 예상됐다. 박정희 정권뿐만 아니라 다른 역대 정권에서도 수도 이전을 구상하기는 했지만 엄청난 재원을 마련할 엄두를 내지 못했다. 그러나 사실 진짜 이유는 기득권층의 반발이었다. 이는 노무현 정부의 행정수도 건설 계획의 좌절을 통해서 알 수 있다. 당시 야당이던 한나라당(현 자유한국당)은 행정수도 이전을 결사적으로 반대했고 헌법소원까지 냈다. 노무현 정부는 헌법재판소 합헌 판결을 낙관했지만 의외로 위헌 판결을 받았다. "서울은 헌법에 명시되어 있지 않지만 관습헌법상의 수도"라는 희한한 논리가 동원된 판결이었다.

수도 이전은 기존 질서에 엄청난 충격을 준다. 박정희가 수도 이전을 극비로 진행한 것도 이 때문이었다. 예컨대 한국의 부동산 시장은 대부분 서

---

* 1979년 정부 예산이 4조 5천억 원이었다. 2018년 한국 정부 예산은 430조 원 수준이다.

서울 광화문 거리. 1969년 6월 26일.

울의 부동산을 토대로 하는데, 수도가 이전하면 땅값이 떨어져 부동산으로 부를 축적한 이들은 심각한 타격을 받을 것이 명백하다. 서울에서 근무하는 고위급 인사와 관리들이 새로운 수도로 이주하면 이에 따라 교육과 의료 등 각종 혜택도 따라갈 것이고, 서울을 토대로 발전한 경기도와 인천 등의 쇠퇴도 불을 보듯 뻔하다. 국가 중심지 이전은 국토 전체의 재편으로 이어질 것이다. 이를 막기 위해서라면 관습헌법이든 뭐든 들이대야 했을 것이다.

결국 박정희 정권은 수도 이전 대신 서울의 개조 및 확장으로 정책을 전환하였다. 강남 개발이 한층 탄력을 받고 서울의 교통난 해소를 위한 지하철 건설도 더 빨리 추진되었다. 1975년 1호선 전철이 다분히 북한과의 경쟁 심리 때문이었다면,[*] 1980년 개통한 2호선과 이후 3~8호선은 서울의 교통난 해소를 위한 절박함의 발로였다. 당장 2호선이 개통되면서 동대문-화양리 구간은 버스로 30분 이내 이동이 가능해졌다.

지지부진하던 강남 개발도 70년대 후반 급속히 진행되었다. 특히 1978년 휘문고 등 강북의 명문고들이 이전하여 8학군을 형성하면서 새로운 교육특구로 엄청나게 발전하기 시작했다. 2호선 개통으로 강북으로 이동하는 시

---

[*] 70년대 초 남북 적십자회담을 평양에서 개최했을 때 남한 사람들은 평양 지하철에 충격을 받았다.

지하철 1호선 승강장 풍경. 1975년 2월 21일(서울시 사진 아카이브).

간이 크게 단축되고, 이어 강남과 강북을 연결하는 3호선과 4호선이 연달아 개통되었다. 또 삼성역, 강남역 주변에 강북의 금융권 및 대기업 본사가 이전하면서 오히려 강북보다 더욱 번화한 곳이 되었다. 이렇게 팽창이 가속화되면서 서울은 1천만 인구 시대를 맞이하게 된다.

박정희도 어찌할 수 없는 기득권층의 이기주의, 아니 독재 정권이 국민의 지지를 받지 못해 기득권의 지지에 얽매일수록 오히려 박정희는 기득권층의 봉사자로 전락했다. 수도 이전 계획의 좌절의 역사는 독재 정권의 진정한 주인이 누구인가를 보여 주는 대표적 사례였다.

# 아파트 공화국의 탄생

### 미니 2층과 아파트

> 정부는 도시의 주거환경을 개선하기 위하여 대규모 아파트 단지를 건설하고 서울 근교에 신도시를 건설하였다.

필자가 어릴 때 자란 집은 서울 변두리의 낡은 개량 한옥으로 마루와 툇마루가 있는 허름한 집이었다. 초등학교 때 이사간 집은 '미니 2층'이라고 불린 마당과 테라스가 있는 예쁜 집이었다. 그리고 결혼하면서 15평 작은 아파트에서 신혼 살림을 차리고, 이어 27평 다세대주택으로 이사하여 오늘까지 살고 있다.

### 온돌과 보일러의 결합, 미니 2층

전통적인 한국의 가옥 형태인 한옥은 일제강점기를 거치면서 변화를 겪는다. 일본식과 서양식 집이 들어오면서 구조와 기능 면에서 절충된 형태의 집이 생겨났다. 한국에 외국의 주택 형태가 도입되기 어려웠던 것은 온돌 때문이었다. 온돌은 방 밑에서 불을 때는 난방 형식이므로 2층 이상의 복층 구조 주택에는 적용하기 어려웠다.

유럽에서는 근대 들어 새로운 주거 형태로 아파트가 유행했다. 층층이 집이 쌓여 있는 다층집 형태의 아파트는 원래 노동자 주택이었다. 산업혁명 이후 대규모 기계공업이 발달하고 공장이 거대화되면서 많은 노동자들을 고용하게 되었는데, 노동자들이 출퇴근하려면 가까운 거리에 거주해야 하므로 좁은 면적에 많은 사람이 살 수 있는 다층집이 나타났다. 이것이 아파트이다. 아파트에는 주로 하층민이 거주했으며, 오염과 소음 등에 노출된 환경 속에서 도시 전염병 창궐의 주범으로 지목받았다.

공업화와 인구 집중으로 서울에도 다양한 주거 형태가 나타났다. 좁은 면적에 많은 인구가 살려면 다층집이 필수적인데 온돌 구조와 타협해야 하니 이런저런 시도가 이루어졌다. 그 과정에서 나온 가옥 형태 중 하나가 미니 2층이다.

미니 2층이라는 이름은 일종의 별칭이고 '불란서(프랑스) 주택'이 공식 명칭일 것이다.[*] 아궁이에 직접 불을 때 난방을 하는 방식이 아니라 아궁이의 열기로 물을 가열하여 집 전체를 데우는 보일러식 난방이 등장하면서, 온돌과 보일러가 결합되어 서양식의 넓은 테라스와 마당이 있는 집이 등장하게 된 것이다. 이 집의 기본 구조는 지하실이 있고 그 위에 집이 올라가고 높은 지붕이 덮고 있는 형태인데, 이 지붕 때문에 2층집처럼 보여서 미니 2층이라고 했다.

미니 2층은 단독주택으로 인기가 많았다. 테라스와 마당이 있어 아이 키우기에 적합했고, 지하실과 지붕의 높은 공간을 다양한 용도로 개조할 수 있었다. 지붕의 공간을 방으로 개조하여 아이들 방을 만들거나, 지하실을 개조해 공방 등으로 활용하기도 했다. 이때 지어진 미니 2층은 대부분 다세

---

[*] 임창복, 《한국의 주택 그 유형과 변천사》, 돌베개, 2011.

대 주택으로 개조되었을 것이다.

## 아파트 열풍에 담긴 자본의 욕망

한편 아파트는 60년대 들어와서 70년대부터 유행하기 시작했다. 아파트라는 말은 일제강점기부터 있었지만 당시에는 주거용이라기보다 숙박용, 즉 호텔에 가까웠고, 지금과 같은 의미의 아파트는 1958년 종암아파트와 1962년 마포아파트부터라고 할 수 있다. 처음에는 낯선 형태여서 꺼리는 사람들이 많아 마포아파트 입주율이 10퍼센트에 머물렀다. 연탄 아궁이로 난방과 취사를 하는 구조여서 연탄가스로 인한 중독사의 위험도 기피 이유였다. 그래서 관리소장이 직접 하룻밤을 자고 이상 없음을 증명한 뒤에야 겨우 입주시키기도 했다. 그 외에도 허공에 떠서 산다는 것, 층층이 사람들이 포개져 생활한다는 것 등도 아파트를 꺼린 이유였다.

마포아파트 항공사진 촬영. 1963년.

서울에서 아파트 바람이 불기 시작한 것은 70년대부터였다. 서울의 아파트가 유럽과 달리 중산층 거주 공간으로 인식된 것이 1차적인 인기 요인이었다.

아파트에 산다고 하면 대부분 아파트 거주자는 상당한 부유층이었기 때문에 부에 대한 부러움과 그들이 누리고 있는 서구 문물에 대한 동경 같은 것들이 아파트에 대한 환상을 불러일으켰었다.[*]

아파트는 기존 한옥과 매우 다른 생활 공간이었다. 특히 70년대부터 부엌이 입식으로 바뀌고 아궁이가 아니라 보일러와 가스레인지로 난방과 취사를 하게 되면서 기존의 불편함이 많이 해소되었고, 또 한옥과 달리 화장실이 실내 공간으로 들어오면서 생활의 편리성이 강조되었다. 정부와 건설사가 모델하우스를 지어 미리 내부를 구경시켜 호감도를 높인 것도 주효했다.

그 외 아파트 인기의 2차적인 이유는 부동산 투기 열풍과 밀접한 연관이 있다. 70년대 서울의 주택보급률은 50퍼센트 미만으로 집에 대한 수요는 얼마든지 있었다. 여기에 핵가족 생활에 적합한 구조로 지

세운상가 아파트 준공식에 참석한 박정희 대통령. 1967년 11월 17일.

[*] 장림종·박진희,《대한민국 아파트 발굴사》, 효형출판, 2009, 34쪽.

방에서 올라온 직장인들에게 인기가 많아 아파트를 산 뒤 전월세로 임대하거나 싼 가격에 사서 실수요자에게 비싸게 되파는 것이 가능했다.

서울의 아파트가 서민용이 아니라 중산층 이상의 거주 용도로 개발되고 확실하게 이윤을 보장하는 투자 수단이 되자, 아파트 매매 열기가 폭발했다. 이와 함께 강남 개발로 강남에 대규모 아파트 단지가 조성되고, 강남 부동산 가격이 하늘 높은 줄 모르고 치솟으면서 아파트는 한국 자본의 욕망을 대표하는 상징이 되었다.

이제 한국의 전통적인 생활 공간인 한옥은 문화재로 남을 정도로 흔적만 남게 되었다. 단독주택은 70년대를 기점으로 사치스러운 상류층의 거주지가 되고, 서민과 중산층은 모두 아파트와 다세대주택에서 살게 되었다. 이역시 유신 시대의 커다란 변화이며, 오늘까지 우리는 그 변화가 일으킨 공간 속에서 살고 있다.

## 연탄과 식목일

60년대까지 어느 기록사진을 보아도 한국의 산야는 모두 벌거숭이였다. 한국전쟁 때 폭격으로 파괴되고, 빨치산 토벌을 위해 산에 불을 지르고, 아궁이에 지필 장작을 마련하려고 마구 나무를 잘랐기 때문이다. 정부가 식목일을 지정하고 휴일로 삼아 나무를 심도록 장려해도 당장 취사와 난방에 쓸 나무가 필요하니 나무가 자랄 수 없었다. 정부는 새로운 취사 및 난방 연료로 연탄을 장려했고, 우여곡절 끝에 연탄은 60~70년대 가장 일반적인 가정 연료로 정착했다. 그 덕에 연탄가스 중독 사고가 빈번해졌다. 연탄이 타면서 나오는 일산화탄소는 무색무취여서 '소리 없는 살인자'라고도 불렸다. 일가족이 밤새 모두 죽는 참변이 일어나는 등 신문 사회 면과 뉴스 사고란에 겨울이면 항상 연탄가스 중독 사고 기사가 등장했다. 그 대신 점점 산의 나무가 살아나기 시작했다. 장작을 사용하지 않아 나무를 베어 갈 이유가 없어졌기 때문이다. 70년대 자연보호운동의 성공 배경에는 연탄 사용으로 인한 연료 대체가 크게 작용하였다. '우리 강산 푸르게 푸르게'는 나무를 심는 노력보다 나무를 대체할 대체 에너지원을 찾은 덕이 더 컸던 셈이다.

# 57 강남 개발 잔혹사
## 현대아파트 특혜분양

영동, 잠실이 개발되고 인구의 강남 분산 정책이 강력하게 추진되었다.

중세 이슬람에는 흥미로운 문화가 있었다. 자신이 얻은 재산은 모두 하나님에게서 온 것이므로 다시 하나님께 드린다는 것, 바로 기부이다. 그래서 이슬람 상인들은 많은 재산을 과학자와 학자에게 기부하고, 그 돈을 학자들이 어떻게 사용하는지는 관여하지 않았다. 기부자의 간섭으로부터 자유로운 이슬람 과학자들은 마음껏 자신의 호기심을 충족시킬 수 있었다. 그것이 중세 이슬람 과학 발전의 배경이었다. 그렇다면 박정희 시대 경제성장으로 재산을 축적한 우리나라 부자들은 어땠을까?

### 강북 인구를 강남으로 분산시켜라

70년대 국가가 주도하고 통제하는 경제체제 속에서 부를 축적한 한국의 부자들에게 기부나 자선은 기대하기 어려운 일이었다. 그러기에는 70년대 한국은 대통령부터 거지까지 모두 자본에 대한 욕망으로 불타오르고 있었다. '한 푼 두 푼 저축하여 부자가 되자'를 금과옥조로 여기던 시대에 한 푼이라도 경제적 투자 이외의 목적에 쓴다는 것은 용납될 수 없었다. 그때 돈 있는 사람들의 이목을 끈 것이 강남 개발이다.

강남 개발은 여러 가지 목적으로 시작되었다. 맨 처음 시작은 경부고속도 로였다. 경부고속도로를 건설하면서 강북터미널에서 한강 이남으로 건너 갈 다리를 건설했는데 이것이 제3한강교(지금의 한남대교)다. 제3한강교를 통해 강남과 강북의 이동이 자유로워지자 이 일대를 중심으로 서울 인구 분 산을 위한 개발사업이 시작되었다. 원래 강남은 행정구역상 경기도 광주군 에 속하는 밭농사 지역으로 서울 시민에게 공급하는 채소 농사를 주로 짓던 곳이다. 이곳이 뒤에 서울의 영등포구와 성동구로 편입되었고, 그래서 이 일대를 '영동지구'라고 불렀다. 60년대까지 강남 지역 대부분은 한가로이 소가 들판의 풀을 뜯어먹는 농촌이었다.

그런데 제3한강교가 건설되고 개발사업이 진행되자 땅값이 들썩이기 시 작했다. 이에 청와대 박종규 경호실장 등이 시세 차익을 통해 대규모 정치 자금을 조성하기 위해 영동 1, 2지구 개발에 개입하였다. 특히 지금의 삼성 역 주변에 상공부 등 정부기관과 국영기업 이전, 직원들의 주택 건설 계획 이 발표되면서 땅값이 급 속히 오르기 시작했다. 이 때 개발된 지역이 서초, 양 재, 삼성, 압구정, 청담, 도 곡, 논현 등 지금까지도 가 장 '핫'한 지역이다. 손정목 의 기록에 다르면, 토지마 다 차이가 있지만 대략 평

1976년 강남구 삼성동 일대. 강남소방서 기공식 현장. 1976 년 7월 16일(서울시 사진 아카이브).

당 5~6천 원에 매입하여 1만 6천~1만 7천 원에 매각하였다. 이렇게 마련한 정치자금 18억 원 정도가 1971년 대선 선거 비용 중 일부로 사용되었으리라 추정된다.[*]

그렇다고 정부가 강남 개발이라는 사기를 친 것은 아니었다. 수도 이전 계획과는 별개로 강북 인구의 강남 분산은 70년대 내내 추진되었다. 잠실 개발, 올림픽을 위한 종합운동장 건설 계획, 영동지구 아파트 건설, 버스터미널과 명문 학교 강남 이전, 지하철 2호선을 강남을 관통하는 순환선으로 설계 변경하는 등 사상 유례 없는 대규모 도시 개발 계획이 진행되었다. 수만 명에 지나지 않던 영동지구 인구가 지속적으로 증가하여 1995년에는 강남구 57만 명, 서초구 41만 명, 송파구 68만 명으로 늘어났다. 그만큼 개발 사업이 강남에 집중되었으니 부동산 가격은 오르게 되어 있었다.

## 보수 인사들이 대거 포함된 특혜자 명단

강남의 화려함은 70년대에 이미 계획된 것이었다. 예를 들어, 강북 인구 억제를 위해 강북에서 숙박업소 및 유흥업소를 새로 만들거나 확장하는 것을 금지했다. 이 때문에 강북의 유명한 유흥업소들이 강남으로 이전했고, 그것이 오늘날 불야성을 이루는 강남 환락가의 시작이었다. 투기적이고 쾌락적인 자본주의가 강남 이전의 일차적 유혹을 받은 것이다. 1963년부터 1979년까지 강북 땅값이 약 25배 오를 때 강남 땅값은 최고 1,333배까지 올랐다. 중구 신당동이 평당 3만 원에서 50만 원으로 17배 오른 반면, 강남구 학동은 3백 원에서 40만 원(1,300배), 압구정동은 4백 원에서 35만 원(875

---

[*] 손정목, 《서울도시계획이야기》 3권, 한울, 2003.

서울 한강변 허허벌판에 들어선 아파트 단지. 1976년 11월 29일.

배), 신사동은 4백 원에서 40만 원(1천 배)이 되었다.* 한국 부동산 시장은 가격이 비싼 것도 문제지만, 가격 상승폭이 너무 가파르다는 것이 더 큰 문제다. 급격한 부동산 가격 변화는 안정적인 산업 및 기업의 시설 투자를 어렵게 만들기 때문이다.

이런 과잉 열풍의 꼭대기에서 1978년 현대아파트 특혜분양 사건이 일어났다. 압구정동에 건설한 현대아파트는 사원용과 일반용이 있었는데, 사원용 아파트가 실제로는 일반인에게 분양되었고 그 일반인의 상당수가 고위층이었던 것이다. 이때 적발된 사람들은 국회의원 6명, 언론인 34명, 검사

* 앞의 책, 159쪽.

를 포함한 법조인 7명, 예비역 장군 6명, 서울대 교수 5명, 전직 장관 5명, 차관급 인사와 중앙정보부 간부를 포함한 고위 공직자 190여 명 등 총 6백여 명이었다. 7월 4일 정부가 발표한 특혜분양자 명단에는 육인수 국회의원(육영수 친오빠), 오제도 무소속 국회의원, 최병렬 조선일보 기자(1994년 서울시장), 강경식 차관보(1997년 경제부총리) 등 과거와 미래의 주요 보수 인사들이 대거 포함되어 있었다.

　강남 개발로 강북의 과밀 인구만 이전된 것이 아니라 70년대 경제성장의 탐욕까지 함께 이전되었다. 강남 개발을 주도한 당시 서울시 도시계획국장 손정목은 실제 강남 개발이 애초 계획과 다르게 추진되었다고 한탄했지만, 처음부터 강남은 그렇게 개발될 수밖에 없었다. 그것은 투기를 한 사람, 강남에 산 사람들의 책임이 아니다. 왜곡된 경제성장과 그 부작용의 결과, 즉 탐욕의 70년대 경제성장의 뒷모습이었다.

# 그해 겨울은 추웠다
## 2차 오일쇼크

> 2차 석유파동으로 수출산업 중심으로 성장해 오던 우리 경제도 큰 타격을 입어 물가 급등, 수출 신장 둔화, 경기 후퇴 및 실업 증가 등의 현상이 나타났다.

그해 겨울은 유난히 추웠다. 내복 위에 티셔츠를 입고 두꺼운 스웨터와 바지 위에 털오바를 입고 양말을 두 개 겹쳐 신고 장갑을 꼈어도 교실은 추웠다. 맨손으로는 손이 시려 글씨를 쓸 수 없어 장갑을 끼고 쓰려니 글씨가 삐뚤빼뚤, 교실 난로는 오전에만 잠깐 온기를 품었을 뿐 이내 꺼져서 차갑게 식었다. 그나마 겨울방학이 길어져 다행이었다고 할까?

### 정권과 재벌 덮친 '오일' 태풍

1978년 12월 이란에서 팔레비 왕조를 타도하는 소위 '회교(이슬람)혁명'이 일어났다. 팔레비 왕은 미국 등 서양의 석유회사들이 마음껏 이란의 석유를 퍼 가게 하고 그 대신 정치자금을 받아 독재정치를 했다. 이에 분노한 이란 민중들이 이슬람 지도자 호메이니와 함께 봉기를 일으켜 왕조를 타도하고 이슬람공화국을 수립했다. 그리고 석유 이권과 관련된 미국 등이 혁명에 개입하려 하자 석유 수출 금지를 단행하여 서구 사회를 압박했다. 2차

오일쇼크다.[*]

그해 겨울부터 전 세계적으로 경제 불황이 엄습했다. 인권외교를 주창하던 미국의 카터 행정부도 자국 메이저 석유회사의 이익과 호메이니 정권 사이에서 출구를 찾지 못했다. 10달러 선이었던 국제 유가가 30달러 이상으로 폭등했고, 당연히 석유를 기반으로 하는 중화학공업 전체가 타격을 입었다.

한국은 다른 나라보다 훨씬 더 큰 충격을 받았다. 중화학공업에 집중 투자한 데다 과잉 중복투자도 심각했으며, 중화학공업 육성 정책 속에서 자동차·조선·화학·정유 등의 분야에서 거대 규모로 성장한 재벌들은 박정희의 통제력을 벗어나 마음대로 기업을 확장했다. 당시 재벌 계열사들을 보면, 대우는 대우중공업·대우조선·대우전자·세한자동차를 거느렸고, 현대는 현대자동차·현대중공업·현대조선, 삼성도 삼성중공업·삼성조선·삼성전자를 거느리는 등 서로 중복되어 있었다. 소비재는 독과점으로 운영하면서 정작 덩치가 큰 중화학공업은 중복 진출하여 출혈 경쟁이 심각했다. 여기에 중화학공업에 투자하느라 유치한 외채 만기가 도래하고 있었다.

이미 재벌과 정권은 공동운명체였고, 재벌이 정권의 위에 있는 상태였다. 박정희가 말년에 "경제 문제에 자신이 없다"고 토로할 정도였다.[**] 오일쇼크

---

[*] '오일쇼크'라고 하면 대개 산유국의 자원 무기화로 이해하는데, 그렇게 간단한 문제가 아니다. 중동은 유럽의 식민지였기 때문에 석유를 미국과 유럽의 몇몇 메이저 회사들이 개발, 판매했다. 중동 국가들이 독립한 이후에도 마찬가지였다. 산유국들이 유전을 국유화하거나 자국에 유리한 조건으로 협상하는 것을 막기 위해 미국과 유럽은 친서방적 독재 정권을 지원하고 민주 정부 수립을 방해했다. 결국 식민지 시대 서구에 빼앗긴 석유 이권을 되찾기 위한 싸움이었기 때문에 복잡한 정치적 양상이 나타났던 것이다.

[**] 주태산,《경제 못 살리면 감방 간대이: 한국의 경제부총리, 그 인물과 전략》, 중앙 M&B, 1998; 강준만,《한국현대사산책 1970년대》 3권, 인물과 사상사, 2002에서 재인용.

경제인연합회 대표를 접견하는 박정희 대통령. 1971년 6월 11일.

로 닥친 불황의 늪은 그전부터 예견된 것이었고, 단지 조금 더 빠르고 더 강하게 몰아 닥쳤을 뿐이다. 정권이 살고 재벌이 살려면 오일쇼크로 인한 경제 불황과 국가재정 위기를 국민들의 혈세로 메우는 길밖에 없었다. 몇몇 재벌과 정치인들을 국민이 먹여 살리는 착취와 억압의 구조가 만천하에 드러난 것이 오일쇼크 이후 한국 경제였다.

## 모든 부담은 국민에게

국가재정 부담을 서민에게 지우는 가장 대표적인 방법이 간접세, 특히 주세 같은 서민 소비재에 붙는 세금이다. 이미 1978년 세금 징수 현황을 보면 봉급자가 내는 원천징수분은 16.8퍼센트 초과징수하였으나 사업자의 신고분은 무려 27퍼센트나 미달되었고, 간접세도 주세의 경우 16.6퍼센트나 더 징수하였다. 그럼에도 불구하고 정부는 7월 13일 소득세를 낮추는 등 직접세를 인하했다. 1979년 박정희 사망 직전까지도 언론은 "전반적인 경기 침체에도 불구하고 세금이 매우 잘 걷히고 있다. … 신고분은 부진한 실적을 보인 데 반해 원천분은 연간 목표율을 8.5퍼센트나 초과… 상속세는 부진… 간접세는 초과"라고 보도하고 있다. *

---

* 〈내국세 징수 99.6퍼센트〉,《동아일보》1979년 11월 17일자.

물가는 폭등하였다. 1979년 7월 10일 정부는 석유값은 59퍼센트, 전기료는 35퍼센트 올렸다. 이에 대해 신민당은 "정부가 앞으로 오를 것까지 포함해서 인상 폭을 결정하였다"고 비판했다.[**] 기업의 충격을 최소화하기 위해 국민에게 그 부담을 전가했다는 것이다. 이로 인해 물가는 20~30퍼센트 고공 상승하여 이미 5월에 정부의 1979년 억제목표선 11퍼센트가 무너졌다. 1년 내내 언론 보도를 통제했음에도 불구하고 물가 관련 기사가 실리지 않을 수 없는 지경이었다. 정부는 모든 것을 이란과 산유국 탓으로 돌렸지만, 실제로는 정부의 친기업적 정책 탓이었다. 정부가 운영하는 정부 시책 평가 교수단에서도 "긴축정책의 부담을 노사가 함께 져야 한다"고 건의했다.[***]

뿌리 깊은 나무는 큰 바람에도 끄떡 없지만, 그렇지 않은 나무는 작은 바람에도 쓰러지고 만다. 이미 부실화되고 곪을 대로 곪은 한국 경제는 오일쇼크라는 태풍에 휘청거렸다. 그것은 경제성장을 지고의 목표로 하는 정권에도 치명적이었다. 초등학교 교실의 난방용 석탄조차 변변히 댈 수 없었던 수출 100억 달러 중진국의 허상이 그 종막으로 향하고 있었다.

---

[**] 〈서민 외면한 정책 부재〉, 《동아일보》 1979년 7월 10일자.

[***] 〈긴축부담 노사 같이 지도록〉, 《동아일보》 1979년 9월 5일자.

# 카터를 붙잡아라
## 주한미군 철수

나라 안팎에서 궁지에 몰린 박정희 정부는 민주화운동과 야당에 대한 탄압을 강화
함으로써 위기에서 벗어나고자 하였다.

1978년 11월 22일 주한미군 1개 전투대대 5백 여 명이 철수하였다. 국민
의 지지를 받지 못하는 독재 정권은 지켜 주지 않겠다는 미국의 카터 행정
부가 박정희 정권을 향해 칼을 빼어 든 것이다. 카터 대통령은 앞으로 4,5년
안에 모든 주한미군을 철수하겠다고 선언했다. 박정희 정권으로선 심대한
타격이었다.

### 미군 철수를 막으려는 필사의 외교전

1972년 북한의 정규군은 46만 명,[*] 1979년에는 51만 명 수준으로 추정되
었다.[**] 그에 비해 남한 병력은 63만 명으로 수적 우위에 있었다. 그런데 왜

---

[*] 《경향신문》 1972년 7월 21일자.

[**] 《동아일보》 1979년 1월 1일자. 그런데 80년대 전두환 정부 출범 이후 갑자기 북한 정규군 숫자가 폭
발적으로 늘어나기 시작한다. 1981년에는 최소 73만 명으로 발표했고(《동아일보》 1981년 2월 14일
자), 1985년에는 84만 명(《경향신문》 1985년 11월 1일자), 1994년에는 103만으로 발표했다(《경향신

주한미군이 필요했던 것일까? 이에 대해 박정희 대통령은 1975년 6월 15일 UPI와의 인터뷰에서 "(남한 군사력만으로는) 북괴의 배후에 있는 공산군의 군사력을 저지할 수 없다"고 설명했다. 즉, 주한미군 주둔은 북한의 남침 저지력이 아니라 전쟁이 터졌을 때 중공과 소련의 개입까지 포함한 억지력으로서 의미가 있다는 것이다. 이는 80년대 북한이 남한보다 군사적으로 우위에 있으므로 남북 군사력 균형을 위해 주한미군이 필요하다는 인식과는 차이가 있다.

전문가들의 견해도 비슷했다. 1977년 《동아일보》에서 마련한 대담에서 강영훈 교수(외국어대 대학원장)는 미국이 북한의 지상 남침을 한국 육군이 충분히 저지할 수 있다고 판단한다고 했고, 한배호 교수(고려대)는 미군 철수가 꼭 남북 군사력 불균형을 초래한다고 볼 수는 없다고 했다. 다만, 주한미군 철수가 북한이 남한의 군사력을 오판하여 남침할 빌미를 줄 위험이 있다는 것이었다.[***]

하지만 주한미군이 단순히 북한의 오판을 막거나 중국과 소련의 전쟁 개입을 막기 위한 용도였다면, 박정희 정부가 그토록 주한미군에 매달렸을 리 없지 않을까? 당시 박정희 정권에게 주한미군의 존재는 좀 더 특별한 의미가 있지 않았을까? 독재와 억압에 대한 비난 속에 국제적으로 고립되어 가던 박정희 정권에게 주한미군은 유일한 끈과 같았다. 미국이 지켜 준다는 것은 국제사회에서 박 정권의 존재가 인정받고 있음을 보여 주는 증표 같

---

문》 1994년 3월 24일자).

[***] 《동아일보》 1977년 5월 16일자. 강영훈은 육사 교장을 지낸 예비역 장군으로 노태우 정부 시절 국무 총리를 역임했다. 한배호 고려대 정외과 교수는 세종연구소장 등을 지낸 보수적 학자이다.

은 것이었다. 그런데 미국이 한국을 지켜 줄 가치가 없다며 떠나 버리면 정권의 실상이 국민들에게 단박에 탄로 날 것 아니겠는가. 그래서인지 박정희 정권은 주한미군의 역할을 낮게 평가하면서도 주한미군을 잡아 두기 위해 여러 노력을 했다. 코리아 게이트를 비롯하여 미국 정가에 다양한 로비를 펼쳤고, 카터 대통령의 방한을 추진하였다. 카터를 만나 주한미군 철수 철회를 설득해야만 했던 것이다. 필사적인 외교전 끝에 마침내 1979년 6월 29일 카터가 2박 3일 일정으로 내한하였다.

## 어마어마한 환대로 급한 불은 껐지만

카터는 냉랭했다. 그는 비행기에서 내리자마자 바로 주한미군 기지로 가버렸다. 그런 카터의 마음을 잡으려고 국민과 언론은 지극한 환대의 모습을 연출했다. 《조선일보》는 6월 30일자 1·3·7면의 대부분과 2면 및 5면 일부

카터 미국 대통령 방한을 환영하기 위해 연도에 늘어선 시민들. 1979년 6월 30일.

를 카터 관련 기사로 채웠고,《동아일보》와 《경향신문》도 1·3·7면의 대부분을 카터 관련 기사로 채웠다. 카터 대통령은 20만 명의 인파가 모인 여의도광장에서 환영식을 가진 뒤 수백만 명의 환영을 받으며 카퍼레이드를 하며 청와대에 도착했다.

그런데 정작 박정희 대통령은 카터에게 일장 훈시를 쏟아 냈다. 카터와의 만찬에서 박 대통령은 40분간 주한미군 철수 등과 관련하여 장광설을 늘어놓았다. 이 연설은 전국에 텔레비전으로 생중계되었으므로 다분히 국민을 의식한 행동이었겠지만, 카터로서는 불쾌했을 것이다. 그럼에도 이 회담을 계기로 주한미군 철수 계획이 중단되었다. 당시 이란 사태와 소련과의 신냉전 기류가 카터 행정부를 압박했을 것이며, 카터의 인권외교가 미국 보수파의 거센 비판 속에 표류하고 있었던 것이 결정적이었던 것으로 보인다. 카터는 김영삼 신민당 총재와 23분 동안 대화를 나누는 등 박정희를 불편하게 하는 행동도 계속했다.

미국과의 갈등과 주한미군 철수 압박은 1975년 베트남 패망 이후 계속 박정희 정권을 괴롭혔다. 미국은 한국 내 인권 상황에 대해 경고의 목소리를 높였고, 박 정권은 내정간섭이라며 맞섰다. 1979년 7월 이란과 아프가니스탄에서 고조된 새로운 냉전 질서

카터 미국 대통령 방한을 기념한 양국 정상 기념촬영. 1979년 6월 30일.

덕에 주한미군 철수는 막았지만, 박정희에게는 시간이 별로 없었다. 진짜 적은 외부가 아니라 내부에 있었기 때문이다.

## 핵 개발과 10·26 미국 개입설

미군 철수에 맞서 박정희 정권이 핵무기를 개발하고 있었다는 증언이 여럿 나왔고, 소설로도 나와 세간에 널리 알려졌다. 대부분은 음모론 수준이고, 공식적으로는 계획으로 그쳤다고 알려져 있다. 박정희 정권 시절 청와대 경제2수석 비서관이었던 김광모는 "추진은 했지만 1976년에 미국의 압력으로 포기했다"고 증언했다. 최강의 미국 전투 병력이 서울에 주둔하고 있는 상황에서 미국 몰래 핵을 개발하는 것은 거의 불가능하다.

한편 10·26이 미국의 공작이라는 음모론도 있다. 김재규가 "나의 배후에 미국이 있다"라고 말했다는 것이 가장 유력한 근거이다. 1979년 미국이 주한미군 철수를 포기하는 대신 박정희를 제거하고 새로운 친미 정부를 구성하려 했다는 주장도 가능하다. 이는 박정희의 핵 개발 의혹과도 연관된 주장이다. 그러나 이 모든 주장들은 미국과 박정희의 갈등을 보여 주는 몇몇 사건들로부터 유추한 것일 뿐 확실한 증거는 없다. 다만, 한미동맹에 균열이 가면서 박정희 독재가 안보의 위험 요소가 되었다는 것은 사실이다.

# 60 여공, 유신을 몰아내다

## 동일방직·YH사건

지식인, 노동자, 학생들이 노동 문제에 관심을 가지고 노동운동에 참여하게 되었다. 노동자들은 새롭게 노동조합을 결성하기도 하고, 어용 노조를 폐쇄하거나 바꾸어 나갔다. … 1970년대 후반에는 노동자들의 노동운동을 탄압한 YH무역 사건 등이 일어났다.

KBS 역사 다큐멘터리 〈인물현대사〉 69회의 제목은 "여공 유신을 몰아내다, YH사건 김경숙"이다. 전직 대통령도 추기경도 학생운동도 몰아내지 못한 박정희 유신 독재를 어떻게 여성 노동자가 몰아냈다는 말인가? 그 답은 간단하다. 여성 노동자들이야말로 박정희 경제성장의 주역이었기 때문이다.

### 경제성장 떠받친 소녀 노동자들

한국 경제성장의 주역은 10대 후반에서 20대 초반의 젊은 여성 노동자들이었다. 60년대 한국의 주요 수출산업은 저임금 장시간 노동을 기반으로 하는 노동집약적 산업이었으므로 이들의 역할이 필수적이었다. 여성일수록, 어릴수록 임금이 저렴했기 때문이다. 영국이 산업혁명 시기 10대 어린 소녀들을 노동자로 부려먹었듯, 60년대 우리도 지금의 중고등학생 나이의 어린 여성 노동자들을 어른의 절반도 안 되는 임금을 주고 부려먹었다. 그

서울 영등포 구로공단 해외수출공업단지 가발 공장. 1972년 8월 30일.

렇게 생산한 저가의 가발·옷 등을 수출하고, 그렇게 획득한 이윤은 다시 경제 개발에 투자되거나 경영진과 정치인의 지갑으로 들어갔다.

70년대에도 이 구도는 유지되었다. 중화학공업이 집중 육성되었지만, 아직도 수출은 섬유와 전자 등 저임금 여성 노동력을 주력으로 하는 업종에 많이 의존하고 있었다. 70년대까지 전체 취업자 중 여성이 차지하는 비율은 30퍼센트를 꾸준히 유지했다. 이는 고용의 남녀평등이 진전되고 30대 이상 여성 취업이 활성화된 2016년 41.6퍼센트와 비교해 봐도 상당한 수준임을 알 수 있다.

하지만 여성 노동자들의 삶은 비참했다. 70년대 중반 여성 노동자 한 달 월급은 5~6만 원 수준이었다. 1978년 5인 가족 최저생계비가 16만 2천 원이었으니, 여성 노동자들의 월급이 최저생계비의 절반에도 미치지 못했던 것이다. 남녀 임금 격차도 매우 컸다. 남성 노동자는 100퍼센트가 월급 7만 원 이상을 받았지만, 여성 노동자는 그 비율이 4퍼센트에 지나지 않았다. 당시 여성 노동자들의 저임금 장시간 노동은 노동 문제이기도 했지만 젠더 문제이기도 했다.

전태일 분신(1970) 이후 노동 문제에 눈을 뜬 지식인과 종교인들이 노동 운동에 나섰고, 비참한 삶에 신음하던 여성 노동자들도 차별과 억압에 맞서 노조를 만들고 저항하기 시작했다. 이로써 민주노조들이 하나둘 만들어졌는데 그중 가장 대표적인 것이 동일방직 노조였다.

## 노조 만든다고 '똥물 테러'라니

동일방직에는 남성 관리직 중심의 어용노조가 있었다. 이들은 회사와 결탁하여 여성 노동자들의 저임금 장시간 노동을 노조의 이름으로 강요하였다. 이에 남성 노동자들보다 다수인 여성 노동자들은 도시산업선교회와 연계하여 민주노조 건설 투쟁을 시작했다. 여성 노동자들이 노조 대의원 및 지부장 선거에 출마하고 여성 조합원들이 투표로 당선시키는 민주적인 방식이었다. 그러자 회사와 어용노조가 선거를 방해하였다. 여성 조합원을 협박하고 노조 활동을 방해했을 뿐 아니라 회사에서 쫓아내려고 갖은 방법으로 괴롭혔다. 이에 항의하여 집회나 시위를 벌이면 경찰이 달려와 해산시키고 조합원들을 잡아갔다. 회사·어용노조·경찰이 삼위일체가 되어 휘두르는 폭력에 많은 여성 노동자들이 다쳤고 일부는 회사를 떠났지만, 그래도 노조는 굳건히 버텼다.

마침내 1978년 2월 21일 일명 '똥물 테러 사건'이 터졌다. 노조 대의원 선거날 여성 노동자들의 투표를 방해하기 위해 남성 어용노조원들이 여성 노동자들에게 똥물을 끼얹은 것이다. 이들은 여성 노동자들이 똥물 세례를 받고도 물러서지 않자, 똥을 먹이거나 옷 속에 집어놓고 바르는 추행도 서슴지 않았다. 현장에 경찰이 있었지만 그들은 남성 노동자들을 위한 공권력일 뿐이었다.

분하고 분해서, 서럽고 서러워서 억울함과 한을 토로하려 해도 어떤 언론도 그녀들의 목소리에 귀를 기울이지 않았다. 그래서 일부 목사와 노조원들이 부활절 예배 마이크를 가로채고 기독교방송국에 난입하는 등 온몸으로 억울함을 호소했지만 허사였다. 여성 노동자들의 한은 계속 웅어리지고 쌓이고 있었다.

## 종말 앞당긴 무자비한 탄압

비슷한 시기 그런 억울한 일이 또 벌어지고 있었다. 미국에 가발을 수출하는 YH무역은 한때 노동자 4천여 명을 고용하는 굴지의 공장이었다. 그러나 사주 장용호가 무리하게 사업을 확장하면서 경영이 어려워지자 노동자들을 해고하기 위해 갖가지 사기를 치기 시작했다. 공장을 지방으로 이전한다고 해서 서울에 사는 노동자들의 사표를 받기도 했다. 물론 이전 계획은 실제 없었다.

장용호는 경영 악화를 핑계로 월급을 몇 달째 주지 않더니 회삿돈을 미국으로 빼돌린 뒤 잠적해 버렸다. 회사가 망하고 밀린 월급을 받을 길이 없어진 노동자들은 노조를 중심으로 대책 마련을 호소하며 집회와 시위를 벌였다. 하지만 당시 '수출 역군'이라고 칭송받던 노동자들은 더 이상 돈벌이가 되지 않으면 얼마든 용도 폐기할 수 있는 소모품에 지나지 않았다. 70년대 한국은 그만큼 '기업하기 좋은' 나라였다.

"근대화의 역군을 윤락가로 내몰지 말라."

영화 〈영자의 전성시대〉에서처럼 회사가 망하고 월급을 받지 못해 외상빛으로 연명하던 여성 노동자들은 회사가 폐업하면 갈 곳이 없었다. 1년 동안 회사 정상화를 위해 노력하던 노동자들은 1979년 8월 6일 회사가 폐업

공고를 하고 기숙사[*]를 폐쇄하자, 8월 9일 신민당사로 들어가 농성을 시작했다. 김영삼 신민당 총재가 사태 해결을 약속하며 힘을 실어 주었지만, 박정희 정권의 노동운동 탄압은

신민당사 점거 농성 중인 YH무역 여성 노동자들.

야당 총재의 약속을 무색하게 했다. 8월 10일부터 경찰 진입 소문이 돌자 노동자들은 고향의 부모에게 큰절을 올리고 마지막 결의문을 채택했다. 그 결의문을 읽는 순간이 김경숙 노조 조직차장의 생전 마지막 모습이었다.

11일 새벽, 경찰이 무차별 폭력을 휘두르며 신민당사로 진입했다. 노동자뿐만 아니라 신민당 당직자와 국회의원, 기자들도 무차별 폭행을 당해 줄줄이 병원으로 실려갔다. 그리고 얼마 후 김경숙의 사망 소식이 알려졌다. 경찰은 김경숙이 '투신자살팀장'을 자처했으며 농성 도중 팔을 자해한 뒤 투신하여 사망했다고 발표했지만, 일부에서는 진압 작전 과정에서 추락사했을 가능성을 제기했다. 그러나 시신을 제대로 본 사람이 없고 화장을 해 버려서 오늘날까지 사인은 명확히 밝혀지지 않고 있다.[**]

왜 유신은 그토록 발작적으로 농성을 진압한 것일까? 굳이 야당 당사에서 국회의원을 두들겨 패 가면서 고작 180여 명의 여성 노동자들의 농성을

---

[*] 당시 회사들은 여성 노동자들에게 최대한 일을 많이 시키기 위해 기숙사를 운영했다. 노동자들은 기숙사에서 집단생활을 하며 군대식으로 회사의 명령에 따라 낮밤 없이 계속 일해야 했다.

[**] 김경숙의 어머니조차 시신을 제대로 보지 못했다. 그래서 훗날 사인을 알 수 없는 것이 한스럽다고 토론했다. KBS 〈인물현대사〉 69회 '여공 유신을 몰아내다, YH사건 김경숙' 중에서.

해산시켜야만 했을까? 아마도 다가올 파국을 예감했던 것 아닐까? 경제 불황, 기업의 위기 의식, 노동자들의 저항, 타협 불가능한 개발독재 정권의 한계, 이 속에서 결국 파국으로 치달을 수밖에 없음을 예감했기에 그토록 신경질적으로 반응한 것 아닐까?

유신 시대, 여성 노동자가 없으면 기업도 없고 수출도 없고 경제성장도 없었다. 그 여성 노동자들의 고조되는 투쟁 분위기는 그 어느 투쟁보다 정권의 위기의식을 심화시켰을 것이다. 그러나 경제성장의 주역을 억압하면 할수록 종말은 더 빨리 다가오는 법, 결국 YH사건은 유신 종말의 본격적인 신호탄이 되었다.

# 각하를 지켜라
### 차지철

1979년 10월 부산·마산 민주항쟁이 일어나자 이 사건의 처리 방법을 두고 권력자들 간의 갈등이 생겼다.

10·26 사건에 대해서는 박정희의 '오른팔' 경호실장 차지철과 '왼팔' 중앙정보부장 김재규 사이의 갈등으로 벌어진 우발적 사건이라는 것이 정설이다. 18년 동안 절대권력을 누린 박정희 대통령이 부하들 사이의 다툼과 그로 인한 충동적 총격으로 죽었다는 것이다. 어찌 보면 너무나도 허무한 죽음이다. 그 죽음의 원인으로 지목된 차지철은 어떤 인물이었을까?

### 아웃사이더에서 박정희의 충견으로

차지철은 자수성가형 인물이다. 어려운 집안에서 태어난 그는 사병으로 입대하고 이후 포병 간부학교와 미국 육군 특수부대 교육 과정인 레인저 스쿨을 수료하며 공수단 대위로 승진하였다. 집안 형편상 불가능해 보였던 장교의 꿈을 노력으로 이룬 집념의 사나이였지만, 정규 육사 출신이 아닌 탓에 다른 장교들과 어울리지 못했다. 어려운 상황에서 노력 끝에 상류사회 언저리에 진입했지만 배경 때문에 그들과 섞이지 못한 복잡한 인생 이력이었다.

5·16 당시 박정희 경호를 맡은 차지철(오른쪽).

그런 차지철에게 전기가 찾아왔다. 1961년 5·16 그날, 쿠데타의 주역이었던 박치옥 공수단장은 차지철에게 박정희의 경호를 맡겼다. 겨우 3천의 병력으로 서울을 장악한 데다 미군과 야전군 등 다른 군부대의 지지 여부도 불확실한 상황이었다. 차지철은 박종규와 함께 수류탄을 매단 군복 차림으로 박정희의 옆을 항상 지켰고, 그렇게 박정희와의 인연이 시작되었다.

박정희는 우직하고 비육사 출신으로 기존 장교들과 엮이지 않은 차지철을 중용하였다. 계속되는 반혁명 시도와 쿠데타 주역들의 내부 분열 속에서 차지철만큼 확실한 사람은 없었다. 이때부터 1975년까지 차지철은 박정희의 충견으로 살았다. 그의 주요 역할은 국회에서 박정희의 행동대 노릇을 하는 것이었다. 1963년 공화당 비례의원으로 국회에 입성한 차지철은 야당이 정부를 비판할 때 폭력으로 제압하는 임무를 맡았다. 그때부터 국회는 군인들의 워커발에 짓밟혔다.

김준연 의원의 구속동의안이 상정된 21일 상오 국회는 열리기가 무섭게 싸움판이 벌어졌다. '국회를 해산하라'는 군인 출신 의원들의 고함이 튀어나오는가 하면 … 정회를 선포한 의장이 퇴장하려 하자 야당 이충환 의원이 의장과 맞붙어 시비가 벌어졌고 이를 본 차지철 의원과 이충환 의원의 말싸움이 벌어지자 국회 안은 진흙탕처럼 되었다. ─《동아일보》 1964년 4월 21일자

'진흙탕'이라는 표현에서 당시 어떤 말싸움이 벌어졌는지 짐작할 만하다. 급기야 언론에서는 차지철을 '행동대'라 지칭했고,[*] 그는 야당과 협상하려는 공화당 김진만 의원에게 주먹질까지 해 댔다. 물론 그럴수록 박정희의 신임은 깊어졌다. 차지철은 세상이 무어라

국회의원 시절 군부대를 방문하여 격려금을 전달하는 차지철. 1972년 5월 23일.

하든 오직 박정희 하나만 보고 갔던 것이다.

한일협정, 베트남 파병 등 굵직한 사건마다 박심朴心은 차지철을 통해 국회에서 드러났다. 베트남 파병 당시 적당한 반대 여론을 통해 협상력을 높이려던 박정희가 차지철에게 반대 여론을 일으키라고 지시했다가, 그가 너무 충실하게 임무를 수행하는 바람에 오히려 박정희의 꾸지람을 받았다는 것은 유명한 일화다. 그런 차지철이 전격적으로 경호실장에 발탁된 것은 육영수 여사 피격 사건으로 박종규 경호실장이 경질된 직후였다. 박정희 시대 경호실은 단순히 대통령 경호만 담당한 것이 아니라, 박정희의 뜻을 실천에 옮기는 행동대로서 히틀러의 돌격대에 비견할 만한 조직이었다. 그래서 전임 경호실장 '피스톨 박' 박종규도 박정희의 심복 중의 심복으로 권총까지 휘둘러 가며 정치인들의 동정을 감시하고, 하나회를 관리하고, 강남 개발 사업까지 간여했던 것이다. 차지철은 박종규보다 한 발 더 나아갔다. 그는 경호실의 모토를 이렇게 정했다.

---

[*] 〈여당의 행동대 차지철 등이 우루루 몰려나오면서 한바탕 쇼를⋯〉,《동아일보》1964년 8월 3일자.

"각하를 지키는 것이 나라를 지키는 것이다."

대통령과 나라를 동일시하는 것은 왕조 사회의 사고방식이다. 왕조 사회에서는 나라의 주인이 왕이고 백성들은 오직 왕의 신하(신민臣民)일 뿐이다. 왕조 사회에서 왕은 일종의 신앙적 대상이 된다. 이를 유교에서는 '천명天命'이라고 한다. 왕은 단순한 지도자가 아니라 세상을 구원할 운명을 타고 이 땅에 내려온 존재인 것이다. 이런 천명 사상은 일본의 천황에게서 극단적으로 드러난다. 천황은 태양신 아마테라스 오미가미의 자손인 진무천황의 직계자손으로, 세상을 널리 이롭게 하라는 '황도皇道'를 앙양하기 위하여 이 땅에 강림한 존재이다. 이것이 바로 일제 말기 우리에게 강요된 '황국신민서사'의 핵심으로서, 박정희 등 일제 군국주의 장교들의 정신 속에 남아 유신독재의 사상적 기조를 이루었다. 곧 박정희는 천황 노릇을 하려 했던 것이다.[*]

### 경호실의 소통령

'박정희교도' 차지철은 이런 사상에 철두철미했다. 박정희의 뜻이 관철되도록 누구보다 앞장서 싸운 그는, 경호실도 그런 목적 하에 운영했다. 먼저 경호실 병력을 증강하고 탱크와 전투용 헬기 등 화력을 증강시켜 독자적 전투가 가능하도록 개편했다. 또 수도경비사령부, 중앙정보부, 보안사령부, 경찰, 소방서 등 국가의 주요 공권력과 정보력을 모두 경호실 지휘 아래 두

---

[*] 오늘날 일부 보수 진영이 주장하고 있는 조선 왕조 부활의 명분 '국민 통합의 정신적 중심'이라는 발상이 어디서 왔는지 진지하게 고찰해 볼 필요가 있다. 국가와 민족의 정신적 통합이라는 생각 자체가 다분히 천황주의적 사고와 일치하기 때문이다. 오늘날 일본의 민주주의가 발전하지 못하는 가장 큰 이유가 천황이 일본 보수를 강력하게 묶어 주면서 자유로운 사상의 발전을 방해하고 있기 때문이라는 점에서, 한국의 일부 보수가 조선 왕조에게 그런 역할을 기대하는 것이 아닌가 의심이 간다.

었다. 대규모 민주항쟁이나 쿠데타 등이 일어날 경우, 경호실이 독자적으로 작전권을 갖고 진압할 수 있도록 한 것이다. 물론 이를 위해 경호실 직제도 개편하여 장군들이 경호실 보직을 맡도록 격상시켰

대통령경호실 창설 기념식에서 연설하는 차지철 경호실장. 1974년 12월 27일.

다. 노태우, 전두환 등 준장급 장성들이 작전차장보 등을 맡아 하나회를 키워 나간 것이 이 무렵이었다.

뿐만 아니라 청와대 국기 하기식을 매주 열고 국가 주요 인사들을 참가시켰다. 참모총장부터 장관, 언론인, 교수까지 불러모아 경호실의 무력 시위를 보여준 덕에 '소통령'이라는 별명까지 얻었다. 그만큼 청와대의 위력을 과시한 셈이다. 차지철은 진나라 조고**에 버금가는 제2의 권력자이자 박정희의 오른팔이 되었다.

차지철의 전횡은 박정희를 위한 것이었고, 박정희는 차지철을 통해 스스로 천황이 되어 갔다. 차지철과 박정희의 결합은 사태를 최악으로 몰아갔다. 차지철과 불편한 관계에 놓인 사람들은 숙청과 파국의 위기감 속에 전전긍긍하였다. 박정희와 차지철의 권력 장악과 고립 속에서, 차지철에 대한 감정이 박정희로 확대되었다. 그 갈등의 정점에 중앙정보부장 김재규가 있었다.

---

** 진나라 2대 시황제 호해를 보좌한 환관 조고는 호해를 끼고 권력을 휘두르고 국정을 농단하였다. 호해는 조고가 모든 정보를 통제하는 바람에 죽을 때까지 국정을 알지 못했다. 한번은 호해가 조고를 의심하자 조고가 사슴을 가리키며 말이라고 했다. 호해가 사슴이 아니냐고 묻자, 조고가 도열한 신하들에게 말인지 사슴인지 물었고, 신하들은 조고가 두려워 모두 말이라 대답했다. 호해는 자신이 어리석어 말과 사슴도 구분하지 못한다며 조고에게 전권을 맡겼다. 바로 '지록위마指鹿爲馬'의 고사이다.

## 62 국민 불만 폭등
### 물가 상승

1970년대 말, 2차 석유파동 등으로 경제마저 어려워지자 박정희 정권에 대한 국민들의 불만은 급속도로 커져 갔다.

인터넷에서 서비스되는 《동아일보》 데이터베이스에서 '물가'를 키워드로 검색해 보면, 70년대 내내 7~8백 건 정도였던 관련 기사들이 1979년 1천 건 이상으로 증가한 것을 확인할 수 있다. 서민들에게 피부로 다가오는 경제적 어려움은 바로 물가이다. 1979년 물가 상승은 어느 정도였을까?

### 1979년 한 해에 30~200퍼센트 상승

1979년 12월 28일 《매일경제신문》에 보도된 물가 추이(1979년 소비자 물가 추이)를 통해 당시 물가가 얼마나 살인적으로 올랐는지 확인해 보자. 변동 기준은 1979년 1월에서 12월 사이이다.

먼저 식생활 관련 물가가 심각했다. 쌀 8킬로그램이 3천 원에서 4천 원으로 33퍼센트 올랐고, 혼분식 장려로 수요가 급증한 밀가루는 중력분 22킬로그램 한 포대가 2,820원에서 3,550원으로 25퍼센트 올랐다. 육아의 필수품인 분유는 450그램 한 통이 780원에서 1,050원으로 34퍼센트 올랐다. 김치의 주재료인 배추(3.75킬로그램)는 200원에서 650원으로 225퍼센트, 깍두기의 주재료인 무는 200원에서 750원으로 275퍼센트나 올라 가장 큰 인상 폭을 보였다. 한국인의 기본 식생활 재료인 쌀, 밀가루, 김치, 깍두기, 분유가 가장 큰 폭으로 오른 것이다.

한데 일부 농축산물의 가격은 폭락했다. 식생활비가 급등해 생활비 부담이 커지니 단백질 섭취를 줄이는 등 먹는 것을 줄인 데 따른 영향, 그리고 정부의 잘못된 농정 때문이었다. 돼지고기 1근(600그램)은 1,300원에서 800원으로 62퍼센트 떨어졌고, 닭과 달걀도 가격이 떨어졌다. 마늘·고추·양파 등도 큰 폭으로 떨어져 마늘은 1접이 7,000원에서 1,500원으로 무려 366퍼센트가 떨어졌다. 정부가 마늘 농사를 장려하는 바람에 과잉생산되어 수확기 때 가격이 폭락한 것이다. 이는 80년대 농민운동의 배경이 되었다.[*]

1979년 12월 28일자 《매일경제신문》.

이외에 식빵(40퍼센트), 라면(40퍼센트), 국수(20퍼센트), 간장(36퍼센트), 소금(100퍼센트), 참기름(74퍼센트) 등은 가격이 크게 올랐다. 혼분식 장려에 따라 서민들의 식생활과 직결된 식자재로서, 주재료인 밀가루 가격 상승에 따른 당연한 결과였다. 참기름값 인상은 그 원료인 깨의 가격 인상(84퍼센트)과 밀접한 연관이 있다. 식재료 가격 인상은 대중 음

---

[*] 일부 가격의 급등과 폭락은 평균 물가 상승률을 조정하는 역할을 한다. 따라서 서민들이 경제적 고통을 호소해도 통계상으로는 심각하지 않은 경우가 많다.

식점의 가격 인상으로 이어져 자장면이 250원에서 300원으로 20퍼센트 올랐고, 다른 음식도 20~40퍼센트 사이로 올랐다.

## 믿을 수 없는 경제성장 약속

난방의 중심인 연탄과 등유는 오일쇼크로 직격탄을 맞았다. 연탄은 42퍼센트, 등유는 60퍼센트 올랐다. 서민들이 1979년 가장 추운 겨울을 보낼 수밖에 없었던 핵심 요인이다. 추우면 당연히 옷을 여러 벌 껴입어야 하는데, 다른 상품에 비해 큰 폭은 아니어도 의류비 역시 오르지 않을 수 없었다. 그나마 의류 인상 폭이 10~20퍼센트 사이에 머물렀던 것은 한국 섬유공업이 저임금 대량생산체제였기 때문이다. 그리고 YH무역처럼 부도난 업체들의 물건이 재래시장에 나오면서 상대적으로 옷값에 대한 부담은 다른 물가 상승에 비해 덜한 편이었다. 역설적 상황이라 할까?

물가 상승과 임금 상승이 동반되면 소비 욕구가 활성화되어 인플레이션에도 불구하고 경기는 활성화된다. 1987년 이후가 그랬다. 당시 생산직 노동자의 월급이 해마다 50~100퍼센트씩 올랐고 그로 인해 물가도 무지막지하게 올랐지만, 전반적으로 가장 풍요로웠던 시기로 기억된다. 수요와 공급이 원활하게 돌았기 때문이다. 하지만 1979년은 그렇지 않았다. 저임금 상황에서 물가만 올랐으니 충격이 클 수밖에 없었다.

당시 경력 10년차에 해당하는 17호봉 교사 기본급이 10만 2천 원이었다.[*] 이런저런 수당이 붙어도 평균 월급이 20만 원을 넘기가 어려웠다. 10만 2천 원이면 쌀 2.5가마(1가마=80킬로그램)를 살 돈이다. 2018년 현재 쌀

---

[*] 〈초중등교원 월급표〉,《동아일보》1979년 1월 10일자.

2.5가마니 값은 70만 원 정도다. 2018년 대한민국에서 월급 70~100만 원으로 생활하려면 얼마나 힘들겠는가.

맹자는 항산이면 항심恒産恒心이라고 했다. 결국 정치의 요체는 백성이 안정적인 경제생활을 영위하도록 하는 것이다. 박정희 유신체제에 국민들이 묵묵히 인내하며 참았던 것도 정권의 경제성장 약속, 즉 안정적인 경제생활 약속을 믿었기 때문이다. 하지만 1979년에 그 믿음은 깨졌다. 살인적 물가와 서민 생활 파탄, 그리고 이에 대한 대책의 부재는 국민들에게 정권교체의 열망을 강하게 불어넣었다. 강한 야당, 수권 야당에 대한 기대가 높아지면서 박정희 정권은 점점 초조해졌다. 1979년 박정희 정권이 연이어 야당과 김영삼을 상대로 무리수를 둔 것은 필연적이었다.

## 자본주의의 승리 동력

1950년대까지만 해도 사회주의는 여러모로 자본주의보다 우월한 체제라고 생각되었다. 복지, 노동 존중, 남녀평등, 인권, 상향식 민주주의 모두 사회주의의 것으로 여겨졌다. 20년대부터 자본주의 진영에서 복지와 남녀평등의 물결이 넘실댔지만 30년대 대공황과 함께 신기루처럼 사라졌다. 그러나 제2차 세계대전 이후 사회주의의 가치가 자본주의로 넘어가기 시작했다. 자유와 민주와 평등은 자본주의의 가치가 되고, 사회주의는 독재와 억압과 차별의 체제가 되었다. 왜 그랬을까? 가장 큰 이유로 절차적 민주주의를 꼽는 이들이 많다. 자본주의가 복수정당제와 선거를 통한 정권 교체를 채택하면서 진보적 가치를 가진 정당의 집권이 가능해진 것이다. 반면 사회주의는 절차적 민주주의를 '부르주아 민주주의'라고 비판하며 프롤레타리아 독재(다수 독재)에 입각한 인민과 당을 직접 연결하는 상향식 민주주의를 채택했다. 하지만 인민이 당을 비판하고 당의 노선을 수정할 통로가 없어서 실제로는 당의 지도부가 다수 인민을 통제하는 공산당 독재가 되고 말았다. 사회주의는 구조적으로 새롭게 진화할 기회가 박탈된 경직된 사회체제 속에서 역사적으로 퇴화할 수밖에 없는 운명이었다. 박정희나 전두환이라는 극단적 독재 체제 속에서 한국이 민주주의를 이룩할 수 있었던 것은 바로 복수정당제와 선거제도라는 대안이 존재했기 때문이다. 그것은 바로 20세기 자본주의 체제 승리의 직접적 동력이기도 했다.

# 63 한국 스포츠 레전드
## 차범근 · 최동원

1982년에 프로 야구가 시작되면서 스포츠의 프로화 시대가 열렸다. 이어 씨름, 축구 등도 프로화가 이루어졌다.

70년대 최고의 스포츠 스타는 축구의 차범근과 야구의 최동원이었다. 축구는 성인 축구가 중심이고 야구는 고교야구가 중심이다 보니 나이 차가 나지만 두 사람은 거의 동시대 스타로 군림했다. 그러나 70년대 한국에 프로 스포츠는 복싱과 레슬링이 전부였다. 아무리 스타라 해도 대학을 졸업하면 기업팀 소속으로 뛰다가 은퇴 후 중고등학교 체육교사나 기업 축구팀 코치로 가는 길뿐이었다. 수입도 기업의 대리급, 혹은 과장급 월급 정도였다. 그것이 70년대까지 단체종목 선수들 대부분의 운명이었다.

### UEFA컵 우승 이끈 차범근

차범근은 70년대 초부터 아시아 최강의 스트라이커로 정평이 나 있었다. 그의 활약은 그대로 70년대 한국 축구의 활약이었다. 일찍이 내한한 '축구 황제' 펠레도 차범근을 극찬했고, 이미 아시아권의 일본 축구선수 오쿠데라가 서독 쾰른 팀에서 분데스리가 우승을 견인한 바 있어서 유럽의 스카우터들이 차범근에게 눈독을 들이고 있었다.

　차범근은 1978년 고려대를 졸업하고 공군 축구팀에서 군복무 중이었다. 차범근의 병역 문제가 해결되면서 스카우트 제의는 한층 거세졌다. 차범근에게 가장 적합한 곳은 서독의 분데스리가였다. 일본의 오쿠데라가 먼저 진출한 데다 교민이 많고, 무엇보다 분데스리가는 당시 스페인 라리가와 함께 세계 최고의 리그였다. 또, 서독은 제2차 세계대전 이후 1990년까지 브라질에 이어 두 번째로 결승에 많이 진출한(6회, 우승 3회) 축구 강국이었다.

　차범근의 서독 프로리그 진출을 놓고 국위 선양을 으뜸으로 생각하는 한국 엘리트 스포츠계는 고민에 휩싸였다. 차범근 없는 한국 축구가 과연 아시아 최강의 지위를 유지할 수 있을까? 기왕 해외로 진출한다면 최고의 클럽에 가서 이름을 떨치는 것이 좋지 않을까? 당시 분데스리가 최고 명문은 바이에른 뮌헨이었다. 70년대 세계 최고의 스트라이커 루메니게를 보유하고 있었고, 분데스리가 창단 이후 50년 동안 20여 회나 우승한 팀이었다. 하지만 차범근이 선택한 팀은 중위권의 프랑크푸르트였다. 한 번도 분데스리가에서 우승해 본 적이 없는 팀이었는데, 마침 공격수 자리가 비어서 차범근을 간절히 원했다. 벤치 신세가 될 수도 있는 뮌헨 같은 강팀보다 중위권의 프랑크푸르트행을 결정한 것은 현명한 선택이었다. 그런데 한국에서는 1978년 12월 방콕 아시안게임까지는 차범근이 국가대표로 뛰어 주기를 바랐다. 결국 차범근은 아시안게임 남북

프랑크푸르트 소속 선수 시절의 차범근.
1980년 6월 11일.

한 공동 우승의 업적을 이루고서야 비로소 서독으로 향할 수 있었다. 그는 1979년 7월 정식 입단하여 연봉 25만 마르크 수준의 계약을 맺었다. 당시 환율로 25만 마르크는 6,400만 원 정도로, 강남 압구정동 30평 아파트를 여러 채 살 수 있는 돈이었다.

차범근의 서독 진출은 그의 국위 선양을 바라는 정권의 마음을 흡족하게 해 주었다. 차범근은 100미터를 11초 대에 주파하는 주력과 날카로운 헤딩 슛으로 프랑크푸르트를 상위권으로 도약시켰고, 마침내 UEFA컵 우승으로 이끌었다. 유럽 축구 선수들 사이에서는 월드컵보다 한 수 위로 친다는 바로 그 대회였다.

## 국가대표 원톱 투수 최동원

차범근과 달리 최동원의 해외 진출은 여의치 않았다. 1975년 경남고 시절 17이닝 노히트 노런 기록을 세우며 일찌감치 철완을 자랑한 그는, 1977년 연세대에 입학하며 국가대표로 본격적인 활약을 펼쳤다.

야구는 국제적으로 위상이 애매한 스포츠다. 야구가 인기 스포츠인 나라는 북중미와 동북아시아 정도였고, 그나마도 아마추어와 프로의 수준 차가 컸는데 프로야구 리그를 규모 있게 운영하는 나라는 미국과 일본 정도였다. 그래서 국제대회는 프로보다 수준이 떨어지는 아마추어 야구팀 간의 경쟁으로 이루어졌고, 그러다 보니 축구의 월드컵이나 올림픽의 농구·배구 경기보다 관심이 떨어졌다.

그럼에도 한국의 세계 야구 제패는 쉽지 않았다. 쿠바와 일본이라는 막강한 아마 야구 실력자가 있었기 때문이다. 그런데 최동원이 등장하면서 얘기가 달라졌다. 쿠바든 일본이든 최동원 앞에서는 아무리 강타자라 해도 맥

을 못 추었다. 국가대표팀에서 그
의 존재감이 어느 정도였는가 하
면, 그가 잘 던지면 이기고 그가 무
너지면 경기를 망쳤다. 1978년 세
계 아마야구대회 호주와의 경기에
서 김시진이 3실점하며 끌려가다
가 이후 최동원이 무실점으로 막고
타선이 뒤늦게 폭발해 7대 3으로

1976년 경남고 주장으로 31회 청룡기 고교야구
선수권대회에서 4승을 올려 최우수 투수로 뽑힌
최동원.

승리했다. 이탈리아와의 경기도 김시진이 2실점했지만 이후 최동원이 무실
점으로 구원해 3대 2로 승리했다. 연투에 지친 최동원이 쿠바전에서 난타당
하면서 한국은 쿠바, 미국에 이어 3위로 대회를 마감했다. 하지만 이 대회에
서 최동원은 10게임 중 7~8게임에 등판하고 미국전에서 완투하며 2실점으
로 막는 등 독보적인 활약을 펼쳤다.

그런 최동원을 메이저리그에서 놓칠 리 없었다. 야구계에서는 세계대회
우승보다 미국 메이저리그 활약을 더 인정하였으니, 본인도 그 욕망이 대단
했을 것이다. 하지만 1982년 서울에서 열리는 세계야구선수권대회가 그의
발목을 잡았다. 1981년 토론토 블루제이스와 입단 계약 직전까지 갔지만,
병역 문제 등 이런저런 이유를 들어 국내 야구계에서 반대하는 바람에 좌절
되고 말았다. 이후 한국 투수의 메이저리그 진출은 박찬호까지 10년 이상
늦춰지게 되었다.

한국에서 가장 인기 있는 스포츠인 축구와 야구의 레전드로 평가받는 차
범근과 최동원은, 70년대 국제대회에서 빛나는 활약을 펼치며 국위 선양에
앞장섰지만 오히려 그 때문에 해외 프로 구단 진출에 애를 먹었다. 하지만

그들의 활약은 80년대 프로야구와 프로축구 리그가 출범하는 데 밑거름이 되었고, 후배들의 해외 진출에도 큰 도움이 되었다. 2002년 월드컵 4강과 올림픽 야구 금메달도 그런 토대 위에서 가능했던 것이다. 차범근과 최동원, 한국 70년대 스포츠의 성장과 그늘을 보여 주는 가장 대표적 인물이 아니었던가 싶다.

## 64 국가 스포츠의 꽃
### 서울올림픽 유치 추진

86 아시안 게임과 88 서울올림픽 개최는 스포츠 열기를 더욱 높이고 한국을 국제사회에 알리는 계기가 되었다.

원래 서울시 도시계획 상에는 1960년대 이후로 올림픽 후보지라는 것이 정해져 있었다. 지금의 광진구 능동 중곡동 일대였다. … 1968년 말, 그 자리를 주택지로 개발하면 먼 훗날 유치될 올림픽은 어디에 개최할 셈이냐고 (도시계획위원이) 묻자, … 윤진우 서울도시계획국장이 잠실섬 건너, 당시 성동구 풍납동, 방이동 일대를 제시하였다. … 나지막한 언덕이 있고 언덕 위에 기와집 한 채가 있고 집 주위는 채소밭이었다. … 버려지다시피 했던 그 언덕이 몽촌토성이라는 이름으로 올림픽공원 중심 시설이 된 것을 보고 도시계획이라는 것이 지니는 변화무쌍함을 새삼 절감하고 있다. — 손정목, 《서울도시계획 이야기 3》

길게 인용된 이 글에서 박정희가 대통령이 되었을 때부터 올림픽 유치의 꿈을 품고 있었음을 알 수 있다. 60년대에는 지금의 능동 어린이대공원 일대를 올림픽 경기장 부지로 점찍어 두었고, 70년대에 지금 올림픽 주경기장들이 자리 잡은 잠실 일대를 일찌감치 선정해 두었던 것이다. 국가 스포츠의 꽃인 올림픽, 박정희가 올림픽 유치 계획을 세워 둔 것은 당연한 일 아니었을까?

## 아시안게임 유치권을 따내긴 했으나…

스포츠가 국력의 지표로 인식되고, 이를 위해 국가가 집중적으로 엘리트 스포츠에 투자해야 한다고 믿었던 박정희 정권에게 국제대회가 얼마나 중요했는지는 앞에서 여러 차례 언급하였다. 그래서 박정희 정권은 1966년 태국 방콕 아시안게임과 함께 열린 아시아경기연맹 총회에서 1970년 아시안게임의 서울 개최권을 따내는 데 성공했다. 방콕 아시안게임 종합 2위[*]를 차지한 국가로서 정당한 지위라고 할 수 있다.

그러나 당시 서울에 있는 경기장은 동대문 축구장과 야구장, 효창공원 축구장, 그리고 장충체육관이 전부였다. 80년대에도 전국 학생 축구대회를 건국대 운동장에서 치르던 수준이었으니, 60년대에 변변한 체육시설이 있었을 리 없다. 막상 아시안게임을 유치하고 보니 운동장 건설 재원을 마련할 길이 막막했다. 하지만 아시아에서 아시안게임을 유치할 만한 국력을 가진 나라는 일본뿐이어서 마땅히 떠넘길 나라도 없었다. 결국 박정희 대통령의 결단으로 유치를 포기하고 개최권을 태국의 방콕에 넘기고 말았다. 두 번이나 아시안게임을 떠안은 방콕 시민들은 1970년 아시안게임 당시 한국 선수단에 엄청난 야유를 퍼부었다고 한다. 국제적 망신을 당한 박정희 대통령은 올림픽을 치를 만한 국제적 경기장 건설을 간절히 원했다. 그리하여

---

[*] 1위는 일본, 3위는 태국이었다. 중국은 당시 아시아 경기연맹 회원국이 아니었다.

70년대 잠실 개발과 함께 종합운동장 건설 계획을 추진하고, 1977년 가을에 아시안게임 등의 국제 종합대회를 유치할 만한 종합경기장을 건설하겠다고 발표하였다. 이로써 5년 계획으로 잠실 종합체육시설 건립이 시작되었다.

## 죽 쒀서 전두환에게

경기장을 지으면서 올림픽 유치 계획이 빠질 수 없었다. 더군다나 유신 말기로 접어들면서 국민들의 분노와 저항이 아래로부터 끓어오르는 실정이었다. 국민의 관심을 끌 만한 획기적 이벤트가 필요했다. 이로써 올림픽 유치 추진이 본격화된다. 그 첫 시작은 대한올림픽위원회 위원장으로 전 청와대 경호실장 박종규를 임명한 것이었다. 박종규는 박정희의 쿠데타 동지이자 한때 오른팔이었다. 육영수 여사 피격 사건으로 경호실장 자리에서 물러났지만 대한사격연맹 총재로 1978년 세계사격대회를 유치하는 등 체육계 지도자로 활약하고 있었다.

박종규가 대통령의 의중에 따라 올림픽 유치를 추진하면서 탄력이 붙었다. 1979년 8월 부총리 등이 모인 추진 소위원회에서 1986년 아시안게임과 1988년 서울올림픽 개최를 목표로 결정했고, 10월

잠실 실내체육관 개관 기념식수 행사 중인 박정희 대통령. 1979년 4월 18일.

8일 마침내 정상천 서울시장이 공식적으로 서울올림픽 개최 의사를 발표했다. 이 자리에서 시장은 올림픽을 유치하겠다는 의지뿐 아니라 이를 위한 경기 시설과 숙박 시설 마련, 교통 대책 등도 상세히 설명했다. 그냥 해 보는 말이 아니라 정말 국력을 기울여 추진하겠다는 의지를 보인 것이다.

그러나 민심을 돌릴 이벤트로서는 너무 늦은 감이 있었다. 곧이어 큰 사건들이 연이어 터졌다. 10월 4일 김영삼 의원이 제명당했고, 7일에는 김형욱 전 중앙정보부장이 실종되었고, 9일에는 남민전 사건이 터졌고, 13일 카터 대통령의 한국 정부 비판에 이어, 18일 마침내 부산·마산 민주화운동이 일어났다. 그리고 결국 10·26이 터진다.

올림픽은 박정희를 구하지 못했다. 이 올림픽 카드를 잘 써먹은 사람은 5·18로 집권한 전두환이었다. 결국 애초의 계획을 토대로 전두환 정부가 서울올림픽 유치에 성공하였다. 그러나 올림픽은 전두환 정권도 구하지 못했다. 오히려 올림픽 때문에 전두환은 계엄 선포를 포기하고 1987년 6월 시민항쟁에 굴복하고 말았다. 결과적으로 올림픽은 독재자에게 좋은 카드가 아니었던 셈이다. 히틀러도 박정희도 전두환도 올림픽을 정권 유지와 홍보에 활용하려 했지만 그 끝이 좋지 않았다. 그래서 올림픽이 평화의 제전인 것일까?

# 65 70년대 떠받친 수많은 영자들

### 안내양

> 산업화가 진행되면서 많은 이주민들이 도시로 몰려들었다. 일자리를 얻고자 하는 사람들이 늘어남에 따라 노동조건은 더욱 나빠졌다. 이주민들은 낮은 임금을 받으면서 힘겨운 노동을 해야 했다. 각종 서비스업에 종사하거나 날품팔이 등을 하면서 생계를 유지하는 경우가 많았다.

영화 〈영자의 전성시대〉에서 공장을 나온 영자가 선택한 직업은 버스 안내양이었다. 만원 버스에서 가득 찬 승객 때문에 버스 문에 매달려 가던 영자는 그만 차에서 떨어지고, 이 사고로 오른팔을 잃고 결국 사창가로 흘러들어 간다. 영자의 이야기는 실화를 배경으로 한 것이었다. 당시 안내양이 만원 버스 차 문에 매달려 가다 추락 사고를 당하는 일이 종종 있었다.

## 일상적 모욕, 몸수색

1일 오후 3시 5분경 … 시내버스 안내양 강돌희 양(18)이 차에서 떨어져 뒷바퀴에 치여 그 자리에서 숨졌다. 강 양은 승객 15명을 태우고 문을 닫지 않은 채 발차 신호를 하여 운전사 최 씨가 출발, 20여 미터를 달리다 떨어져 변을 당했다. —《동아일보》 1978년 4월 3일자 버스 안내양은 시골에서 상경한 기술 없는 젊은 여성이 선택할 수 있는 직업 중 하나였다. 당시 안내양의 실상을 다룬 기사가 언론에 자주 실렸는데, 이를 통해 그들의 처지를 이해할 수 있다.

김 양은 4년 동안 안내양으로 종사, 한 달에 최고 1만 5천 원의 월급을 받으며 하루 18시간 이상의 중노동을 해야 한다고 털어놓았다. … 새벽 4시에 기상, 방 청소를 하고 뛰어나와 승객을 태우면서 하루 일과를 시작한다. 종점에서 종점까지 2~3시간, 종점에서 3~5분 쉬는 동안 입금도 해야 하고 변소도 다녀와야 하고 때로는 식사도 해치워야 한다. 심지어 화장실에도 스피커 장치가 되어 있어 빨리 나오라고 재촉한다. … 밤 11~12시에 종점에 들어와 자동차 청소를 마치고 나면 새벽 1시, 1시 반….” ─《동아일보》1974년 5월 25일자

중노동에 시달리면서 열심히 일했지만, 안내양에 대한 사회적 천대는 심각했다. 저학력에 대한 멸시, 일반 서비스직에 대한 천시, 여성에 대한 무시가 겹쳐 안내양은 모욕의 대상이 되었다. 승객들은 반말은 기본이고 욕설도 예사였으며 손찌검과 구타도 다반사였다. 모욕을 주는 이유도 버스를 놓쳤다거나 거스름돈을 제때 주지 않았다거나 만원 버스로 짜증이 났다거나 등 일종의 화풀이였다. 버스 청소부터 승객 안전 주의까지 도맡았기에, 버스 사고가 나면 가장 먼저 부상을 입고 죽기도 했지만 아무도 안내양의 노고를 알아주지 않았다.

안내양이 가장 참을 수 없는 것은 검신, 즉 몸수색이었다. 버스회사들은 손님에게 받은 요금을 몰래 횡령했을까 봐 항상 몸수색을 했다. 저학력 여

서울 시내버스 내부 구조와 안내양의 모습. 1968년 9월 9일(서울시 사진 아카이브).

성은 믿을 수 없는 예비범죄자라는 사회적 편견의 소산이었다.

29일 새벽 2시 반경 현대교통 소속 버스 안내양 100여 명은 회사 측의 인권을 무시한 심한 몸수색에 항의 ⋯ 통금시간 중에 시내로 나온 이들 안내양들은 ⋯ 여감독 조 모 부인 등 5명이 속옷까지 벗겨 보는 등 몸수색을 한다고 항의하였다. —《동아일보》 1974년 8월 29일자

몸수색은 70년대부터 사회문제화되었지만 정부는 대책을 마련하는 데 소극적이었다. 마침내 수치심을 이기지 못한 안내양이 자살하는 일까지 벌어졌다. 그러자 정부는 1977년부터 버스 토큰제를 시행했다. 현금을 주고받는 과정에서 문제가 일어나니 현금이 아닌 토큰을 내면 안내양이 몰래 횡령할 일이 없을 것이라는 발상이었다. 안내양을 예비범죄자로 간주한 회사

의 손을 들어 준 조치였다.

당연히 몸수색 문제는 이후에도 계속되었다. 의심하려 들면 현금이나 토큰이나 무슨 차이가 있겠는가? 1978년에도 1979년에도 안내양의 자살 사건이 계속 이어졌고, 몸수색에 항의하는 집단행동도 종종 일어났다. 그러나 정부는 대책을 마련하지 않았다. 정부는 버스회사의 이윤 확보, 혹시라도 있을 버스회사의 손해에만 신경을 썼다. 가난해서 인권이 없었던 것이 아니라, 돈에 환장해서 인권이 없었던 것이다. 결국 최종적으로 정부가 내놓은 정책은 안내양 제도를 없애는 것이었다. 1984년 전두환 정부가 자율버스제를 시행하면서 안내양 제도는 사라졌고, 수많은 안내양들이 실업자로 거리로 내몰렸다.

## 억압과 착취의 밑바닥에 놓인 여성 노동자

영화 〈영자의 전성시대〉에서 영자는 기술을 배워 돈을 벌고 싶다는 말을 항상 했다. 그러나 기술을 배우려면 돈이 필요했다. 그 돈을 벌기 위해 식모, 노동자, 안내양 등 닥치는 대로 일했지만, 그런 일로는 기술을 배울 돈을 모을 수 없었다. 인권 사각지대에서 위험에 무방비로 노출된 영자는 결국 팔을 잃고 창녀로 전락하였다. 그런 영자에게 가해진 것은 남성의 폭력이었다. 극중 최불암은 아들처럼 아끼는 창수가 영자에게 사랑을 바치자 영자에게 창수의 앞길을 막지 말라고 한다. '남자＝큰일을 할 사람' ↔ '여자＝남자를 위한 존재'라는 공식 하에, 이유가 어떻든 더럽혀진 여자는 남자를 위해 조용히 사라져야 한다는 남성 중심의 폭력적 사고를 강요한 것이다.

남자만 군대 가서 남자만 나라를 지키는 한국에서, 남자는 나라의 중요한 존재이고 여자는 남자를 위해 희생하는 존재였다. 여자는 그 남자의 학비를 벌기 위해 공장에서 일하고, 그렇게 번 돈으로 남자는 고학력을 얻게 되었다. 그렇게 만들어진 고학력 남성/저학력 여성의 구조는 폭력적으로 여성을 억압하고 착취하는 구조로 발전했다. 그리고 이는 경제성장의 핵심 일꾼이었던 여성 노동자들에 대한 착취의 심화로 이어졌다. 그 억압의 정점에 선 것이 1978년, 1979년 노동 문제였고, 결국 이것이 YH 사태로 불거졌다.

1979년 노사 문제, 특히 여성 노동운동이 박정희 정권의 붕괴로 이어진 것은, 유신 시대가 가부장적 학력 위주 사회의 서열 구조를 토대로 한 억압과 착취 구조 위에 서 있었기 때문이다. 그 구조적 모순을 당시 수많은 여성 노동자들의 증언과 투쟁을 통해 확인할 수 있다.

# 66 박정희 정치공작의 핵심

## 김형욱 실종 사건

> 김형욱 사건은 철저히 외면당해 왔다. … 5공과 그 이후의 정권도 결코 공작정치에서
> 자유로울 수 없다는 것을 의미하는 것은 아닐까? _ MBC 〈이제는 말할 수 있다〉 10회 '20년의
> 침묵 김형욱 실종 사건'

1979년 10월 16일, 언론은 전 중앙정보부장 김형욱이 실종되어 프랑스 경찰이 수사에 나섰다는 기사를 1면에 비교적 상세히 보도했다. 언론 검열이 철저하던 시절 김형욱 실종이 비중 있게 다루어진 것은 사건 자체가 매우 심각했음을 말해 준다. 김형욱은 누구이고, 이 사건은 어떤 의미를 갖는 것일까?

### 38 따라지 출신 중앙정보부장

김형욱은 1925년 황해도에서 태어나 월남한 이른바 '38 따라지'다. '38 따라지'란 분단 이후 월남해서 남한에 정착한 이북 출신들을 지칭하는 말인데, 특히 군 내에서 이북 출신들에 대한 차별 대우가 심해서 38 따라지 장교들의 불만이 매우 컸다. 김형욱도 월남해서 육사 8기로 입교한 뒤 임관했지만, 진급도 늦었고 보직도 좋지 않았다. 그와 같은 불만 세력들은 군부 혁신을 간절히 원했고, 이것이 그가 박정희의 쿠데타에 참가한 동기가 되었다.

김형욱은 이북 출신 쿠데타 장교들의 대표급으로 박정희 정권에 참여했고, 박정희의 절대적 신임을 받으며 공작정치의 중심인 중앙정보부 4대 부장에 취임했다. 그가 추진한 정치 공작들은 하나같이 대단한 것들이었다. 1963년 대

인민혁명단 사건의 전모를 발표하는 김형욱 중앙정보부장. 1964년 8월 14일.

선에서 승리의 견인차 역할을 하여 쿠데타 정권의 성공적 민정 이양을 이루었고, 한일 국교 정상화에서 일익을 담당하였으며, 3선 개헌과 1971년 대선 승리에도 중요한 역할을 했다. 뿐만 아니라 인혁당 사건 등 박정희 정권을 위기에서 구해 낸 간첩단 조작 사건이나 야당 분열 공작 등도 그의 작품이었다.

이렇게 무지막지한 정치 공작들을 펼쳤으니 당연히 정적이 많아질 수밖에 없었다. 김형욱은 박정희의 유력한 후계자였던 김종필 그룹의 반대편에서 그들을 견제하기 위해 가택 수색 등 권력을 남용하였고, 무리하게 3선 개헌 등을 추진하면서 정권 안팎에서 악명을 드높였다. 모두 박정희를 위한 일이라고 하지만 그 자신의 야심이 없지 않았을 것이고, 그에 대한 비판적 분위기가 박정희에게도 부담이 되었다.

마침내 1971년 아무런 사전 통고도 없이 김형욱은 중정 부장에서 전격 경질되었다. 당시 김형욱이 느낀 배신감은 이만저만이 아니었다. 박정희는 한번 버린 사람에 대해서는 냉혹하기 그지 없었다. 결국 김형욱은 1973년

미국으로 망명하였다. 그리고 그동안 자신이 해 온 박정희 정권의 추악한 정치 공작을 폭로할 계획을 꾸미기 시작했다.

## 처형? 압사?

그의 계획이 실천에 옮겨진 것이 바로 코리아 게이트 사건이다. 그는 미 의회 청문회에 나가 박정희 정권이 저지른 추악한 정치 공작과 독재정치 속에서의 인권 탄압을 폭로했다. 오늘날 알려진 박정희 시대의 수많은 추악한 정치 행태는 김형욱의 증언을 팩트 체크하는 과정에서 알려진 것이 많다.

### 김종필

박정희의 진정한 오른팔이자 후계자였던 인물이다. 그의 정치 역정은 한국 박정희 추종자들의 역사 그 자체라 할 수 있을 것이다. 충남 부여에서 태어나 육사 8기로 임관하였으며 주로 정보장교로 활약하였다. 박정희의 조카사위로 박정희가 쿠데타를 일으킬 때 실질적으로 모든 일을 계획하고 진행하였으며, 중앙정보부를 창설하고 1대 부장이 되었다. 이승만 정권 시대 정보 부서가 없어 은밀한 일을 동대문사단 같은 조직폭력배에게 의탁했던 일이 없도록 공작 부서를 창설한 것이다. 김종필과 중정은 이후 공화당 창당, 민정 이양, 한일 국교 추진 같은 중요한 일을 추진했다. 그러나 김종필의 힘이 너무 커지자 쿠데타 동지들 사이에서 견제하려는 움직임이 나타났고, 박정희도 그를 위협으로 생각했다. 결국 중정 부장을 내놓고 야인으로 돌아갔지만, 박정희는 필요할 때마다 다시 김종필에게 중요한 역할을 맡겼다. 박정희 정권 내부 최대 파벌의 보스이자 박정희의 핵심 브레인으로서 그가 없으면 독재도 경제성장도 할 수 없었다. 박정희가 죽은 후 박정희 계승 세력의 유력자로서 야당의 김영삼, 김대중과 함께 소위 '3김 시대'를 열었다. 그러나 독재권력이나 한국 보수의 주도권이 신군부로 넘어가면서 항상 제3의 세력으로 존재했다. 김영삼 정부, 김대중 정부의 산파 역할을 하고 보수 정권과 개혁 정권에서 동시에 국무총리를 지내기도 하였으며, 고향 부여에서 무려 아홉 번이나 국회의원에 당선되고 충청도를 기반으로 여러 차례 정당을 만들어 선거 때마다 돌풍을 일으키기도 했다. 박정희의 총신이자 라이벌로서, 꺾이지 않고 죽지 않는 박정희 추종 세력의 대표로서 최근까지 70년 정치 역정을 걸어 왔다.

그런데 청문회에서 그가 폭로한 것은 일부에 지나지 않았다. 그 외에도 더 크고 엄청난 것들이 많았다. 김형욱은 이를 폭로하는 회고록을 집필하였다. 그러자 박정희 정권은 거액의 돈으로 회유에 나섰고, 김형욱은 그 돈을 받으려고 프랑스 파리에 갔다가 실종되고 만 것이다.

김형욱 실종은 아직까지 미제 사건으로 남아 있다. 그동안 수많은 추측이 나왔는데, 가장 유명한 것이 처형설이다. 프랑스의 《르몽드》, 일본의 《주간 문예춘추》 등 유력 언론에서 보도한 바에 따르면, 중앙정보부에서 김형욱을 납치하여 권총으로 처형했다고 한다. 처형 장소에 대해서는 스위스와 서울 등 여러 설이 있고, 사살하는 장면을 비디오로 찍어서 박정희에게 보고했다는 주장과 박정희가 직접 쏘아 죽였다는 주장 등이 다양하게 존재한다. 재미 언론인 문명자는 전 국무총리 정일권에게 들었다며 김형욱을 차에 태운 후 폐차장에서 압사시켰다고 주장하기도 했다. 이 중 실제로 밝혀진 것은 거의 없고, 다만 중앙정보부가 김형욱 암살팀을 운영했던 것은 사실로 보인다.*

김형욱은 박정희 시대 이루어진 불법적이고 비도덕적인 정치 공작의 증인이었고, 박 정권은 이를 은폐하려 기도했다. 매수, 협박, 폭행, 조작, 가짜 뉴스, 선전선동, 민심 교란, 뇌물, 횡령 등 조직폭력배나 할 일을 중앙정보부를 통해 정권이 행했다는 사실은 정권의 정당성과 정통성을 무너뜨리는 엄청난 일이었다. 아무리 경제성장으로 미화하고 북한으로부터의 안보 위협을 강조해도 결코 인정받을 수 없는 일이었다. 결국 김형욱의 폭로는 박정

---

\* 그러나 암살팀을 증언한 중앙정보부 감찰실장 출신 방준모는 김형욱 실종에 중정이나 암살팀 간여를 부인하였다. 《한겨레》 1998년 8월 12일자.

희 정권에 대한 역사적 평가에 결정적 근거를 제공하는 것이었고, 김형욱의 행방불명은 그의 행동이 정권에 얼마나 위협적이고 다급한 일이었는지를 잘 보여 준다.

김형욱이 죽고 박정희도 죽었지만 중앙정보부는 이후 안전기획부(안기부)를 거쳐 오늘날 국가정보원(국정원)으로 이어지고 있다. 그러나 중앙정보부의 공작정치 청산이 불완전하게 진행되면서 박정희의 후계를 자처하는 정권에서 또다시 정치공작적 범죄가 저질러져 관련자들이 구속되는 사태가 벌어졌다. 김형욱 실종 사건은 역사 청산이 철저하게 진행되지 못했을 때 그 불행의 씨앗이 훗날 어떻게 만개하는지를 잘 보여 준 사례라고 할 수 있다.

# 67 유신이 낳은 신세대 운동권
## 남민전

> 만인을 위해 내가 싸울 때 나는 자유 / 피 흘려 함께 싸우지 않고서야 / 어찌 나는 자유이다라고 말할 수 있으랴 / 만인을 위해 내가 몸부림칠 때 나는 자유 / 피와 땀과 눈물을 나눠 흘리지 않고서야 / 어찌 나는 자유이다라고 말할 수 있으랴 _ 김남주의 시 〈자유〉

이른바 '남민전(남조선민족해방전선) 사건'으로 징역 15년을 받고 투옥된 시인 김남주. 그는 감옥에서 우유곽 속의 은박지에 글자를 새겨 쓴 시를 세상이 내놓았다. '노래하는 전사'로 알려진 시인 김남주, 그의 이름이 처음 세상에 알려진 것은 남민전 사건을 통해서였다. 남민전은 10·26 전야 세상을 당혹스럽게 한 '극좌 모험주의'였다. 1979년 무엇이 그들을 좌경 모험주의에 빠지게 만들었을까?

### 극좌 무장투쟁 지하조직

1979년 10월 9일 정부는 "북괴의 기본 전략인 폭력에 의한 적화통일 혁명 노선에 따라 대한민국을 전복하고 사회주의 국가 건설을 위해 … 도시 게릴라 방법에 의한 납치 강도 등으로 사회 혼란을 조성, 민중봉기에 의한 국가 변란을 기도해 오던 반국가단체 소위 '남조선민족해방전선'을 적발, 일당 74명 중 20명을 검거"했다고 발표했다. 이어 10월 16일 2차 수사 발표를 통해

25명을 추가로 검거하였으며, 조직원 1명이 공작금 수령을 위해 입북했다고 발표하였다. 정부 발표에 의하면, 이들은 베트남 공산 게릴라 방식의 무장투쟁을 통해 혁명을 이루려 한 남한의 자생적 사회주의자들로서 유사시 북한의 군사 지원까지 받으려 했다고 한다.

남민전은 실제로 어떤 조직이었을까? 남민전은 혁신계 활동가 그룹 중 하나였다. 남민전 총책 이재문은 인혁당 사건 당시 중앙위원 겸 조직부책임자로 발표된 대구 지역 혁신계 인사였다. 그는 광주에서 지하신문을 만들며 반유신 투쟁을 하던 김남주 등과 함께 강력한 전국 단위 투쟁단체를 건설하려 했다.

이들이 투쟁단체를 만들고자 한 것은 정권의 폭압과 군대 및 경찰의 무력 앞에서 기존 재야나 학생의 투쟁 방식으로는 유신을 타도할 수 없다고 생각했기 때문이다. 유신을 타도하려면 더 강하고 더 거대한 투쟁의 흐름이 필요하다고 보고 지하조직 건설을 시도했으며 집회나 시위, 성명 등의 기존 운동보다 과격한 극좌적 형태를 띠었다.

하지만 지리산 빨치산이 소탕된 지 25년이 지난 1979년에 그런 '강력한' 투쟁단체를 만드는 것은 현실적으로 어려웠다. 지하조직을 만들고 무장투쟁을 준비하는 방법에 대한 노하우도 남아 있지 않았다. 훗날 많은 이들이 비판했듯, 이재문 등 조직 지도부는 비밀 지하조직을 운영하는 데 필수적인 점조직 운영 방법, 조직 보위, 안가 운영 등에 많은 허점을 보였다. 여느 좌경 단체들이 그렇듯 머리는 급진적이었지만 실천은 아마추어였다. 그래서 조직이 적발되었을 때 조직원 명단이 고스란히 경찰에 압수되어 대규모 조직 사건으로 비화될 수 밖에 없었던 것이다.

그럼에도 남민전은 역사적으로 독특한 지위를 갖는다. 남민전은 과거 조선공산당이나 임시정부 등에서 조직 경험을 쌓은 기성 운동권들과는 별개의 존재들이었다. 즉, 유신이라는 엄혹한 환경 속에서 그때까지의 재야나 운동권과 전혀 다른 '신세대' 자생적 운동권이 생겨난 것이다. 그래서 조선공산당 출신 조봉암이나 광복군 출신 장준하 등과는 생각이나 행동이 많이 달랐다. 그들이 조직명으로 '남조선'이라는 명칭을 사용한 것도 과거 독립운동가들이 사용하던 국호 '조선'을 계승한 것으로, '한국'이라는 국호를 선호한 분단 이후 남한 재야 인사들과 결이 달랐다.

특히 지리산 빨치산 이후 금기시되던 무장투쟁을 적극적으로 고려한 것이 큰 차별점이었다. 이는 70년대 당시 20대를 중심으로 새롭게 성장한 자생적 운동권들이 유신의 폭압에 맞서 싸우는 과정에서 더욱 강화된 전투성과 의식을 갖게 되었음을 의미한다. 결국 이러한 전투성 때문에 기존 재야와 운동권도 남민전을 기피하였고, 10·26 이후 열린 재판에서 중형을 면치 못하였다. 그리고 80년대 내내 투옥된 이들을 양심수로 인정할 것인가를 놓고 찬반 논쟁이 일어났다.

## 80년대 전투적 운동권의 예고편

5·18로 집권한 전두환 정권은 남민전을 가혹하게 처벌하였다. 1980년 12월 23일 대법원은 이재문, 신향식에게 사형을 선고하는 등 조직원들에게 중형을 선고하였다. 이재문은 고문 후유증으로 1981년 옥사하였고, 신향식은 1982년 사형당했다. 그 외 안재구는 사형에서 무기징역으로 감형받은 후 1988년 특사로 풀려났고, 홍세화는 프랑스로 망명하여 오랜 세월 동안 해외를 떠돌다 1999년 귀국하였다. 옥중 시로 유명해져 80년대 수많은 이들의 마음을 울렸던 김남주 역시 1988년 특사로 풀려났다.

남민전 관련자들은 민주화 이후에도 만만치 않은 삶을 살았다. 안재구는 1995년 '구국전위'라는 간첩단 사건에 연루되어 무기징역을 선고받았고, 이후에도 통일운동 관련 국가보안법 위반으로 종종 감옥을 드나드는 '세계적인 종북 수학자'의 삶을 살았다. 홍세화는 귀국 이후 대표적인 좌파 지식인으로 활동하면서 진보정당인 진보신당 대표를 역임하기도 했다. 김남주는 감옥에서도 투쟁하는 시인 전사였고 출옥 이후에도 그랬다. 하지만 불과 4년 만에 췌장암으로 사망해 많은 이들을 안타깝게 했다.

남민전 사건은 그 모험적 투쟁성으로 유신 말기 큰 충격을 주었다. 그것은 70년대에서 80년대로 넘어가는 전투적 운동권들의 성장을 보여 주는 모습이었다. 유신이 무너지고 민주화가 되었다면 남민전은 좌경 모험가들의 해프닝으로 끝났겠지만, 불행히도 유신은 전두환 독재로 이어졌고 폭압에 맞서 운동은 극한의 전투성을 띠게 되었다. 그런 의미에서 남민전은 70년대 재야와는 다른 80년대 전투적 운동권의 등장을 예고하는 상징적 사건이었다고 볼 수 있다.

# 닭의 목을 비틀어도 새벽은 온다

**김영삼 제명**

> 야당 총재였던 김영삼은 YH사건과 관련된 외신과의 회견에서 국가를 모독했다는
> 이유로 국회에서 제명당했다.

김영삼 신민당 총재에 대한 제명이 4일 국회에서 처리되어 30년 헌정사상
제명 제1호를 기록하였다. —《동아일보》1979년 10월 4일자

말기적 발악이라 할까? 1979년 10월 4일, 박정희 정권은 제1야당의 대표
를 국회에서 제명하는 사상 초유의 일을 저지른다. YH사건-김영삼 제명-
부마항쟁-10·26으로 이어지는 숨가쁜 유신 붕괴의 스토리가 클라이맥스
를 향해 달려가고 있었다.

### 가짜 야당 대 진짜 야당

1976년 이철승 체제 출범 이후 신민당은 박정희 정권에 타협적 자세를
취하며 반유신 투쟁에 소극적이었다. 야당이 야당다운 모습을 보이지 못하
자 국민들의 반유신 정서는 재야와 학생·노동운동을 통해 분출되었지만
역부족이었고, 고삐 풀린 독재정치는 국제적 규탄의 대상이 되었다. 이에

김영삼 신민당 총재를 접견하는 박정희 대통령. 1975년 5월 21일.

1978년 총선에서 신민당이 승리를 거두면서 선명 야당, 투쟁 야당을 요구하는 목소리가 높아졌다.

1979년 김영삼이 그런 요구에 부응하여 신민당 총재 선거에 나섰다. 김영삼의 도전에는 재야 지도자이자 이른바 동교동계 정치인들의 보스인 김대중의 지지가 함께하고 있었다. 반면 또다시 총재에 도전하는 이철승의 배후에는 차지철 경호실장이 있었다. 당시 이철승계 국회의원들이 청와대 경호실을 드나든다는 이야기가 공공연하게 퍼져 있었다. 5월 30일 열린 총재 선출을 위한 신민당 전당대회는 가짜 야당 대 진짜 야당의 싸움이었다.

4명의 후보가 나선 1차 선거에서 과반 득표자 없이 이철승이 1위, 김영삼이 2위를 차지했다. 그런데 이어진 결선투표에서 대역전극이 일어났다. 1차 투표에서 3위를 한 이기택이 김영삼 지지를 선언하면서, 378표로 과반 이상을 득표한 김영삼이 승리를 거둔 것이다. 김영삼은 이날 총재 당선 소감 연설에서 유명한 명언을 남긴다.

"아무리 닭의 목을 비틀지라도 새벽이 온다는 것은 자명합니다."

선명 야당을 내세운 김영삼은 박정희 정권을 거세게 몰아붙였다. YH사건도 그 일환이었다. 이철승 체제였다면 신민당이 갈 곳 없는 여공들을 받아 주지도, 그들과 함께 싸우지도 않았을 것이다. 신민당은 YH사건이 일어나자 당보를 발행해 진실을 알리고 김경숙 사인 규명을 요구하는 등 적극적으로 투쟁에 나섰다. 김영삼과 신민당의 행보는 박정희와 차지철의 심기를 자극했다.

## '태풍권에 돌입한 숨가쁜' 날치기 제명

박정희 정권은 김영삼을 몰아낼 공작을 꾸몄다. 5월 30일 전당대회에서 투표 자격이 없는 일부 신민당원들이 투표에 참여했다며 총재 당선 무효를 주장한 것이다. 이에 김영삼은 오히려 박정희 정권에 대한 강력한 투쟁으로 맞대응하였다. 그는 9월 10일 기자회견에서 "모든 국민들의 힘을 결집하여 범국민적 항쟁을 통해 정권 교체 투쟁을 전개하겠다"고 선언했다. 그리고 9월 15일 《뉴욕타임스》와의 회견에서 미국이 박 정권에 미온적으로 대처한다며 적극적인 압력을 가하라고 주장했다.

정권은 즉각 김영삼의 《뉴욕타임스》 기자회견 내용을 꼬투리 삼아 그의 국회의원직 제명을 추진했다. 미국에 내정간섭을 요구한 것은 명백한 반국가적 행위라는 것이었다. 이미 전당대회 무효로 총재 직에서 쫓겨나다시피 한 김영삼을 국회에서 완전히 몰아내려는 수작이었다. 차지철의 독촉으로 이루어졌다고 알려진 김영삼 제명은, 결국 10월 4일 순식간에 날치기 처리되었다.

오후 1시 18분 신민당 의원들이 본회의장 단상을 점거하자, 백두진 국회의장이 통로에서 불과 1분 만에 기습적으로 김영삼 제명 건의 법사위 제출을 발의했다. "김영삼 징계동의안을 법사위에 회부하는 데 이의 없느냐"고

묻고, 여당 의원들이 "이의 없다"고 하자 손을 들어 통과를 선언한 것이다. 이어 1시 23분 법사위는 여당 의원들끼리 모여 40초 만에 의결하고 본회의에 넘겼다. 이어 4시 7분 신민당이 점거한 본회의장을 포기하고 국회 1층 146호실에서 여당 의원들과 유정회 의원들끼리 모여 13분 만에 제명 표결을 완료했다. 출석 159명, 찬성 159표였다. 신민당 의원들이 저지하러 몰려갔으나, 국회 경호권을 발동하여 무술경관들이 가로막았다.

김영삼 제명은 차지철 경호실장의 전횡, 야당에 대한 공작정치, 법과 절차 무시 등 박정희 정권의 말기적 폭력이 모두 드러난 사건이었다. 마치 국민의 인내력이 어디까지인지 시험하는 것처럼 보일 정도였다. "태풍권에 돌입한 숨가쁜"(《경향신문》 1979년 10월 4일 3면 표제) 1979년 10월이 그렇게 시작되었다.

# 부산·마산 일어나면 정권이 망한다
### 부마 민주화운동

> 1979년 10월 부산과 마산에서 유신체제에 저항하는 시위가 발생하였다(부마 민주화운동). 학생들은 독재타도, 빈부격차 해소 등을 주장하며 거리로 나왔고, 여기에 시민들이 동참하면서 시위가 확산되었다.

자유민주제의 가장 핵심적 요소이며 공산체제에 대한 우월성인 인권과 자유가 국민총화의 시국관에 상충할 수밖에 없다는 괴상한 논리와 이론의 허위성을 단호히 고발하며 … 인류의 역사가 피를 흘리며 쟁취한 자유와 인권의 보장은 … 민주 회복과 조국통일의 유일한 길임을 재확인한다. … 우리는 총체적인 책임과 결과로서 현 독재집권층은 유신헌법을 철폐하고 물러날 것을 요구한다. ─ 부산대학교 학생들의 민주선언문

### 시민들 일깨운 학생들의 용기

부마 민주화운동은 10월 15일 밤 부산대에 '민주선언문'이 뿌려지면서 시작되었다. 선언문 작성은 2학년 정광민이 했고 박준석, 엄태언 등이 목숨을 걸고 배포했다. 당시 반정부 유인물을 뿌리는 것은 국가반역죄에 해당했다. 남민전도 유인물을 뿌리던 조직원이 체포된 것을 계기로 일어난 사건이었다. 유인물 뿌리는 학생을 잡아 고문해서 관련자들을 잡아들인 뒤 간첩단으

로 만들어 발표하는 것이 유신 시대 일반적 모습이었다. 이들의 용감한 행동은 분노한 부산의 학생과 시민들을 일어나게 했다.

부산은 김영삼의 정치적 고향이면서 박정희 경제성장의 수혜 지역이라는 이중성을 갖고 있었다. 1971년 대선에서 야당 지역임에도 박정희에게 더 많은 표를 준 것도 그런 이유 때문이었다. 마산 역시 4·19를 촉발시킨 3·15 마산 시위의 역사를 가진 야성 강한 도시지만, 수출자유지구로 지정되어 성장한 대표적 경제성장 수혜 지역으로서 1971년 대선에서 역시 박정희에게 62퍼센트나 표를 몰아 주었다.

그런 부산과 마산이 시위에 나섰다는 것은, 박정희 경제성장의 실패로 지역경제 침체가 상당히 누적되어 있었음을 의미했다. 여기에 부산을 대표하는 정치인 김영삼을 황당하게 제명한 것이 기름에 불씨를 던진 셈이 되었다. 거대한 민중시위는 대학생 몇 명, 주동자 몇 명의 노력으로 성사될 수 없다. 사회를 둘러싼 구조적 모순과 억눌려 있던 민중의 불만이 응축되었다가 한꺼번에 폭발하면서 일어나는 것이다.

15일 유인물 살포에 힘을 받은 부산대생들은 16일 오전부터 5천여 명이 교내에 모여 시위를 시작했다. 경찰이 진압하자 학생들은 흩어진 뒤 시내로 모여들었다. 그날 저녁부터 부산 시내 곳곳에서 부산대, 동아대생 수천 명이 가두시위를 벌였고 시민들이 가세하기 시작했다. "부산이 일어나면 정권이 망한다"는 4·19 혁명 당시의 자긍심이 시위를 더욱 부추겼다.

### 계엄령, 위수령, 통금…

17일 시위가 마산 등 인근으로 확산되는 한편, 경찰의 진압에 분노한 시민들이 파출소 등에 방화하고, 17일까지 부산 시위 상황을 보도하지 않는 것에 대항 항의 표시로 언론사를 공격해 KBS 부산방송국이 파괴되기도 했다. 또한 기업을 지원하기 위해 일반 서민에게 과다하게 세금을 징수하는 것에 대한 분노가 폭발하여 세무서 역시 공격당했다.

정부는 18일 0시를 기해 계엄을 선포하고 비로소 부산 시위 상황을 언론에 보도하였다. 당연히 그 내용은 왜곡과 비난으로 점철되어 있었다. 박정희는 긴급 담화를 통해 부산에서 지각 없는 일부 학생들과 불순분자들이 반국가적 반사회적 행동을 하고 있으며, 이들은 악랄한 선동과 폭력으로 국리민복을 위태롭게 하고 있다고 비난했다. 언론도 시위대를 "학생과 불량배"(《동아일보》)라고 불렀으며, "야음 틈타 불순분자 합세"(《경향신문》 1979

## 왜 박정희는 독재를 고집했을까?

진정 국민의 지지를 받고 있다면 굳이 대통령 선거를 기피할 이유가 없다. 유신헌법은 그 자체로 박정희가 국민의 지지와 존경을 받았다는 주장이 터무니없는 주장임을 보여 주는 증거이다. 그렇다면 왜 박정희는 독재를 해 가면서까지 경제성장에 목을 맸던 것일까? 답은 재벌에 있다. 재벌은 정경유착을 통해 각종 특혜를 받아 성장한 기업 집단이다. 그 특혜란 결국 국민의 세금을 비롯한 국가의 부를 기업에게 몰아 주는 것이다. 남의 돈으로 내 재산을 증식시키는 셈이니 당연히 재벌은 복지제도 같은 국민에게 돌아가는 세금 운영에 강하게 반발한다. 이는 우리뿐만 아니라 제3세계 독재 정권의 일반적인 모습이다. 필리핀이나 이란 같은 대표적인 70년대 독재국가들이 모두 이런 식이었다. 기업을 위한 경제성장, 기업 오너들의 재산 증식을 위한 경제성장은 당연히 국민의 지지를 받을 수 없다. 하지만 선거를 통한 당선이 목적인 국회의원들에게 기업의 이런 태도는 문제가 될 수밖에 없다. 60년대 본격적으로 '한강의 기적'이 시작될 때 김종필로 대표되는 공화당 일부 의원들이 복지제도를 진지하게 연구한 것은 당연한 일이었다. 결국 재벌과 국회가 충돌하게 되었다. 70년대 초까지 공화당 내 최대 파벌인 김종필에 대한 반대 세력의 중심에는 김성곤이 있었다. 김성곤은 쌍용그룹 회장이었고 재벌의 이해를 대변하는 사람이었다. 결국 박정희 유신체제는 타협할 수 없는 재벌과 의회의 싸움에서 재벌의 손을 들어 주었고, 민주주의나 국민의 지지는 처음부터 생각할 수 없는 체제였다.

년 10월 18일자)라는 식의 표제를 달아 어둡고 음모적인 면을 부각시키려 했다. 시위 형태도 "난동, 방화" 등으로 표현하여(《매일경제》 1979년 10월 18일자) 폭력성을 부각시켰다.

시위는 경제성장 정책의 최대 희생자인 노동자 거주 지역으로 확산되어 20일에는 마산과 창원에 위수령이 발동되어 군대가 투입되고 통금이 실시되었다. 결국 시위는 해병대를 앞세운 군대의 무자비한 폭력으로 진압되었다. 부산·마산 등에서 1,500여 명 이상이 연행되었고, 이 중 87명이 군법회의에 넘어갔다. 군대의 폭력적 진압으로 사망자가 나왔다는 소문이 돌았지만 정부는 19일 사망자는 없고 부상자가 79명이며, 이 중 73명은 경찰이라고 발표했다. 24일 정부는 서둘러 통금부터 해제했다. 노동자들의 야근에 지장이 있다는 기업주들의 불만을 고려한 것으로 보인다.

부마 민주화운동은 박정희 정권에 대한 사형 선고였다. 경제성장의 최대 수혜 지역이자 박정희의 정치적 기반이기도 한 이곳에서[*] 대규모 시위가 일어났다는 것은 이제 소수의 기득권층을 제외한 누구도 박정희를 지지하지 않는다는 의미였다. 궁지에 몰린 박정희가 살기 위해 선택할 것은 개헌과 민주 회복뿐이었다. 그러나 박정희는 그럴 생각이 없었다.

---

[*] 1971년 대선에서 박정희는 부산, 경남, 경북을 제외한 다른 곳에서는 약 370여 만 표를 얻어 430여 만 표를 득표한 김대중에게 열세였다. 영남 몰표가 아니었다면 박정희는 1971년 대선에서 승리할 수 없었다.

# 유신의 최후

## 10 · 26

부마 민주화운동의 처리 방법을 놓고 권력 내에 갈등이 생겼는데, 중앙정보부장 김재규가 박정희 대통령을 시해하며 유신체제는 막을 내렸다.

1980년 5월 24일, 광주에서 시민군이 공수단을 몰아내고 신군부 퇴진과 민주화를 요구하던 날 김재규는 처형당했다. 김재규는 사형 전날 죽음을 예감한 듯 면회 온 비서에게 수의는 군복으로 해 달라고 부탁했다. 그리고 처형 직전 유언으로 "지금은 역적이지만 내년 봄이면 다 풀린다"라는 말을 남겼다. 하지만 그는 여전히 역적이며, 그의 범행 동기는 미스터리로 남아 있다.

### 그날 밤, 궁정동 안가

1979년 10월 26일 박정희는 궁정동 안가에서 술자리를 갖겠다고 중앙정보부에 지시했다. 참석자는 비서실장 김계원, 정보부장 김재규, 경호실장 차지철, 시중 들 여성 2명이었다. 궁정동 안가는 박정희가 술자리를 열거나 은밀한 모임을 갖기 위해 만든 장소로 박정희 혼자 오면 소연회, 여럿이 오면 대연회라 했다. 모임은 월 5~6회로 잦은 편이었고, 대부분 소연회였다. 궁정동 안가는 총 5채의 건물로 본관, 구관, 신관 가동과 나동(양옥), 다동(한옥)으로 구성되어 있었다. 이 중 나동은 1979년 9월에 완성된 신축 건물로 2층에는 중정 부장 집무실이 있고 1층에 연회실, 침실 등이 있었다. 이날의 연회는 나동에서 열렸다.

궁정동 안가 관리 책임자는 의전과장 박선호였다. 예비역 해군 대령인 그의 역할은 박정희의 '채홍사'(연산군 때 왕을 위해 여자를 조달했던 관리)였다. 그는 몇 번이나 김재규에게 직책을 바꿔 달라고 했지만, 대통령의 명예와 관련된 중요 기밀 업무였기에 함부로 담당자를 바꿀 수 없었다. 그는 김재규와 함께 처형당하는 1980년 5월 24일까지 자신이 한 일에 대해 대부분 함구했다.

저녁 6시경 박정희 일행이 안가에 들었다. 궁정동 안가는 중정이 모든 경호를 담당하기 때문에 청와대 경호원들은 별실에서 대기하며 술을 마시는 등 휴식을 취했다. 안가의 각 건물은 중정 내에서도 각자 담당자를 따로 두어 다른 건물에 대해서는 모르도록 했다. 다섯 건물의 내부를 속속들이 아는 사람은 오직 박선호뿐이었다. 그만큼 박정희의 경호를 위해 오직 중정만이 철저하게 관리하는 곳이었다.

연회가 시작되었다. 술은 양주였지만 박정희가 좋아하는 원당막걸리도 준비했다. 밥은 비빔밥과 만둣국·칼국수 등이 준비되었고, 안주로는 오곡무침·전복구이·송이버섯 요리·장어구이·불갈비와 그 외 밑반찬이었다. 이날의 분위기는 차지철이 이야기하고 박정희가 맞장구치는 식이었고, 김재규는 말이 없었다. 차지철과 김재규가 말다툼하다 욱하는 심정으로 우발적 범행을 저질렀다는 주장이 있지만, 당시 대기실에 있던 심수봉은 특별히 말다툼하는 소리를 듣지 못했다고 증언했다. 그보다는 부마 민주화운동에 대한 박정희와 차지철의 질책에 김재규가 일방적으로 당하는 상황이었던 것 같다.

이미 전날인 25일 소안보회의에서도 부산 시위를 놓고 의견 충돌이 있었다. 김재규는 부마 민주화운동을 민중봉기로 보고 박정희에게 유신 철폐와 민주화에 대한 대책 마련을 건의했다. 그러자 박정희가 진노하여 총을 쏴야 한다면 자신이 발포 명령을 내리겠다고 했고, 차지철은 캄보디아에서는 300만 명이 죽어도 끄떡없지 않느냐. 탱크로 1~2백만 명 정도 죽여도 상관없다고 말했다. 김재규는 이것을 심각한 상황으로 받아들였다.

6시 40분경 박선호 과장이 심수봉과 신재순을 데려와 연회장에 들렸다. 잠시 대기실에서 기다리다 방으로 들어갔는데, 심수봉은 구면이라 반갑게 맞이해 주었다. 그러나 김재규는 어두운 안색으로 심수봉을 외면했다. 박정희가 노래를 해 달라고 해서 심수봉이 기타로 반주하며 노래를 했고 차지철, 김계원 등도 노래를 했다.

7시에 김재규가 본관으로 가서 장전한 권총을 가져온 뒤 수행비서 박흥주와 의전과장 박선호를 불렀다. "오늘 해치운다. 똑똑한 놈 몇 불러다 경호원을 해치우라"고 지시했다. 박선호가 대통령도 포함되느냐고 묻자 그렇다고 대답했다. 준비할 시간 30분을 준 뒤 김재규는 다시 들어갔다.

7시 35분 박선호가 준비 완료를 보고하자, 김재규는 7시 40분 연회장으로 돌아와 앉으며 옆자리의 김계원 비서실장에게 "각하를 똑바로 모십시오."라고 말하고, 이어 "이런 버러지 같은 자식을 데리고 정치를 하니 올바로 되겠습니까?" 하고 차지철에게 권총을 발사했다. 이어 박정희에게 총을 발사하니 그 총알이 박정희의 가슴을 뚫고 나갔다. 이 가슴 관통상이 치명상이었다.

김재규는 자신의 총이 고장나자 박선호의 권총을 가져와 저항하는 차지철의 복부에 1발을 발사하여 쓰러뜨리고, 박정희의 머리에 확인사살을 가했다. 이어 본관에 손님으로 와 있던 정승화 육군참모총장에게 "큰일났다. 빨리 가야 한다"며 함께 안가를 빠져나갔다. 그는 차 안에서 큰일이 무어냐고 묻는 정승화에게 대통령이 죽었다며 계엄을 선포해야 한다고 말했다. 그러자 정승화가 육군본부로 가자고 했고, 김재규는 중정이 아닌 육군본부로 차를 몰았다.

비서실장 김계원은 김재규가 떠나자 급히 박정희를 병원으로 옮겼다. 하지만 박정희는 이미 절명한 상태였다. 차지철은 죽지 않은 채로 연회실에 버려졌는데, 곧 중정의 김태원이 M16 2발을 쏘아 확인사살했다. 청와대 경호원들 역시 김재규가 박정희를 쏘았을 때 중정 박홍주, 박선호, 이기주, 유성옥 등의 총을 맞고 쓰러졌으며, 박정희가 병원으로 옮겨진 직후 김태원 등에게 확인사살되었다.

육군본부에 국무총리 등 내각과 주요 지휘관이 모이자, 김재규는 박정희의 사망을 알리고 계엄 선포를 강력히 주장했다. 그러나 김계원이 11시 30분경 참모총장에게 김재규가 범인이라고 알려 주자, 0시 40분 김재규를 유인하여 보안사와 헌병이 체포하였다. 박홍주는 김재규가 육군본부에 들어간 뒤 연락이 두절되자 일이 틀어진 것을 알고 집에 가서 작별 인사를 한 뒤 중정 사무실에서 대기 중 체포되었다. 박선호는 안가를 정리하고 귀가한 뒤 집에서 체포되었다. 이기주와 김태원은 안가 경비실에서 체포되었고, 유성옥은 박정희를 병원으로 옮기고 대기 중 체포되었다. 이로써 박정희 암살범들은 27일 아침까지 모두 체포되었다.

## 역적인가 의사인가

정부는 처음에는 연회 자리에서 말다툼 중 우발적으로 대통령을 죽였다고 발표했지만, 10월 28일 중간 수사 발표에서 김재규가 "인책 해임을 우려한 나머지" 일을 저질렀다고 발표했으며, 11월 6일 수사 전모 발표에서는 "대통령으로는 자기가 가장 적임자라는 망상에 사로잡혀" 일으킨 반역사건으로 발표했다. 그러나 김재규는 "10월 26일 저녁 7시 45분경 민주 회복을 위한 국민혁명을 했습니다"라고 주장했다.[*]

당시 검찰은 그의 민주혁명 주장을 사후 정당화라고 생각했다. 공판에서 "초등학교 때부터 자유민주주의에 대한 확신을 가졌느냐?", "'긴급조치 9호는 날이 무뎌졌으니 시퍼런 10호를 주십시오'라고 건의했으면서 민주 회복을 위해 노력했다고 말할 셈이냐" 등의 질문을 던지며 김재규를 비판했다. 또 그의 거사 결심 시점이 연회 중 화장실에 갔다가, 만찬 연락을 받았다가, 1979년 4월, 1975년 1월, 1974년 9월 등 진술 때마다 앞으로 소급되는 것도 비판했다.

그러나 공판 내내 김재규는 일관되게 자신은 민주 회복을 위해 대통령과의 소의를 버리고 대의를 위해 거사했다고 주장했다. 김재규는 유신독재로 인한 한미동맹 균열, 재벌 중심 경제 발전에 따른 부익부 빈익빈 심화, 인권 탄압 등으로 한국이 심각한 위기에 빠졌음에도 박정희의 개혁 의지가 전혀 없어 "더 큰 희생을 막기 위해" 그를 제거할 수밖에 없었다며 "야수의 심정으로" 행동했다고 진술했다.

---

[*] 1979년 12월 8일 2차 공판 김재규 진술. 이후 진술은 김재규 변호인이었던 안동일의 책 《10·26은 아직도 살아 있다》(2005)를 참조하였다.

과연 누구 말이 옳은가? 민주혁명은 김재규의 변명인가 진정인가? 그런데 여기서 분명히 짚고 넘어가야 할 것이 있다. 바로 역사의 필연성이다. 개인의 의지와는 상관없이 그렇게 진행될 수밖에 없는 역사의 속성을 필연성이라 한다. 개인의 행동을 필연성 속에서 판단하는 것이 역사 연구의 원칙이다.

1979년 유신체제는 붕괴 상태였다. 1978년 2차 오일쇼크와 중화학공업 중복 투자로 한국 경제는 심각한 타격을 입었다. 그러나 정경유착으로 재벌들은 이미 통제불능 상태였다. 재벌을 규제하면 정경유착이 깨지면서 정치도 함께 무너지는 구조였다. 물가 상승률 18퍼센트, 경상 수지 적자 41억 달러, 그동안 누적된 무역 적자 200억 달러, 경제성장률은 마이너스로 넘어가는데 정부가 할 수 있는 것이 없었다.

여기에 한미동맹도 균열 상태였다. 베트남 패전 이후 인권외교를 강조한 카터 행정부는 3세계 독재 정권을 비호하다 수렁에 빠지는 것을 경계했다. 그래서 박정희 독재를 경계하고 민주화 조처를 취할 것을 권고했지만 박정희는 거부했다. 앞에서 지적했듯 안보와 경제를 미국에게 의존하는 나라에서 미국과의 충돌은 자멸의 길이었다.

안보와 경제의 위기 상황에서 인권은 최악이었다. YH 여공들의 체불 임금 요구를 무리하게 진압한 것이 대표적이다. 위기 극복을 위한 국민 대통합보다 기득권 수호와 체제 수호에 나선 정권의 말로는 너무나도 뻔했다. 그것이 결국 부산·마산 민주화운동으로 폭발하였다.

문제는 이러한 위기가 어떻게 해결될 것인가이다. 많은 제3세계 독재 정권이 무리하게 군대로 정권을 유지하다 내전의 소용돌이에 빠지곤 했다. 대표적인 것이 80년대 엘살바도르였다. 군사독재 정권과 민중의 충돌이 내전으로 발전하여 10년 동안 500만 인구 중 10만 명이 죽고 100만 명이 난민이 되었으며 세계 최빈국으로 전락했다. 압도적 무력의 군부가 정권을 지탱하고 국민을 억압하는 한, 내전은 당연한 수순이지만 정권은 무너지지 않아 유혈 사태가 장기화되고 대량학살이 자행되는 것이다.

물론 1979년 한국이 남미나 아프리카형 위기 국가였다고 단정할 수는 없다. 박정희가 임기가 끝나는 1984년 질서 있는 퇴진을 구상했다는 증언도 있다. 그러나 1979년은 분명 중대한 위기였고, 국민과의 군사적 충돌 위험은 훗날 1980년 5·18에서 입증되었듯 분명해 보였다. 김재규가 말한 "더 큰 희생"은 가능성 있는 주장이었다.

김재규는 박정희 측에서는 주군을 배신한 역신이었고, 민주화 진영에서는 독재 정권을 위해 일한 충실한 하수인이었다. 일각에서 그를 '의사'로 규정하려 하지만, 그가 중정 부장으로서 유신 말기 몇 년간 저지른 악행을 볼 때 그렇게 규정하기는 어렵다. 그러나 김재규의 개인적 동기야 어떠했든 그가 박정희를 죽임으로써 유신이 무너진 것은 분명한 사실이다.

박정희 정권과 유신독재의 비극적 결말은 당연한 결과였다. 일부 보수에서 주장하는 것과는 달리 유신 정권은 경제에 실패한 정권이었고, 그 실패를 억압적 체제로 모

박정희 대통령 시해사건 공판에 출석한 김재규. 1979년 12월 8일.

박정희 대통령 국장 운구 행렬. 1979년 11월 3일.

면하려 했기 때문이다. 필자는 이 책을 쓰면서 박정희 정권에 대한 냉정한 역사적 평가가 왜 중요한지를 절실히 깨달았다. 아직도 한국 사회에 만연한 개발독재에 대한 잘못된 평가가 결국 지난 10년의 보수 정권이 탄핵으로 무너지고 두 전직 대통령이 구속되는 사태로 이어진 것 아닐까? 박정희의 실패를 냉정히 분석하고 평가했다면 박근혜는 전혀 다른 대통령이 되었거나 아예 대통령이 되지 않았을지도 모른다.

2019년 오늘날 우리에게 중요한 것은 좀 더 열심히 박정희 정권 18년에 대해 공부하고 연구하고 토론해야 한다는 사실이다. 그것만이 후임 대통령들의 비극적 말로를 막는 길이다. 그런 의미에서 박정희의 비극적 죽음은 21세기 한국인에게 주는 가장 중요한 교훈일 것이다.

# 세월호와 박근혜 시대

고단한 노동으로 하루하루를 살아가는 생활인들에게 정치는 먼 것이다. 뉴스에서 남북 관계, 여야 관계, 선거와 정책 등을 하루 종일 떠들지만, 그것이 세상을 살아가는 이들에게 당장 직접적인 영향을 미치는 것은 아니다. 노무현 시대에 정리해고가 없었던 것이 아니고 박근혜 시대라고 월급이 안 나온 것도 아니니까.

고교 교사인 필자에게 박근혜 시대는 그렇게 힘든 시대는 아니었다. 뉴스만 보면 혈압이 올랐지만 보지 않으니 아주 편했다. 주변에 뉴스를 보지 않는 사람이 점점 늘어나면서 세상이 힘들어지는구나라고 생각했지만, 건국 이래 변치 않는 입시 열기 속에 열심히만 가르치면 월급은 꾸준히 나왔고 선배 교사로서 권위도 섰다. 2014년 그날까지는 말이다.

2014년 4월 16일 세월호가 침몰했다. 수학여행 간 학생들과 교사들이 고스란히 수장되었다. 수학여행은 전국의 학생과 교사들은 반드시 가야 하는 주요 교육 활동이다. 웬만한 교사들은 배를 타고 수학여행 가 본 경험이 있다. 그런데 침몰 원인도, 안전 대책도 무엇 하나 명확한 것이 없었다.

사실 수학여행은 문제투성이여서 새로운 정책이 나올 때마다 학교 현장은 아우성을 쳤다. 수학여행은 일단 비싸다. 예를 들어 숙소의 경우 3~4백

명의 학생들이 동시에 숙박과 식사를 할 수 있어야 하며, 술집 등 학생들에게 부정적 영향을 끼칠 업소가 없는 숙박업소여야 한다. 식사를 할 때도 수백명의 학생이 동시에 식사할 수 있는 대형 음식점만 가능하다. 선택의 폭이 매우 좁으니 가격에 대한 운영 폭도 좁다. 심지어 비행기는 학생 단체행동의 위험 요인 때문에 할증(!) 요금이 붙기도 했다. 학부모들에게 왜 이렇게 비싸냐, 학교 측이 여행업자와 결탁한 것이 아니냐는 항의를 항상 받았다.

정부가 수학여행을 개혁한다며 100명 이하 인원으로 조를 편성해 소규모 현장체험 중심으로 수학여행을 가라고 했다. 또 난리가 났다. 야간에는 교사들이 학생 안전을 위해 불침번을 서는데 2~3개 학급씩 여행을 가면 인솔교사가 몇 명 안 돼 불침번 조를 짤 수 없다. 1개 학급만 여행을 갈 경우 인솔 교사가 1명이라 3~4일을 뜬눈으로 밤을 세워야 한다.

당국은 수학여행 관련 정책을 내놓을 때 학생들의 안전을 우선해서 정책을 짠 적이 없다. 항상 학생 안전 대책은 "학교와 인솔 교사들이 만전을 기할 것", "학생 안전사고 발생 시 엄중하게 책임을 물을 것"뿐이었다. 2000년대 초까지만 해도 수학여행 도중 학생 사고가 일어나면 모든 책임을 인솔 교사가 진다는 각서를 교장에게 제출하고 출발하기도 했다. 모두 책임 넘기기에만 급급할 뿐 학생 안전은 안중에 없었고 현장의 아우성은 묵살당했다.

그러다 세월호 사고가 났고, 일시 중단된 수학여행은 2015년 재개되었다. 당장 수학여행을 가야 하는데 안전 대책이라고는 인솔 교사에게 사건 발생 시 행동 요령을 교육시키는 것과 여행사에서 지원하는 안전요원을 배치하는 것뿐이다. 배가 침몰하는데 짬짬이 안전교육 받은 40, 50대 교사가 어떻게 학생 수십 명을 구하며, 아르바이트로 안전요원을 하는 젊은이 혼자서 무슨 수로 애들을 구하겠는가? 정말 웃기는 안전 대책은 "앞으로 배를 타지 말 것"이었다. 오히려 안전요원 의무 동행 규정 때문에 학교 동아리 등에서 소규모로 운영하던 체험학습이 사라졌다.

수학여행은 모든 초중고 학생들이 수행하는 일상적 활동 중 하나였다. 그런데 수학여행 갔던 학교의 한 학년 전체가 사고로 목숨을 잃었는데 어떠한 의혹도 명쾌히 밝혀진 것이 없다. 그것이 바로 일상의 공포다. 정치는 먼 것이지만, 일상의 어려움은 금방 체득한다. 아이들에게 세월호는 그런 사건이었다.

2015년 세월호 1주기에 몇몇 학생들이 노란 리본을 가방이나 가슴에 달고 등교하였다. 교사들은 외면하였다. 세월호가 학생들에게 어떤 의미인지, 일상적인 교육 활동 도중 자기 또래들이 한꺼번에 죽음을 당한 사건에 대한 그들의 마음이 어떤지 상상하기 어려웠다. 2016년 더 많은 학생들이 리본을 달고 등교하였다. 일부 교사들도 리본을 달았고, 교실 문과 게시판에 리본이 달리기도 했다. 그렇게 2016 광화문 촛불이 예고되고 있었다.

■ ■ ■

유신독재가 어땠는지 교과서와 많은 책들이 잘 설명하고 있다. 그러나 정치는 멀고 역사는 더 멀다. 독재정치에 대한 비판은 멀고 경제성장으로 받은 돈은 가깝다. 한국 경제를 근심한다는 사람들이 이명박을 찍고 박근혜를 찍었던 것도 바로 그 때문이다. 정치 비판보다 수중의 돈이 더 가까우니까.

유신 시대를 돌아보며 한가하게 애들 만화책과 야구 이야기를 늘어놓은 것은 좀 더 가깝게 독재를 느껴 보려는 시도이다. 최순실의 국정농단과 블랙리스트로 대표되는 자유 억압보다 수학여행 길에 참변을 당한 학생들이

박정희 대통령 단란한 가족생활. 1970년 12월 11일.

마음에 와닿았던 것처럼, 유신독재는 재야 및 야당 탄압 같은 정치권의 일보다 일상에서 더 가깝게 우리를 지배했다. 텔레비전과 직장과 학교에서 아주 가깝게 유신독재를 접하고 있으면서도 많은 사람들이 그것을 느끼지 못했다. 그리고 그 유신독재가 열심히 일하는 사람들의 것을 빼앗아 갔다는 사실은 더군다나 잘 모르고 있었다. 그래서 유신독재로 돈을 빼앗긴 사람들이 유신독재 덕에 돈을 벌었다고 생각하는 '웃픈' 상황이 연출되고 있는 것이다.

어리석어서 그랬을까? 그렇지 않다. 그들의 책임이 아니다. 학교에서 가르치지 않았고 지식인들이 미화했기 때문이다. 유명한 종교인, 학자, 언론인, 경제인들이 유신을 찬양하는데 그것을 의심하고 90년대 이후에나 유행할 일상의 정치 읽기 같은 것을 할 수 있었겠는가? 박정희가 죽었을 때 눈물한 방울이라도 더 흘려야 진짜 국민이라고 생각했던 사람이 필자만은 아닐

박정희 대통령 국장에서 오열하는 시민들. 1979년 11월 3일.

것이다. 그렇게 우리는 나라를 사랑하며 헌신했고 지금도 그렇다. 생각과 실천이 조금 다르더라도 같은 애국자라는 믿음이 있다면 소수 반민족 반국 가적 행위자들을 제외하고는 함께 번영하는 우리 조국에서 잘살 것이다. 하 기는, 유신 시대부터 우리가 꿈꾼 것이 그것 아니었던가?

에피소드로 보는 유신의 추억

2019년 1월 31일 초판 1쇄 발행

지은이 ㅣ 표학렬

펴낸이 ㅣ 노경인 · 김주영

펴낸곳 ㅣ 도서출판 앨피

출판등록 ㅣ 2004년 11월 23일 제2011-000087호.

주소 ㅣ 우)07275 서울시 영등포구 영등포로 5길 19(37-1 동아프라임밸리) 1202-1호.

전화 ㅣ 02-336-2776  팩스 ㅣ 0505-115-0525

전자우편 ㅣ lpbook12@naver.com

블로그 ㅣ blog.naver.com/lpbook12

* 이 도서는 한국출판문화산업진흥원의 출판콘텐츠 창작 자금 지원사업의 일환으로 국민체육
진흥기금을 지원받아 제작되었습니다.

ISBN 978-89-87430-50-6